퇴직 후 10년

퇴직 후 10년

전희준 수필집

수필과비평사

책머리에

글은 곧 사람이라고 한다. 쓰는 이 자신의 체험과 사색을 원석으로 하여 그것을 쪼고 갈아 한 개 반짝이는 보석으로 다듬는 작업이 수필 쓰기이고 보면, 한 편의 수필집 속에는 그 지은이의 생활과 사색이 고스란히 담기게 마련이다.

퇴직한 지 꼭 10년이 되었다. 책과 분필로 살아온 30여 년 세월 끝에 물러나 한 일은, 교외에 마련해 뒀던 집 고쳐 이사하여 텃밭 가꾸고, 전국의 山河를 누비며 지낸 것이다. 산길을 걸으면 산에 취하고, 울안 넓은 집에서 산적한 일들을 하다보면 바람과 햇빛과 구름, 새소리와 FM 라디오의 선율에다 울안 가득 철 따라 자라고 피고 지는 초목들에 취해, 그것들을 즐기느라 미리 글로 표현해 두지를 못하고 늘 마감날에 쫓기며 쓴 글들이다.

글이란 생각의 항아리에, 떠오르는 상(像 · 想)을 담아 그것을 곰삭여 떠내어 걸러야 향과 맛이 밴 좋은 글이 될 것이다. 조용히 앉아서 생각할 여유 없이 늘 움직이며 영위하는 생활이었으니 생각의 항아리도 출렁여 그 속의 상(像 · 想)들이 곰삭지를 못해 향과 맛이 배지 못한 글들일 것이다.

마지막 장의 〈선진국으로 가는 길〉은 퇴직 후 5년간, '한국 도서관협회 부산광역시지구협의회'를 맡아 있으면서 발행한 '부산

광역시 도협회보' 권두언으로 실었던 글과, 우리도 선진국 국민으로 성숙해 가자는 취지에서 대(對)시민 배포용으로 월 5,000부, 18호까지 발행했던 〈마음밭 걸우기〉에 쓴 '발행의 변'들이다.

"神莫大於化道 福莫長於無禍" 신성함은 道에 상화하는 것보다 큰 것이 없고, 福은 禍(재앙)가 없는 것보다 나은 것이 없다는 荀子의 말이다. 퇴직 후 10년, 백수가 과로사 한다는 時體 말처럼 분주했던 세월에 無禍했으니 행복한 시간들이었다.

읽는 이의 가슴에 한 편의 글, 한 줄의 글귀라도 남는 것이 있으면, 10년 모은 글을 한 권 책으로 엮어 내는 이의 더없는 보람이겠다.

2009. 12

오봉산 아래 寓居에서

전희준

| 차례 |

1부 생활에 취해서

2부 인물화

3부 만물은 흐른다

4부 사부곡思婦曲

5부 산바람이 들다

6부 三 不可思議

7부 마지막 소망

8부 선진국으로 가는 길

1부

생활에 취해서

내 노후의 둥지, 그리고 생활

마을과의 인연

부산시 상수도 물금취수장은 1967년에 착공하여 1983년에 완공되었다. 완공 이전부터 취수는 시작하여, 착공과 완공의 중간 어름에 내 친구가 그곳 소장으로 있었다. 조용하고 괜찮은 곳이니 한번 놀러 오라는 권유에 취학 전후의 아이 셋과 내자, 한 가족이 기차를 탔다.

우리 집 큰아이와 나이가 같은, 아들 하나뿐인 그의 가족은 취수장에 접해 있는 관사에서 생활하고 있어서, 강가 언덕 위의 집이었다. 강폭이 넓고 흐름이 느린 강물에는 건너편의 신어산도 거꾸로 비쳐 보였고, 상류 쪽으로 강줄기 따라 이어 앉은 산들도 조용한 강물을 굽어보고 있는 모습들이었다. 경부고속도로가 개통되긴 했으나 교통량이 많지 않았던 그때까지 그 강에는 김해땅 대동으로 오가는 나루터도 있었다.

나무기둥에 함석지붕만 얹어놓은 전廛들이 늘어선 장터는 닷새

마다, 인근의 양산읍과 원동 증산 대동 등지에서 모여드는 장꾼들로 붐볐다. 경부선 철길 아래서부터 양산읍내까지 펼쳐져 있는 300만 평 넓은 벌판은 시원하게 펼쳐져 있었고, 능선을 타고 걸어 하룻길 등산을 할 수 있는 오봉산은 북풍을 막으며 병풍처럼 이 고을을 감싸고 앉아 있었다. 구포역에서 13㎞인 물금은 먼 거리가 아니었다.

그의 부인은 부산역 근처에 있는 한 국가기관의 공무원이어서 통근열차로 출퇴근하고 있었다. 부인이 돌아올 시간이 되면, 그는 아들과 함께 줄도 매지 않은, 송아지만한 새퍼드를 앞세워 역으로 나갔다. 부인과 함께 한가족이 둑길을 걸어 돌아가는 모습이 그림보다 아름다웠다.

강변 매운탕집에서 잉어탕을 대접받고, 내려가는 기차를 기다리는 대합실에서, 부탁을 했다. "늙으면 들어와 살기에 좋을 곳인데 집 한 채 주선해 주게나."

그의, 본고장 출신 직원의 주선으로 200여 평 고가古家 한 채를 샀다. 뒤란은 비탈 대밭이고 앞에는 텃밭이 있었다. 고려 때부터였다는 골목길을 한참 가다가 꺾어 들어간, 오봉산 아랫자락의 첫 평지 집이었다. 면面에서 교부받은 가옥대장에는 각각 1910년 · 36년 · 50년에 아래 위채 측간 창고 등이 등재되어 있었다. 동과 남은 옆집 앞집들과 접했고 서쪽 마당 곁은 옆집이고 별채 곁은 1천 평에 한 기만 있는 부잣집 묘지인데 큰 소나무 두 그루가 있었다. 내 집으로 만들어 남 주어 놓고, 가끔 와 보면, 이른 봄 묘지의 마른 잔디 위에 이젤을 받쳐놓고 일요화가들이 그림을 그리고 있었다.

집과의 인연

지금 살고 있는 집을 마련한 것이 내 마흔한 살 때였다. 마련도 없이 욕심에서 부탁한 말이 성사된 데다, 마침 부산의 살던 집이 팔려 사들 수 있었다. 그리고는 아이 셋이 공부하던 그동안 몇 번이나 돈으로 바꾸려고도 했으나, 좋은 물건이 아니어서 성사되지 않았다.

IMF직후 구조조정의 일환으로 교원 정년이 3년 단축되어, 만 3년 당겨 퇴직하는 첫 해당자로 99년 8월 31일에 정년퇴직했다. 평생 교직에서 봉급생활자로 살아온 사람이 예순이 넘어 나와 할 일이라고는 산에 다니는 일밖에 없었다. 부산에서 살던 집도, 이 집과 같은 시기에 매입해 20여 년을 살다보니 주위가 점점 상가로 변하는 중이었고, 우리 집도 원하는 이가 있어 세를 주었다.

이사를 하는데, 내자는 평생소원인 아파트를 고집했으나, 때마침 15년 동안 이 집에 살던 이가 아파트로 옮긴다며 날짜를 통보해 왔다. 비워 두면 폐가가 되게 마련인 상태였다. 핑계삼아 본채만 우선 고쳐 옮겨와 살기로 했다. 심야전기를 넣어 아파트에서와 다름없이 생활할 수 있도록 내자에게도 배려했다. 20여 년 남이 살던 집은 안팎으로 말이 아니었다. 본채 외의 집들은 모두 헐어버리고 별채 한 동을 더 짓고 주위를 정리하는 데 꼬박 2년이 걸렸다. 그동안 내가 들인 노력을 일당日當으로 쳐도 천千단위는 번 셈일 것이다.

울 안팎 가꾸기

뒤란 비탈에는 아래쪽의 대나무들을 파내고 차나무 씨앗을 심었다. 싹을 틔워 묘목으로 자라는 그것들이 4~5년 후에는 제법 어울리는 계단식 차밭이 될 것이다. 묘지 쪽 비탈에는 영산홍 200그루와 감나무 사과나무 오가피나무도 심었다. 텃밭에는 철따라 상추 고추 배추에 가지 오이 토마토도 가꾸고, 밭 가 담장 가까이에서는 박도 따고 옥수수도 거둬들인다.

매화나무

원래 있던 한 그루에서는 이사 와서 두 번째로 50㎏씩의 매실을 땄다. 그러니까 지난 해에 심은 두 그루에서도 올봄에 적지만 수확을 보았는데 올봄에 심은 여섯 그루 중 세 그루는 잎이 무성하고 세 그루는 뿌리가 부실터니 말라버렸다. 사군자四君子의 하나인 매화찬을 서툰 솜씨로 보탤 것은 없지만, 매화철의 매화차는 그 향이 눈으로 보는 매화 못잖게 일품이다.

개나리

매화가 한창일 때 개나리도 핀다. 이사온 해 늦여름에 들판 길가에 무리져 있는 개나리 가지를 꺾어다 삽목을 했다. 묘지와의 경계 비탈, 대나무 울타리 아래에, 이른 봄 그것들을 심었더니 고맙다는 듯 노랗게 몇 송이가 피어 하늘거렸다. 며칠 전 비탈의 풀을 베다 보니 줄기들이 세법 뻗어 있다. 내년 봄에는 대나무 울이 제법 노랗게 어울릴 것 같다.

개나리의 한자漢字 이름은 신이화辛荑花이다. 일제의 강요로 도산島山 안창호 선생이, 친일 인사들의 모임 자리에 뒤늦게 참석했다. 들어서며 하신 말씀이 "신이화辛荑花가 만발했군!"

대나무 울타리에 개나리가 피면, 어떤 토양에서나 잘 자라는 그 생명력과, 도산 선생의 기개와 해학을 함께 생각하게 될 것이다.

대추나무

대문 안쪽 옆에 대추나무 한 그루가 있었는데, 이웃에서 다 자란 대추나무 세 그루를 주어 비탈 통로에 심었다. 한 해를 지나며 뿌리를 잘 내려 네 그루 모두 가지가 휘어지게 대추가 열렸다. 잘 익은 것은 따서 추석 제수로도 올렸다. 앞집 할머니는 그냥 따서 보관하면 벌레가 먹으니 따기 전에 한 번 약을 듬뿍 뿌리라지만, 친지들과 나누려면 보관할 것도 없을 것이다. 알도 굵고 맛도 있다.

사과나무와 꽃사과나무

작년 식목일 무렵, 사과나무 한 그루를 승용차 트렁크에 걸쳐 싣고 갖다 주어, 그 며칠 전에 심은 꽃사과나무와 거리를 두고 심었다. 첫 해부터 꽃이 피는 것을, 사과꽃은 따 버리고 꽃사과꽃은 꽃이 볼품 있어 그냥 두었다. 올봄에는 둘 다 피는 대로 두었더니, 꽃사과는 꽃이 너무 많이 피어, 그것이 열매로 변하자 가지들이 휘어져 몇 가지는 쳐버렸다. 사과는 열매가 커가면서 하나 둘 떨어지고 17개가 남았는데 잎들이 먼저 지기에 덜 익은 사과들을 모두 따버렸다. 앙상해진 가지에 철모르는 사과꽃 몇 송이가 피었다. 파란 하늘 소슬한 바람에 하얗게 피어 있는 꽃잎이 청초해 보였다. 가지 가득 무리져 핀 꽃사과꽃이 야단스러워 보였던 것과는 너무 대조적이었다.

맨드라미와 꽈리

한쪽 마당 가에 맨드라미와 꽈리를 심었다. 열매를 감싼 봉지가 빨갛게 익은 꽈리를, 친구들에게 주라며 막내에게 따주었더니,

무엇인지 모르더라고 했다. 우리는 우리가 가지고 있는 것, 누리던 것들을 너무 쉽게 잊어버리는 것은 아닐까.

맨드라미는 기름진 땅에 뿌리를 잘 내려 자란 것은 꽃이 수탉 벼슬처럼 크고 넓으나 그렇지 못한 것은 성당의 촛대처럼 뾰죽뾰죽 늘어서 있다.

옛날 장독대 주위에는 으레 꽈리와 맨드라미 봉선화와 붓꽃이나 창포가 심겨 있었다. 나무라면 감나무나 석류나무였다. 잘 익은 꽈리는 속을 조심스레 파내고, 입 속에서 바람을 불어넣어, 그 터진 곳이 입술에 닿게 하고 지긋이 누르면 소리를 내는 처녀들의 노리개였고, 봉선화는 손톱에 물을 들여 잡귀도 쫓고 멋도 내는 액막이 재료였다. 맨드라미는 꽃에서 뿌리까지 깨끗이 씻어 달여서 마시는 훌륭한 위장약이었으며, 창포는 그 잎과 뿌리를 우려 단옷날에 머리를 감는 샴푸였다.

수련과 물옥잠화

대문 안 마당 한쪽에 고물 욕조 하나를 묻고, 그 안에 흙을 깔고 물을 채워 수련 한 포기를 심었다. 물옥잠화도 띄우고 금붕어도 넣었다. 초여름에 꽃봉오리 하나가 물 위에 뜨고, 그것이 아침이면 피고 지녁이면 오므리기를 내딧새 반복하다가 어느 닐 아침, 피지 못하고 오므린 봉오리인 채로 물 속으로 잠겨 버렸다. 그러다가 또 새로운 한 송이가 그러기를 반복한다. 한 송이씩이 추분까지 계속하고 있다. 꽃은 분홍, 잎은 진초록의 원형인데 요즈음 젊은 여인들의 옆으로 탄 스커트처럼 한 곳만 타져 있다. 아침 햇살을 받으며 피어나는 수련꽃도 청초하거니와 그 뒷자리의 깨끗함에 더 마음이 끌린다. 봄비 속에 피었다 지는 목련의 뒷자리는 얼마나 칙칙한가?

작열하는 8월의 햇살 아래 찾았던 산사山寺들, 선암사 연못에는 하얀 수련들이 수줍음 없이 피어 있었고, 화엄사 선방禪房 앞마당에는 갈색 질항아리에 노란 수련 한 송이가 오롯이 피어 있었다.

물옥잠화는 그 잎이 싱싱하고 깨끗하다. 돌덩어리에 구덕만 파낸 옛날 절구통과 욕조에도 띄웠더니 나팔꽃보다 청초하고 가녀린 연보랏빛 꽃이 피었다가 한낮이 지나면 시들며 오무려버린다. 물옥잠화에 견주면 수련은 화려한 꽃이다.

주목

20년 전에, 분에 심긴 주목 한 그루를 선물받아 정원에 심었더니 제법 자랐다. 정원의 주목은 곁가지를 잘 길러야 한다기에 주지主枝를 잘라버려 둥글게 원형으로 자라고 있다. 그러다보니 나무가 너무 땅을 기는 모양이어서 아무래도 그 앉은 자리를 벽돌 서너 장 높이로 돋우어, 높여 심어야 할 것 같다. 살아 천 년 죽어 천 년 간다는 주목朱木이다. 우리 집터가 고려 때부터 집터였다니 집터는 천 년 세월이 흘렀다. 앞으로 천 년, 이 나무가 이 자리에서 그 세월을 누릴 수 있기를 바라는 마음이다.

월계수

K고등학교 재직 시, 나이 든 여교사 한 분이 출근길에 시들어가는 나무 한 그루가 심긴 분을 가져왔다. 봄이 되어도 생기 없이 시들어, 꽃집에 맡겨 살리려 한다기에 내가 살려 주겠노라고 장담하고 가져왔다. 화분에는 흙 한 줌 없이 잔뿌리들만 얽혀 있었다. 정원에 심었더니 뿌리에서 새 줄기까지 내밀어가며 잘 자랐다.

2학기 초에, 좋은 포기는 분에 심어 돌려주고 나머지는 제자리에 그냥 두었다가 이사하며 옮겨 심었더니 이제 내 키를 넘었다. 그 잎은 요리에 쓴다지만 내가 생각하고 있는 용도는 다르다. 친손 외손 가림 없이 아주 장한 일을 해낸 놈에게 그것으로 월계관을 만들어 씌워 줄 것이다.

금목서(만리향)

10년 전, 초등 관리직에 있던 한 후배가, 내 근무교 행정실에서 통장번호를 알아내어, 생일 축하금을 온라인으로 입금시킨 일이 있었다. 함부로 써버릴 수 없는 돈이어서 두구동의 한 농장에서 사다 심은 나무가 우리 집 금목서이다.

농원에서 파낼 때 주근柱根이 너무 굵고 길어 중간에서 잘라 파내더니 옮겨 심자 주지主枝도 말라버리고 곁가지들로 어울려 갔다. 이사를 하고도 별채를 짓고 안팎 둘레를 정리하느라 나무들을 몇 번 옮겨 심었더니 몸살들이 심했다. 뿌리 근처에 거름을 넣고 깻묵도 묻었는데 잎은 크지 않고 가지들 윗부분에 노란 꽃들이 매달렸다. 며칠 지나 바람 불면 향내가 좋을 것이다.

채송화

꽃이 이국적 정취를 풍기면서도 봉선화처럼 지천이어서였던지, 우리 어릴 때에는 채송화를 왜봉선화라 불렀다. 잎은 육질에 침엽형이고 뿌리도 왕성하지 않은데, 번식력과 생명력이 강하다.

봄에 피기 시작한 놈이 씨앗이 멀리 튀지도 못하고 아래로만 떨어지니, 여름되고 가을 들며 채송화는 더욱 무성한 숲으로 어울린다. 아침에 피고 저녁에 이우는 꽃분홍과 진홍의 채송화가 15m

텃밭 가 길이대로 가득 피어 있는 것을 보면, 저 6월의 함성이 들리는 듯하다. 그것은 붉은 악마들이다. TV화면과 신문의 컬러 사진으로 보던 붉은 무리 그대로다.

"대~한민국! 짝짝~짝 짝 짝" 밝은 햇살 아래 그것들을 보고 있노라면 공연히 힘이 솟고 신이 난다. "울 밑에 선 봉선화"와는 정 반대의 image로 안겨 온다. 그 6월의 함성이 없었던들 나는 저 붉은 채송화의 무리를 보면서, 소녀들의 재잘거림이나 깔깔대는 웃음소리를 들었을 것이다.

역사는 소중하다. 앞으로 우리는 더 많이, 자랑스러운 역사를 만들어 가야 한다.

망쳐버린 텃밭 농사

집을 고치고 이사를 한, 그 정신없는 해에도 고추 묘목을 사다 심어 거기에서 딴 풋고추를 일꾼들 점심상에 올렸었다. 작년부터 텃밭에 철따라 푸성귀를 가꾸어 찬도 하고, 다녀가는 이들에게 싸 들려 보내기도 했다. 올봄 파종기에는 고추모종 200포기 가지 6포기 오이 6포기 토마토 모종 2포기를 심고, 두어 고랑은 상추씨앗을 뿌렸다. 오이는 제법 여러 개를 따서 찬도 하고 남 주기도 했다. 가지는 열리기 시작했고 토마토는 무성한 가지에 조랑조랑 열려 아래쪽 것부터 붉어지기 시작했다.

고추는 따서 찬으로 한 지 꽤 여러 날이 되었다. 일찍 열린 것은 빨갛게 익어 가는가 하면, 뒤늦게 꽃이 피고 그것이 작은 고추로 매달리기도 했다. 농사짓는 이웃들은 고추밭 거름이 약하다고 했다. 중복날, 맡겨 놓은 제 아이들 보러 왔다가 올라가는 큰아이에게 먹여 보내려고 통닭 한 마리를 주문했더니 배달 온 아주머니가 고추밭에 거름을 주어도 듬뿍 주어야겠다고 거들었다.

이튿날 혼자 있는 오전에, 지난 해에 쓰고 남은 반 포대 비료를 갖다 두고 조롱박 바가지로 포기마다 뿌리 부분의 흙 위에 한 바가지씩 하얗게 부어주었다. 그것은 독약이었다. 사흘만에 몽땅 뽑아내고, 두 달 농사라는 열무씨앗을 뿌렸다. 농사도 모르면 촌놈이다.

텃밭 가꾸기

반 응달 스무 평 남짓한 앞마당 텃밭에 지난 가을 조금 늦게 고춧대를 걷어내고 배추 씨앗을 뿌렸었다. 가로로 길쭉한 남향받이 텃밭이기는 하나, 해가 남으로 기울어져 지나가는 겨울철에는 앞집이 그늘을 짓고, 서북풍 강바람이 지나가는 길목이기도 해서 여간 찬 곳이 아니다.

그 텃밭 건너 끝자리에 매화 석류 모과 등 키 큰 나무들 사이에 키 작은 청목 한 그루가 있다. 상록의 청목은 모진 추위에는 잎들이 거무죽죽하게 얼어서 쳐져 있다가, 햇살이 퍼지고 기온이 오르면 기운을 차리는 듯 초록색을 되찾으며 몸을 추스렸다.

지난 겨울에는 그 청목 잎들이 쳐져 있는 아침이 많았다. 늦게 뿌린 배추 씨앗이 움이 트고 자라 모양을 갖추어 갈 때, 콩나물같이 모듬으로 올라오는 배추 싹들을 솎아내고 일정한 간격을 두고 포기로 남겼다. 그것들이 겨울 추위를 이겨내고 살아 주면, 구정을 지나 싱싱하고 씹을 맛 있는 겨울초 김칫거리가 될 것이다.

옛날 어릴 적 어머니 솜씨의 향수도 그것으로 맛볼 참이었다.

청목 잎사귀들이 지난 겨울 들어 처음 처져 있던 날 아침에 어린 배추 포기들도 까부라져 있었다. 몇 번은 청목 잎과 같이 까부라졌다가는 기운을 차리곤 하더니, 영하 10도 가까운 추위 이후에는 영 기운을 차리지 못하고 까부라진 채 시들어 하얗게 말라 갔다. 텃밭 검은 흙에 나 있는 상처 자국으로 보였다.

겨울이 지나가고 우수 경칩도 지났다. 청매화가 꽃봉오리를 터뜨려 피었다 지고, 모과나무에도 새 잎이 돋고 분홍색 꽃망울들이 비칠 때, 그 아래 삭막했던 텃밭의 검은 흙 위 말라버린 배추 포기들 사이에 고랑을 건너뛰어가며 대여섯 포기 배추들이 푸른 잎으로 살아남아 있었다.

몇 차례 봄비가 지나간 후, 매화나무에는 콩알만한 매실들이 달리고, 모과나무의 분홍색 작은 꽃들도 피었다가 졌다. 집 둘레 비탈 위 대 울타리에도 노란 개나리가 흐드러지게 피었다 졌고, 집 뒤란 비탈에는 민들레와 제비꽃이 다투어 피고 있었다. 이웃들은 볕바른 텃밭에서 호미질을 하느라 분주했으나, 우리 집 앞마당 텃밭은 아직도 그늘이 물러가지 않았다.

한껏 물러앉은 앞집 때문의 그늘이 물러나기 시작하자, 텃밭 끝자락 나무들의 말랐던 가지에 돋아 자란 잎들이 또 다른 그늘을 드리우기 시작했다. 그 아래에서 아쉬운 햇볕을 근근이 쬐며 살아남은 대여섯 포기 배추들이 그래도 장다리를 뻗어 올리고 노란 꽃들을 피우기 시작했다. 텅 빈 텃밭 검은 흙 위에 듬성듬성 피어 있는 노란 배추 장다리꽃, 그것들은 수줍음 많이 타는 시골 처녀가 "나 여기 있는데…."라고 멋쩍게 혼잣말을 뇌는 듯이도 보였다.

꽃이되 화려하거나 예쁘다 할 수 없는 배추 장다리꽃, 그러나 그것은 삭막했던, 검은 흙의 응달 텃밭에 피어난 황금색 기적이었다. 애초에 그것은 관상용의 화초가 아니다. 그래도 무리지어 피어 있으면 어느 꽃 무리보다 아름다운 꽃밭이 된다. 봄날 바닷가 들녘의 유채꽃밭처럼, 나지막한 산등성이 아랫녘 냇물 가 비탈밭에 피어 있는 무나 배추 장다리꽃 무리들, 그것들은 씨앗을 받기 위한 실용의 농작물이며 생업의 터전에서 피어난 눈으로의 한바탕 거나한 잔치자리이다.

우리 집 텃밭 손보지 않은, 쓸쓸한 반 응달 자리에 듬성듬성 대여섯 포기 살아남아 피어난 배추 장다리꽃들도 대 아래쪽에서부터 꽃을 피웠던 자리에 씨앗주머니를 달아 가며, 위쪽으로 꽃 피고 씨앗 맺길 3주째 계속하고 있다. 또 더 늦기 전에 그것들을 뽑아 버리고 고랑에 거름을 넣고 갈아엎어 고추 모종을 심어야 한다.

생각해 보면 우리 강토 우리 역사가 우리 집 텃밭 같았을지 모른다. 7할이 山地인 강토에서 배부른 적 없었던 민초들의 삶에다, 그 잦았던 내우외환과 탐관오리들의 가렴주구는 민초들에게는 겨울철 서북풍 강바람 못지않았을 것이다.

얼었던 우리 집 텃밭에도 봄 햇살이 스미자 살아남은 대여섯 포기 배추 장다리꽃들이 피어나듯이 40년간 빼앗겼던 강토 되찾자마자 내우인가 외환인가 민족 상잔의 비극을 치르고도 반세기에 우리는 우리의 국력을 만방에 과시하고 겨레의 기상을 떨치고 있다. 4월의 우리 집 텃밭에 피었던 노란 배추 장다리꽃처럼 2002년 6월에는 서울 광화문과 시청 앞 거리와 광장에 붉은 악마들의 함성이 피어오르는 것을 보고 들었다.

이제 장다리꽃을 걷어내고 그 자리에 거름을 넣고 갈아엎어 고추 모종을 심어야겠다. 풋고추는 햇살 따가운 한여름에 풋풋한 점심 찬이 될 것이고 가을철엔 붉은 고추로 수확할 것이다. 그것이 김장의 양념이 되고 고추장 거리가 되어 우리의 미각을 돋우듯이 지금의 우리 국력, 우리의 기상을 한층 더 고조시켜 세계화 시대의 다양한 문화 발전에 우리 겨레가 비빔밥의 고추장 같은 구실을 할 수 있으면 얼마나 좋으랴는 생각을 하면서 고춧대를 가꾸어 갈 것이다.

村夫의 日常

남들은 전원생활하면서 좋은 글 많이 쓰겠다고 말한다. 이사와서 한 편 글도 쓰지 못한 것은 도회에서만 살아온 내가 처음 시작한 시골생활에 흠뻑 빠져 그 많은 느낌들을 표현해낼 재간 없음이 첫째 이유일 것이다.

퇴직하고 반 년이 지나 시골집을 헐고 고쳐 이사를 했다. 산자락이 끝난 평지의 첫 집이라 울안 뒤는 조그만 대밭이고 그 뒤에 암자가 있다. 암자의 담장이 대지의 경계이다. 그 경계지역, 담장과 대밭 사이를 사람들이 지나다녀 짧은 오솔길이 되어 있고, 낙엽이 쌓여 있는 늦가을 아침나절 그 오솔길에 오르면 '시몬'이 생각난다. 한겨울 추운 날은 예외이나 아침에 잠 깨어 마루에 나와 서면 5리쯤 건너 앉은 신어산을 배경으로 낙동강의 물안개가 흐르고, 비 오는 날엔 그 산 골짜기에서 피어오르는 운무가 한 폭 동양화로 보인다. 마루에서 내려와 한 발자국 추녀를 벗어나 마당에 서면 하늘이 넓어 좋다. 하늘은 밤하늘이 아름답다. 노을에 물들었던 서녘 하늘에 색채가 가시고 검회색 어스름이 지면 초사흘 실눈 같은 초승달이 미소를 보내고, 이레 여드레에는 그것이 반달 되어 머리 위 정남향 하늘에 떠 있다. 그믐께의 맑은 날 밤하늘은 별무리로 가득하다. 낮이나 밤이나, 강변 따라 뻗어있는 경부선 철로를 달리는 열차 바퀴소리와 까치소리 새소리, 바람 부는 날의 대바람소리가 들리고, 겨울날 초저녁에는 뒤늦게 잠자리 찾아 어둠 속을 날아가는 오리 떼의 울음소리도 가끔씩은 들린다. 산을 못 오른 날의 저물녘, 운동삼아 자전거로 들판 길을 달리노라면 마른 억새 무성한 언덕 옆 개울에 깃들었던 오리 몇 마리가 놀라 푸드득거리며 날아오른다. 그렇게 잠자리를 뒤늦게 옮겨 가는 놈들일 것이다.

오랫동안 이 집에서 살았던 옛 주인이 목욕물을 덥히는 데 사용했던 커다란 무쇠 솥을 마당 한쪽에 돌로 괴어 얹어 놓고 그 속에 불을 지피면 모닥불이 되고, 그 숯불 위에 석쇠를 걸치고 돼지 삼겹살이나 갈비살을 구워 소주를 곁들이면 그대로 가든파티가 된다. 그러자니 주위에 눈이 가고, 그곳에 심고 가꾸고 고치고 다듬고 옮겨야 할 잔일들이 끝이 없다.

상쾌한 바람, 밝은 햇살, 주위의 고요 속에 온종일 라디오 FM방송의 음악을 들으며 잔일들로 하루 해를 보내는 데는 오히려 혼자가 좋다. 작은 나무를 옮겨 심고 전지하고 뿌리에 거름 주고, 돌을 옮겨 놓아 보기도 한다. 철따라 푸성귀를 가꾸어 그것으로 찬을 마련하고, 다녀가는 이들에게 싸서 들려주는 즐거움까지 보태진다.

아침 일은 세 마리 개에게 먹이를 주고 그들의 배설물을 치우는 것으로 시작된다. 그리고 한 바퀴 둘러보면 손볼 것 투성이다.

할 일은 언제나 밀려 있고 끝이 없다. 신문은 저녁 먹고 9시뉴스 시작 전까지 보다가 나머지는 자다가 깨어 잠들지 못하는 시간에 보거나 그냥 넘기기 예사이니 언제 원고지를 펼치고 앉으랴. 可山이 책상머리에 앉아 궁싯거리기보다 낙엽을 쓸어 모으고 그것을 태우며 상념에 잠기고 감상에 젖던 심정 그대로를 나도 느끼며 산다고나 할까.

그러나 시골생활의 하루하루가 처음부터 낭만이고 즐겁기만 했던 것은 아니었다. 집이 웬만큼 정리가 되었을 때 시골 정취도 맛볼 겸 놀러들 오시라고 기별했더니, 놀러온 이들 가운데 두 사람이 물었다. “이사 와서 별일 없었습니까?” 한 분은 자신도 15년 전, 지금은 부산으로 편입된 근교에 150평 대지의 농가 한 채를 사서 1년 살다 다시 나왔다며, 한국의 농촌이 밖에서 보면 조용하고 평화로운데 외지인이 막상 살겠다고 들어가니 그게 아니더라고 했다. 음악이 마음 드는 것이 아닐 때 정각의 뉴스와 그에 이어지는 프로를 계속해서 들을 때도 있다. 어느 오후 여자 아나운서와 시골마을 새마을운동 회장 경력 이장과의 대담프로 끝 무렵, 퇴직자가 많아진 요즈음 전원생활하러 들어오는 사람은 없느냐는 물음에, 한 가구가 있었는데 이사 와서 대지를 측량하고 담을 두르고 하더니 1년 만에 되돌아가더라는 이장님의 답변이었다.

광역화되어가는 고장의 ‘본동’이라는 곳이 대개 그렇듯이, 고려 때부터의 집터에, 그때의 긴 골목 안 집이다. 마을에서는 1920년대 초의 대홍수 때문이었다 하고 군郡에서는 경부선 철도 부설 때문이었다고 하는, 나루터 강변마을 사람들의 집단 이주 골목이다. 거기에다 역마을에, 광산촌이기도 했다. “勿禁”이라는 지명도 풀어 새기면 “금하지 말라.”이다. ‘구포’가 700리 낙동강 포구이고,

이곳에 검문소가 있었다고 어느 史書에서 읽었다. 남들은 되돌아갔으나 나는 20여 년 전에 마련해 두었었고, 이제는 내 영구 정착지로 생각하고 들어온 곳에서 敗退할 수는 없었다. 처음 한동안은 시끄러웠고 그동안의 감정은 거칠어져 있었다. 무릇 글이라는 것이 모두 그럴 터이나 특히 수필은 명경지수에 비치는 영상이나 思惟를 형상화한 글이다. 거친 감정은 출렁이는 물결이다. 출렁이는 물결에 영상은 비치지 않고 사유는 지속될 수 없다. 그것이 그동안 내가 글을 쓰지 못한 두 번째 이유였다. 이제는 출렁이던 물결도 잠잠해져가고 있다.

마른 나뭇가지 가득 꽃움들이 돋아 있다. 그것이 피어나면 매화차가 향기로울 것이다. 지난 해 마셔본 이들이 꽃이 피면 또 오기로 했다. 그때쯤엔 잦은 봄비에 건너편의 신어산도 동양화가 될 것이다. 매화철이 지나면 박하차를 달이리라. 땡볕 아래 이열치열은 몸에도 좋다던가. 대밭 아래쪽의 대를 쳐내고 설록차 씨앗을 심었다. 몇 년 후에나 그 잎을 茶로 만들어 먹을 수 있을지 몰라도 그 茶야말로 댓잎에 내린 이슬 받아 자란 竹露茶가 될 것이다. 그 잎을 손수 따서 茶로 만들고 끓여서 찾아오는 이들과 함께 앉아 마시며 談笑를 나누리라.

벗들이 돌아간 뒤에는 혼자 앉아 글을 읽고 쓸 것이다. '南으로 낸 窓'을 열어 놓고 가을에는 '가지에 빈 바구니 걸어 놓고' 조롱박도 따 담고 모과도 따서 담고, 겨울이 오면 '낙엽을 태우면서' 지내다 봄이 오면 담장 안에 가꾼 푸새 밭에 또 씨앗을 뿌릴 것이다.

(2002. 1)

생활에 취해서

예감이었을까, 무의식 속의 소망, 그 소망의 실현인가? 퇴직을 앞두고 쓴 6년 전의 글 한 편을 읽다 보니 지금 내가 살아가고 있는 모습이 거기에 그대로 담겨 있었다.

"이때까지는 산길 걷듯 살아왔다. 이제는 시간에 매임 없는 자유로움 속에 정녕 산길이나 부지런히 걸을 작정이다. 계절마다 한 번씩 천왕봉(지리산)을 오르고 미성인 남매를 짝지어 줘야하는 부모 구실은 남아 있지만, 빚지며 살아온 주위를 위해 그것을 갚는 일도 찾아 하고 싶다. 남이 읽어서 기억해 줄 한 줄의 글, 공감해 줄 한 편의 글쓰기도 좋은 일일 것이나 능력 미달일 것 같고, 땀으로 할 일이 더욱 알맞을지 모른다. 그것도 매인 시간에서 풀려나면 곰곰 생각해 볼 작정이다."

산악회의 일원이 되어 주 1회 평일 등산을 다니느라 전국의 명산 순례를 하고 있다. 사계절의 산행이 그마다의 매력과 낭만이 있으나 그 중에도 입산 금지가 풀리는 5월이 비박을 해 가며 먼 산 걷기에는 안성맞춤이다. 5월 들어 20일까지 무박과 혼자서의 비박을 번갈아 가며 네 번을 산행하고 나니 무리였던가. 잇몸이 붓고 탈이 나서 피재에서 댓재까지의 혼자 타는 대간 산행은 계획이 어긋나버렸다.

200여 평 시골집은 6마리 개까지 보태어 일을 해도 해도 끝이 없다. 잡초는 지표면의 솜털일 것 같은데 코 밑이나 턱수염처럼 뽑아도 뽑아도 어느새 자라 있다. 잡초를 뽑고 텃밭을 가꾸고 나무들을 손보며 땀 흘려 일하노라면 산길을 걸을 때와 마찬가지로 머리와 가슴이 깨끗이 비어버리는, 무념무상無念無想 무장무애無障無礙의 한없이 편한 마음이 된다.

푸른 하늘, 밝은 햇살, 녹색의 나뭇잎과 풀들, 지저귀듯 피어 있는 작은 풀꽃들, 깨끗한 공기, 새들의 지저귐, 라디오 FM의 아름다운 선율들은 표현할 수 없는 충만감과 행복감을 안겨다 준다. 표현할 수 없는 충만감이며 행복감이기에 그것은 글이 되지 않는다.

글(서정문의 경우)을 쓴다는 것은 마음의 호수에 비친 어떤 영상映像을 형상화해내는 것일 터인데 이미 행복감으로 충만한 가슴에는 수면에 비친 영상을 들여다볼 여분의 마음공간이 남아 있지 않다. 해야 할 일들이 눈앞에 펼쳐져 있고, 한 가지씩 일을 히디보면 해는 기울고 서녘 하늘에 노을이 진다. FM라디오에서는 김미숙 진행의 '세계의 모든 음악'이 흐르기 시작한다. 행복한 하루가 지나가고 있는 것이다. 신문은 식후 잠깐이거나 시내 나들이 길의 전철에서나 읽는다.

내 나이 내일 모레가 고희古稀, 잠자는 시간은 지켜야 한다. 잠을 충분히 자야 몸이 가뿐하고 기분이 상쾌하다. 젊은 날에야 밤

새워 책도 읽었으나 이제 그것은 금물이다. 그러려니 읽고 쓰는 시간이 아무래도 밀려난다. 당장 눈 앞에 해야 할 일들이 내 손길을 기다리고 있는데, 써지지 않는 글을 붙들고 앉아 있지를 못한다.

그래도 매달 '마음밭 걸우기' 팸플릿을 5,000부씩 만들어 배포하고 있다. 우리 사회는 돈을 가진 자와 못 가진 자의 격차가 너무 크고, 못 가진 계층이 넓듯이 의식意識 또한 그 계층 차가 너무 큰데다 일반적으로 책을 읽지 않는 경향이어서 글을 읽으며 생각하는 사람으로 살아가자고 하는 일이다. 그것이 세상살이의 내 빚 갚음이 될지는 모르겠으나 차곡차곡 모으고 있다는 이들을 만날 때에는 헛고생만 하는 것은 아니구나 하는 생각에 흐뭇해지기도 한다.

막내딸은 두 살배기 아들을 기르고 있고, 서른다섯 아들 녀석은 이제야 제 짝감을 찾았는지 자주 귀가 시간이 늦다.

예감 모두가 적중했다. 역시 글쓰기가 어려워 지금 그 변명의 글을 쓰고 있는 것이다. 보이는 것, 들리는 것 모두가 소재인데 그것을 보는 내 나름의 시각이 없고, 주제를 건져올릴 안목이 없는 데다 표현력조차 없으니 남의 가슴에 남을 한 줄 글인들 가당한 일이랴?

지금도 새들은 지저귀고 FM의 아름다운 선율은 흐르고 있는데 못다 딴 높은 가지의 청매실들이 노랗게 익어서 상추밭에 떨어지고 있다. 앞마당 텃밭 한켠에 나물이라고 뿌린 씨앗이 움터 자라, 대도 꽃도 코스모스 닮았으나 도감圖鑑에서도 찾아지지 않는 노란 꽃무리 위에 나비들이 날고 있다. 시야視野 가득, 귀에 가득한 그것들이 가슴으로 내려와 쌓여 이렇듯 마음은 행복감으로 충만한데 한 가지, 쓰여지지 않는 글이 잠결에도 빚으로 가슴을 눌러 어설픈 글 한 편을 썼다.

(2005. 5)

사과나무를 옮겨 심었더니

혹독했던 겨울에의 저항인가, 환송인가? 봄꽃들은 화려하다. 사람들이 설[舊正]을 맞아 귀성하고 선영을 찾고 새옷에 푸짐한 세찬으로 한바탕 수선을 떨고는 일상으로 돌아가고 나면, 겨우내 앙상한 가지에 맺혀 있던 매화꽃망울들이 그 사나흘 동안의 훈김 덕이기라도 하다는 듯이 찬기 가시지 않은 바람 맞으며 피어난다.

냉기를 무릅쓰고 일찍 핀다 하여 옛 선비들은 매화를 사군자四君子의 으뜸으로 기렸으나 요즈음 세태에야 매화의 그런 기상을 기려서라기보다 매실의 성분에서 얻어지는 실익 때문에 매화동산이 생겨서 관광명소가 되기도 하고, 이왕이면 임도 보고 뽕도 딸 겸 관상수로도 많이들 심는다.

春來不似春의 음력 정월, 부산하고 웅성거리던 설 명절의 기억이 채 가시지 않은 담장 안 한쪽에서 그 허전함을 메워주기라도 하려는 듯 다소곳이, 혹은 이제는 우리 차례라는 듯이 호들갑을 떨며 하얗게도 연분홍으로도 나무마다 가득가득 피어난다.

매화가 지고 나면 또한 잎보다 꽃을 먼저 피우는 작은 꽃 개나리, 큰 꽃 목련도 겨울 동안 움츠려 있던 꽃망울들이 부풀어 피어난다. 노란색 개나리는 참새 떼처럼 재잘거리고 백목련 자목련 커다란 꽃송이는 하늘을 우러러 기도하듯 천천히 피었다 진다. 그맘때면 언제부터인가 바깥 세상은 금수강산 삼천리가 벚꽃강산 일천리가 되어 있다. 곳곳에서 벚꽃축제를 한답시고 야단들이고….

꽃 먼저인 나무들도 잎 핌은 여늬 나무들과 때가 같다. 꽃아그베 모란 애기사과 모과나무들이 잎들 가운데 자리에 꽃망울을 피워가도, 대추와 석류 포도나무들은 겨울잠에서 덜 깬 모양이나, 뒤란 볕살 바른 비탈에는 노오란 민들레꽃과 보랏빛 제비꽃이 어울려 피어 있다. 어느 곳은 저희끼리만, 어느 곳은 섞여 앉아 제비꽃은 재재거리고 민들레 둥근 꽃은 마음씨 좋은 아낙이 그 이야기 들으며 웃고 있는 모습이다.

차나무 씨앗을 심느라 세 해 전에 대를 쳐낸 자리에 햇살이 쏟아지자 갖다 부은 듯이 온갖 풀들이 자랐다. 쉬엄쉬엄 잡초들을 뽑아내니 쑥은 군단軍團으로 영역을 확장해 가고 그 사이사이 여백의 땅에 민들레와 제비꽃이 식민植民을 다투듯 번져가고 있는 것이다. 지천이던 것도 보기 힘들어지면 귀한 것이 되어버려, 지난 해에 어렵게 구해다 윗자리에 심은 할미꽃은 스무 송이 넘게 무리져 피어, 피곤한 듯 수줍은 듯 고개 숙이고 아래쪽 제비꽃의 수다를 듣고 있는 모습이다.

이 화려한 봄꽃과 여름의 초록을 위해 지난 해 초겨울 들면서 나무들 뿌리 둘레에 거름을 넣어주고 제자리가 아닌 듯한 나무는 옮겨 심었다. 자칫 때를 맞추기 어려운 봄철보다는 나무가 잠들기 시작하는 초겨울이, 옮겨 놓고 얼지만 않으면 적기이기 때문이다.

지지난해 봄에, 한겨울의 드센 서북풍 강바람도 피할 수 있는 축대 아래 양지에 사과나무 한 그루를 심었다. 사람 키 정도의 나무를 소형 승용차의 트렁크에 싣고 뚜껑도 닫지 않고 고속도로를 달려 대구에서 갖다 준 나무였다. 심은 이듬해인 지난 봄에는 하얀 사과꽃들이 피고 그것이 열매되어 달렸다. 보기 좋은 사과로 크라고 스무여 개만 남기고 나머지는 따버렸으나, 한여름이 지나며 잎이 지고 사과는 크기를 멈춘 채 때깔도 칙칙하게 변해갔다.

사과는 밤낮의 기온 차가 큰 곳이 적지이다. 대구가 사과의 명산지인 것도 분지라는 입지 조건에서였고 근래에는 거창, 장수 등이 이름 있는 사과 산지가 된 것도 덕유산을 앞뒤한 그런 조건에서일 것이다.

우리 집 사과나무는 햇빛 좋고 바람 맞지 않는 곳에 심었었다. 거기에 네 마리 개가 배설하는 견분犬糞 한 겹, 낙엽과 말린 잡초를 태운 재 한 겹, 친척 집에서 가져오는 한약 찌꺼기 한 겹씩을 켜로 쌓아 만드는 두엄 무더기 곁이기도 했다. 그래서인가 싶어 지난 해 초겨울 들며 그 거름을 집 울안 나무들 뿌리 둘레에 묻어주면서 사과나무는, 아예 조금 높아 햇살 더 잘 받고 바람맞이 되는 곳에 옮겨 심었다. 그 자리는 5년 전 산책삼아 나선 인근 동산 길에, 싹이 나서 자라는 아주 어린 자귀나무를 떠다가 분에 심어 기르던 것을 이사 온, 3년 전 땅에 심었더니 두 해 동안 어떻게나 왕성하게 자라는지 가지를 치다가 치다가 아예 파내어 비탈 맨 윗자리로 옮겨다 심은 그 빈 자리였다. 다른 나무들 둘레에 묻어 준 양만큼 두엄을 깔아 사과나무를 옮겨 심고 뿌리와 밑둥이 얼지 않게 짚까지 구해다 덮어 주었다. 겨우내 마른 잎이 그 거센 강바람에도 매달려 있었고 등걸이나 가지의 껍질도 색깔에 이상이 없었다.

울 안과 주위의 몇 그루 매화가 피었다 지고, 개나리와 목련이 피고 모과와 꽃사과나무도 움을 틔워 잎 모양을 갖추어 가는데, 그 바로 뒷자리의 사과나무에는 아무 기색이 없었다. 말라 붙어 있던 잎을 걷어내고 가지 끝을 분질러 보니 이미 물이 내려버렸다. 밑둥 둘레의 짚을 걷어내고 밑둥 아래를 발로 문질렀더니 돌아가며 껍질이 벗겨져 버렸다. 나무는 뿌리에서 섭취한 영양과 수분을 껍질과 목질 사이로 가지 끝까지 공급하는데 그것이 상해 버린 것이다.

나무(정원수)를 구해다 심을 때, 처음 옮겨 심는 나무보다 두 번째 세 번째 옮겨 심는 나무일수록 값이 나간다. 옮아 심겨 살아내느라 잔뿌리가 많이 나있기 때문이다. 한곳에서 오래 자란 큰 나무일수록 한꺼번에 파내어 옮기면 살기가 힘들다. 한 해에 한 방향씩 뻗은 뿌리를 잘라 잔뿌리가 돋게 해가며 서너 해를 두고 옮겨 심고, 옮기는 해에는 거름을 주지 말아야 한다. 그럼에도 사과나무를 옮기며 거름을 넣은 것은 초겨울이라 나무에 좋으려니 생각했기 때문이요, 옮긴 다음 해부터 꽃을 보고 열매를 맺히고 싶은 욕심 때문이었다. 우람하게 큰 나무는 사람의 손으로가 아니라 그 나무의 생명력으로, 뿌리내린 곳의 조건 속에서 거목으로 자란 것이다.

사람살이라고 다를까? 조기 교육, 초등 저학년생들의 쉴새없이 돌아가는 학원 수강, 초등학생 해외 어학연수, 그도 모자라 해외 유학, 가난했던 한 세대 전과는 판이하게 달라진 세상에 비만아와 어린이 당뇨병 환자가 늘어나듯이, 그들의 정신세계라고 사람됨과 배움의 내용이 균형을 잡아가고 있을까?

지난 해 여름에, 따먹기 시작한 텃밭 고추나무에 거름기가 약하다는 이웃들의 말을 듣고, 뿌리 가까이 비료를 듬뿍듬뿍 주었다가 사흘 만에 죄다 뽑아내버리고 말았었다.

(2003. 4. 초순)

창작의 공간

—고운孤雲이 시를 남긴 오봉산 암벽, 그 아래 강변 마을이…

"아! 달도 밝다."

"보름달이거든."

휘영청 달이 밝은 시골 냇가나 동산의 아랫자락이었을 것이다. 달빛에 젖은 처녀의 감상에 무뚝뚝한 총각녀석의 응대였다는 옛날 우스개이다.

그 총각녀석식 풀이의 '창작공간'이라면 내 교직 재직 시의 창작 공간은 교무실의 내 자리이거나 교실의 교탁이었다. 교실 교탁의 경우는 고3 수능모의고사 감독 100분 혹은 120분의 경우이다. 모의고사 성적은 내신과 관계 없는 시험이다. 학생들도 자신의 학업 성과를 미리 점검해 본다는 의미의 모의고사임을 감안해 곁눈질 같은 것은 시도하지 않으니, 교사는 학생들이 내려다보이는 앞자리에 앉거나 서 있기만 하면 된다.

그 엄숙하고 진지한 분위기의 100분 혹은 120분은 혼자 있는 200분보다 글쓰기에는 효과적인 시간이 된다. 그러나 한 편의 글을 쓰기 시작해서 끝낼 수 있는 시간은 못 된다. 처녀식 감상을 총각녀석식 논리로 거르고 마무리짓기에는 턱없이 짧은 시간이나 초안 잡은 글을 손질推敲하기에는 안성맞춤의 시간이다.

무릇 예술에 있어서 가치는 오직 표현에 있거늘 그 재주 없음의 탓이겠지만, 나는 한 편의 글을 쓰기 시작해서 내놓기까지 몇 번이고 옮겨 쓰며 손질하는 버릇이 있어, 그 시간이 아주 유용했다.

3년이 앞당겨진 퇴직을 하고 보니 모든 것이 바뀌었다. 픽션이 아닌 수필의 소재는 견문과 체험에서 우러난 것일 수밖에 없는데 그것이 몽땅 바뀌어버린 것이다. 이제는 번잡과 훤소喧騷의 도심에서 시달려야 할 이유가 없어졌다. 분주히 오가는 거리의 차량과 인파를 보면 자신이 삶의 현장에서 밀려나버렸다는 소외감마저 안겨왔다.

사람의 인연과 마찬가지로 집도 인연이 있는 것일까? 20여 년 전 친구 소개로 시계市界를 갓 벗어난 근교에 사 둔, 그 집에 살던 이가 아파트를 장만해 나가겠다는 통보와 거의 동시에 내가 살던 시내의 집이 음식점으로 전세 계약이 되어 이곳에 터를 잡아 고치고 헐어 새로 짓고 해서 옮겨와 산 지 반 년이 되었다.

4시에는 이김없이 집 뒤 비딜 대밭 너머에 있는 암사에서 새벽 예불을 드리는 목탁소리가 들리고 날이 새면 까치 떼가 우짖는다. 참새 떼의 잠자리이던 대밭을 날씨가 추워지면서 까치 떼가 차지해 버린 것이다.

경부선 철로가 200여m 거리, 철로 바깥엔 제방, 제방 너머에는 드넓은 퇴적평야가 펼쳐져 있고 강 건너에는 김해 땅의 신어산神魚山 능선이 아름답다. 영상零上의 아침에는 강물 위에 자욱한 물안개가 신어산을 가리며 하구河口를 앞둔 강물의 흐름보다 느리게 하류 쪽으로 움직여 간다. 차도車道가 되어버린 그 제방 끝즈음에는 밤이면 촛불이 펄럭이고 추운 날씨엔 기와를 굽는 가마식 페치카에 장작불이 타고 있는 강변카페 '詩人과 나'가 있다. 퇴적평야에는 농경지 가운데 자리에 잔디를 심어 연습용 경비행기의 활주로로 쓰고 있는 곳도 있어 모험을 즐기는 젊은이들이 찾아들기도 한다.

양산 · 물금 신도시 부지 300만 평은 개화기 이전만 해도 해수 간만에 따라 물이 차고 빠지는 뻘밭이거나 갈대밭이었을 것이다. 경부선 철로 부설을 위해 강줄기 따라 쌓은 제방 덕으로 그것이 300만 평 옥답이 되었고, 경부선 철로변 두서너 곳밖에 안 되는 넓은 평야 중의 하나였다. 그것이 처음엔 일제하 동척東拓의 소유였다. 그래서 농로農路와 농수로가 잘 정비되어 있다. 시멘트 포장의 그 농로는 자전거로 하루 종일 돌 수 있는 드라이브 코스이기도 하다.

갓 심은 연두색 벼의 모로부터 그것이 자라고 숙이고 베어지기까지 그곳에는 개구리가 울고 잠자리가 날고 코스모스가 핀다. 농로변 맨땅에 코스모스가 피면 십릿길 제방 아스팔트 가 맨땅에도 코스모스는 줄지어 하늘거리고, 퇴적평야 건너 낙동강 하류의 강물은 햇살에 은파를 이루며, 맑은 날 밤하늘에는 별무리들이 쏟아질 듯 반짝인다. 굳이 고운孤雲이 시를 남긴 임경대臨鏡臺에 오르지 않아도 아직은 절경絕景이다.

고운의 시는 낙동강이 멀리까지 내려다보이는 오봉산 서쪽 암벽에 새겨져 있다.

臨 鏡 臺

煙巒簇簇水溶溶
鏡裡人家對碧峰
何處孤帆飽風去
瞥然飛鳥杳無瑄

자욱한 물안개 속에 낮은 산들은 줄지었는데 강물은 쉼없이 흘러 흘러가누나.
그림 같은 인가들은 푸른 산봉우리와 마주하고 앉았는데
외로운 저 한 척 배는 돛 가득 바람 받으며 어디로 저렇게 쏜살같이 달리는가
얼핏 눈길 돌려보니 어느새 새들은 아득히 날아가고 자취조차 없어졌네.

—졸역

푸른 산이야 예대로이나 하류의 낙동강 물은 푸른 기가 없어졌고, 건넛산 아랫자락에는 그림 같은 인가人家 대신 덩치 큰 조립건물 공장들이 버티고 앉았다. 신어산 아래 강변에 즐비한 '가든'들은 밤이면 그 불빛이 수면에 비쳐 항구에 정박해 있는 호화 유람선들 같다.

10년이면 강산도 변한다는데, 7백 리 낙동강 포구浦口 '구포'에서 소금배가 출발하면 이곳에 검문소가 있어 지명조차 '물금勿禁'이 되었다고 한국사韓國史의 어느 대목에서 읽었다. 300만 평 갈대밭이 농토로, 그 농토가 또 신도시 부지가 되었다. 벼가 자라고 개구리가 울고 잠자리가 날던 벌판은 차츰 고층 아파트들로 뒤덮

여 가고 반짝이던 밤하늘의 별들도 빛을 잃을 것이다.

그렇게 유구한 세월을 두고도 변하지 않는 것과 시속時俗따라 변하는 것들이 어우러진 이곳에 터잡아 살면서 보고 듣고 느끼며 나도 나이를 더해 갈 것이다. 산을 오르고 들판을 자전거로 달리고, 내 집 둘레와 정원에 나무를 심고 꽃을 가꾸어 가면서 가끔은 강둑길을 걸어 강변카페에도 들를 것이다. 그것들이 내 글감이 되고 내 생활이 될 것이다.

(2001. 2)

L형께

—시골생활을 생각하는 이들에게

글월 받고도 오랫동안 회신 드리지 못했습니다. 건강하시지요. 잠시 장마 멈칫한 며칠 동안이 불볕더위입니다.

갑자기 3년 당겨진 정년으로 현직에서 물러나 이곳 교외에 나와 생활한 지도 어느 사이 8년의 세월이 흘렀습니다. 내 나이 드는 것은 몰라도 아이들 크는 것을 보면 세월의 빠름이 새삼스럽듯이, 주위에 심은 어린 나무들이 8년 세월에 훌쩍 자라 주위를 초록으로 둘렀습니다. 마을 안의 집이긴 하나 평지 첫 자리, 산자락 비탈을 집 뒤에 끼고 있습니다. 그 비탈 아래쪽까지 뻗어내린 대뿌리를 파낸 자리에 하동 쌍계사 인근에서 거둔 설록차 씨앗 한 말을 심은 것이 너무 많이 자라 키를 맞추느라 해마다 전지를 하고 있습니다.

설록차나무는 한겨울에 하얀 꽃이 핍니다. 그 꽃이 질 무렵 차밭 아래에 동백꽃이 피고, 집 주위를 에워싸듯 둘러선 매화나무에 매화가 피면서 동백의 계절은 끝이 납니다. 청매나무에는 하얀 매화, 홍매나무에는 분홍 매화가 활짝 피면 우리 집은 꽃동산이 됩니다. 여린 초록의 잎새들이 커가고 모란이 피었다 지며, 하늘에 하얀 뭉게구름이 피어오르기 시작하는 6월이 되면 매실들을 따서 지인들에게 돌리고 집에서는 매실 즙을 만듭니다. 그 서너 달 사이에 마당 서쪽 가에는 향 짙은 하얀 치자꽃이 피었다 져버린 자리에 치자가 작은 새 잎들 사이에 자리를 잡습니다. 곁에는 오죽처럼 줄기를 뽑아올린 백합과 접시꽃 꽃대들이 하얀 꽃들을 피워 올리고 있습니다. 양지바른 마당 가 어디쯤인가에는 이른 봄 잎이 돋아났다 사라진 자리에, 여름이 다 갈 무렵의 어느 날엔 서양 소녀풍의 상사화도 피어날 것입니다. 지금은 흔적도 없는 그 자리에 채송화들이 재잘거리며 모여 앉았습니다.

뒤에 비탈을 낀 230평 대지, 마을의 제일 뒷집인데 담장은 대나무로 엮었고 대문도 대로 엮어 엉성합니다. 좀도둑도 없지 않은 마을이라 큰 개 세 마리를 먹이고 있습니다. 모두 암컷들이라 그 가운데의 어느 한 녀석이 새끼라도 낳으면 바깥식구도 대가족이 됩니다. 머슴을 두고 부리는 시대가 아니어서 온갖 일을 손수 해야 합니다.

철들며 저녁형으로만 살아온 터여서 늦잠 버릇이 있습니다. 잠에서 깨면 그냥 자리에서 라디오 뉴스 들으며 운동을 하고는 일어나 아침을 듭니다.

커피를 마시고 담배 한 대 피우고 조간신문의 제목들 한번 훑어보고는 마당으로 나와 바깥식구들을 돌봅니다. 먹이와 물을 주고 배설물을 치운 뒤에는 화분들에 물을 줍니다.

텃밭을 가꾸는 폭 30m의 마당을 내왕하며 그 일들을 하다 보면 풀들은 자라 있고, 치우고 정리하고 손보아야 할 일들이 가득입니다. 해도 해도 끝이 없는 것이 시골집의 일입니다. 그 일이 생업이라면 못할 노릇일 것이나 퇴직 후에 자청한 생활이라 즐기고 있습니다. 종일 FM라디오의 클래식 음악을 틀어놓고 들어가며 햇살 아래에서 하는 일이 즐겁기 그지없습니다. 새들도 날아와 종일 지저귑니다. 그렇게 하루 해가 저물 무렵이면 서녘 하늘에는 노을이 지고, FM라디오에서는 '세계의 모든 음악'이 흐르면서 마당의 외등에 불이 켜지고 하늘에는 별들이 반짝이기 시작합니다.

처음 이곳에 왔을 때에는, 이맘때면 제법 자란 초록색 벼들이 저녁 바람에 일렁이고 그 위를 잠자리들이 날던 340만 평 논이었던 자리가 4~5년 전부터 신도시로 개발이 한창입니다. 어두워지면 반딧불이가 날고 개구리들이 울어대던 벼논 위에는 별들이 유난히 반짝였는데 그곳에 4차선 아스팔트 도로가 개설되고 즐비한 가로등에 불이 밝혀지면서 별들이 빛을 잃었습니다.

신도시가 완성되면 이곳도 대도시의 근교가 아니라 고층 아파트가 밀집한 회색 신도시의 변두리가 될 것입니다. 그리고 계획도로에 들어 있는 우리 집 텃밭과 마당 가의 초록 잎새 나무들도 사라져 마루 앞에 담장, 담장 너머 도로인 삭막하고 답답한 공간이 될 것입니다.

아직은 전원의 풍치를 즐기고 있습니다. 일과 운동은 다른 것이어서 주 중 하루는 대간을 함께 탔던 산행동료와 산행도 즐기며 지냅니다. 요즈음엔 멀지 않은 산들을 오르내리다 보니 곳곳에 잘 지어 놓은 별장풍의 집들을 많이 봅니다. 순수 별장이면 몰라도, 노후의 주거용이라면 편도 100분 이상 소요되는 거리와, 대중교통편은 생각해 보아야 할 일입니다.

사람은 역시 사람과 어울려 살아야 하는 존재입니다. 이웃이 있어도 친분이 하루 이틀에 쌓이는 것도 아니고, 살아온 세월이 달라 어울리기도 쉬운 일이 아닙니다. 저 역시 이곳에서의 생활이 순탄한 것만은 아니었습니다. 8년 세월이 흐른 지금도 그렇습니다. 시골 생활을 동경해(?) 낙향했다가 서울로 되돌아 온 사람들이 많다는 "도시 사람 시골 살기의 어려움"이란 한삼희 J일보 논설위원의 글도 있었습니다. 1시간 거리의 부산 시내에 몇 개의 정기 모임도 있고, 주말이면 정장하고 나가야 하는 일거리도 있어 여간 다행한 일이 아니라고 감사해 하며 지내고 있습니다.

일을 두고 그냥 못 지내는 성미라 아침에 일을 시작하면 종일입니다. 퇴직 전에는 현직에서 물러나 시간 여유 생기면 보고 싶었던 책이나 실컷 읽으리란 생각도 있었습니다. 초등 2학년 때 광복을 맞았고 중1 입학하자 6·25, 고1 때 휴전, 군 복무 중 4·19와 5·16을 겪는 격랑의 세월 속에서 우리말로 번역된 양서도 많지 않았습니다. 막상 시간의 여유가 생기고 보니 0.6 약해진 시력에 책이 가까이 되지를 않습니다. 원근의 친구들이 보내오는 E-mail들도 3~4일 모아 열어 보면 40~50개씩 쌓여 있습니다. 겨우 word나 치고, 보내오는 mail이나 열어보는 주제라 "잘 보았다. 고맙다."가 기껏 보내는 회신입니다. 그러니 나들이의 전철에서가 신문이라도 가장 알뜰하게 읽는 시간이 됩니다.

마감이 임박해서야 모처럼 짬을 내어 글을 쓰고 있는데 참새들이 마루 앞 고추밭에 앉아 가벼운 몸짓으로 자리를 옮겨 가며 모이를 찾고 있습니다. 그 몸집들이 안쓰러울 정도로 작아 보입니다. '91년 9월 모스크바 연수 때 그곳에서 본 참새와 까마귀의 몸집이 유난히 크다고 느꼈었습니다. 한대지방의 추위 때문에 털이 많이 나서였을 것입니다. 거리에서 연탄화로를 리어카에 싣고 그 연탄불에, 털을 벗긴 참새를 구워 팔던 시절이 있었습니다. 참새구이였지요. 그 시대 갯마을에서는 복어국을 끓여 먹고 목숨을 잃는 사람들이 더러 있었습니다. 참으로 오랫동안의 어렵고 곡절 많은 우리네 삶이었습니다.

신문을 본대야 제일 뒤쪽의 두 면 논단과 밤 9시 TV 뉴스, 그리고 아침에 잠 깨어 자리에서 운동하며 듣는 30분간의 라디오 방송이 내가 접하는 세상 소식입니다. 두 달째 격렬해져만 가는 광화문 거리의 촛불시위가 우리 경제를 어느 방향으로 끌고 갈지 모르겠습니다. 천정 모르고 가파르게 오르는 유가, 원자재 가격, 곡가 등이 2만 불 소득으로까지 일으켜 온 우리 경제의 정체, 도약, 후퇴 중 어느 방향으로의 계기가 될지 두렵습니다. 얄팍한 참새 가슴살로 안주하던 시대를 딛고 이룩한 경제 성장에, 값싼 쇠고기 먹어가며 경제 성장을 더욱 가속화시키자는데, 나라 소란함이 해외 언론에까지 오르고 있습니다.

"생각하는 백성이라야 산다."던 함석헌 선생 같은 어른도 계시지 않은 세상에 시골의 필부도 걱정이 됩니다. 저 같은 필부까지 연금 받아 생활을 누렸던 시대가 단군 이래 언제 있기나 했던가요? 촌부의 이 소박한 행복감에 금이 갈까 두렵습니다.

L형, 시골에서 살고 싶다던 L형의 생각에 도움이 될지 모르겠습니다. 장마 끝나지 않은 여름 날씨에 건강하십시오.

전희준 드림

(2008. 7)

퇴직 후 10년

— 借 文 메들리

3년 당겨진 정년을 시행 첫 번째로 퇴직해 10년이 되었다. 강산이 변한다는 세월의 퇴직 후 생활에도 나름의 패턴이 생겨 자리가 잡혔다.

한민족 5천 년에 춘궁기가 없어진 것은 우리 세대가 처음이다. 5 · 16 혁명이 일어난 1961년 우리의 1인당 국민 총생산은 89불이었고 세계 125개국 중 101번째로 가난한 나라였다. 1인당 소득 100불을 달성한 것이 이웃 동경에서 올림픽이 개최되었던 1964년이었다. 주한 미국대사 스티븐스(한국명 : 심은경)가 평화봉사단원으로 충남 예산여중 영어교사로 왔던 1975년의 우리나라 국민 1인당 소득이 500불이었다고 그녀는 기억하고 있었다. 서울올림픽이 개최되었던 1988년의 우리 국민 1인당 소득은 3천 불이었다.

나는 중 · 일 전쟁이 시작된 전前 정축丁丑생이니 그 온갖 시대의 풍상을 고스란히 겪으며 살아왔다. 국민소득 1인당 2만 불 시대에 노후를 살고 있다. "웃어 보라. 세상이 너와 함께 웃을 것이요,

울어 보라. 너 혼자 울고 있겠지. 이 넓고 서글픈 세상에서 환희는 빌려야 하고 고통은 너무 많으니까." 영화 〈The Hours〉의 마지막 대사이다. 50년대의 미국 영화 〈The Yearing춘하추동〉에서 몇 해째의 가뭄으로 기근이 든 농촌에서 나뭇가지에 올라앉아 있는 개구쟁이 아들에게 농부인 아버지가 말한다. "기아飢餓는 곰보다 무서운 거란다." 아이가 올라앉아 있는 나무 위로는 파란 하늘에 하얀 뭉게구름이 떠 있었다.

곰이 사라진 시대, 내 노후의 생활에 生의 찬미자 니체가 떠오른다. "니체는 꿈 같고 환상 같고 물거품 같고 그림자 같은 生이 또 얼마나 아름다움으로 충만한지를 꿰뚫은 철학자였습니다. 그는 물처럼 흘러가고 바람처럼 사라지는 유한한 生을 너무너무 사랑해서 무한한 神을 버렸습니다. 神을 죽었다고 선언한 거지요." 대학에서 철학을 강의하는 어느 여교수의 글이다. "人生은 생각하는 자에게는 희극이요, 느끼는 자에게는 비극"이라고 했던 그의 말과는 사뭇 이율배반인 것 같으면서도 "늙어가는 사람만큼 人生을 사랑하는 사람도 없다," 기원전 소포클레스가 말한 것을 지금의 나도 공감하고 있어 수긍이 된다.

지금 살고 있는 집을 30년 전에 우연히 사두어서 퇴직 후에 옮겨와 살고 있다. 부산과 경남의 경계에서 5km 거리의 울안 넓은 시골집, 뒷비탈 대밭이야 원래 있었으나 이사 들어 심은 지 10년 된 나무들이 집을 에워싸 숲 속의 집처럼 되었다. "새는 봄에 울고 우레는 여름에 울고, 벌레는 가을에 울고 바람은 겨울에 운다." 당나라 한유韓愈의 詩句에 나오는 소리들을 계절 따라 들으며 살고 있다. 거기에 윤선도의 五友도 물(낙동강)이 반km 남짓 떨어져 있을 뿐 四友는 더불어 함께하고 있다. 도연명의 "庭 蘭 籬

菊"의 범주에서도 벗어나지 않았지 싶다. 蘭이야 분에 심어 뜰에 내놓았지만 국화는 이제 막 제철이라 뜰에서 피기 시작했다. 꽃말이 "그리움"이고 원산지가 히말라야라는 나팔꽃은 한여름 새벽마다 피었던 대울타리에 마른 씨앗주머니만 넝쿨에 매달려 있다.

늙은 내외 둘만 사는, 울안이 훤히 들여다보이는 엉성한 대울타리 집을 덩치 큰 세 마리 개가 충실히 지켜주나 그것들 뒤치다꺼리는 내 몫이다. 1남 2녀, 멀리 떨어져 사는 큰딸아이 가족들에게는 미안할 정도로, 백 리 안에 살고 있는 남매 가족들은 주말마다 몰려온다. 손자들이 어릴수록 올 때 반갑고 갈 때 더 반갑다던가? 그들과 함께 넓은 뜰 한쪽에 옛날부터 있던 목욕 솥을 화덕삼아 피운 장작숯불에, 두껍게 썰어 사 온 삼겹살을 구워서 먹는다. 유붕자원방래有朋自遠方來 불역열호不亦悅乎 반가운 친구 대접도 그렇게 한다.

" '운명에는 우연이 없다.' 인간은 어떤 운명을 만나기 전에 벌써 제 스스로 그것을 만들고 있는 것이다." 윌슨의 말이다. 곁눈질할 여유 없이 살아왔다. 공무원 연금, 우연히? 운 좋게? 30년 전에 마련해둔 집, 탈 없이 자라고 살아가는 아이들, 주 중 하루 나는 먼 산을 타고, 지공도사(지하철을 공짜로 타는 65세 이상 늙은이) 할멈도 사이클 동호회원들과 먼 길을 둘러오는, 두 늙은 내외의 건강, 그것이 지금 내가 누리고 있는 생활의 바탕들이다. "갑자기 닥친 부귀영화를 지혜로운 사람은 누리지 않는다." 중국 속담이라고 한다. 꿈이 좋았을 때 복권을 두 번 산 일이 있었다. 주식을 적은 돈으로 잠깐 해본 적이 있었다.

"기억은 기록이 아니라 해석"이라고 한다. 젊은 날 세상살이의 힘들었던 일들과 사람들에 대해 이제 미소로 받아들여도 좋은 나이일 것이다. "어떠한 사물도 적절한 장소에 놓일 때 아름답지 않은 것이 없다. 반대로 적절한 시간과 장소를 떠나면 아름다운 것은 하나도 없다." 밀레의 말이다. 화가로서의 안목을 말한 것이겠으나 내게는 이 마을 이집에 어울리는 늙은이로 살라는 뜻으로 새겨진다.

(첫 연 생략)

건강한 아이를 낳아 기르든
한 뙈기의 땅을 가꾸든
사회 환경을 개선하든
내가 태어나기 전보다
이 세상을 조금이라도 살기 좋은 곳으로
만들어 놓고 가는 것.

내가 한때 이곳에 살았으므로 해서
단 한 사람의 인생이라도
행복해지는 것.
이것이 진정한 성공이다.

랄프 왈도 에머슨의 〈무엇이 성공인가〉 라는 詩이다.

"인간이 밤하늘을 보았을 때 비로소 별자리가 생긴다." 고 한다. 심안心眼의 방향이 그 사람을 만들어 갈 것이다. "다른 사람이 보지 못하는 것, 느끼지 못하는 것을 더 많이 보고 느끼는 것이 행복지수가 높은 인생이라고 생각한다." 은행원 출신 미술평론가

강효주의 말이다.

“나도 한때 맺지 못할 사랑에 울던, 그런 행복한 서러움의 젊은 날이 있었던가?” 국졸 출신 대통령 후보였던 백기완의 詩句이다.

“사람은 언제부터 늙는 줄 아는가? 그것은 호기심이 없어질 때부터야.” 미국의 저명한 경영학자 피터 드리커가 한 말이다.

원고 마감일이 닥친 촉박한 시간에 며칠을 끙끙대도 글이 되지 않아, 깊어 가는 가을의 나이와 계절에 남의 글들을 인용해 내 마음속의 풍경을 그려보았다.

2부

인물화

'十八審'

가곡인지 가요인지 구분이 어려운 〈얼굴〉을 들으면 결코 둥글지 않은 J선생의 노안老顔이 떠오른다. 함경도 H사범 재학 중 명태를 그린 정물화로 〈鮮展〉에 입선한 경력의 J선생은 南에 내려와 얻은 늦둥이 외아들을 군에 보냈다가 잃은 후, 적어진 말수에 그림에만 몰두했다. J선생과는 20년 나이 차를 넘어 퇴근길 주막에 가끔 마주앉곤 했다.

봄소풍 날의 늦은 오후, 햇살 따뜻한 금정산 비탈 잔디밭에 몇 사람이 둘러앉아 잔을 돌렸다. 한 사람이 조용히 노래를 시작했고 노래는 자리 따라 다음 사람으로 이어져 갔다. J선생은 "동그라미 그리려다 무심코 그린 얼굴…" 〈얼굴〉을 불렀다. 하오의 미풍에 꽃잎이 흩날려 내리고 빗금의 햇살이 J선생의 얼굴을 비추고 있었다. 주위는 적막하리 만큼 조용했고 J선생의 노래는 떨리고 있었다. 지금도 어디서든 〈얼굴〉을 듣노라면 그때 그 메마르고 쓸쓸해 보이던, 햇살 받은 J선생의 老顔이 어제런듯 떠오른다.

J선생과 헤어져 N고로 갔다. 옮겨간 이듬해 초 학년 말, K여고 식당에서 J선생의 조촐한 퇴임연이 있었다. 찾아가 건강하시라는 인사에 그는 종이로 덮어 싸두었던 액자 하나를 내밀었다. 4호 유화 화폭 뒷면엔 "옛 情을 잊지 마소 J"라고 씌어 있었다.

신설 N고의 첫 해 교직원教職員은 24명이었다. 그 학교 1회 졸업생들이 '84학번의 386세대이다. '87년 민주화운동 때 명동성당 농성 주도자가 N고 1회 출신 S대생 K였다. N고의 1, 2회 졸업생들이 S대 다수 합격자 순위 2년 연속 10위권 이내였다.

N고의 개교 첫 해 24명 교직원은 젊고 혈기 왕성하고 극성들이었다. 술에도 일당 백이었다. 24명이 마셔내는 술이 기존학교 60~70명 직원이 마셔내는 술 양보다 못하지 않았다. 술이 거나해지면 노래가 따르는 법, 더구나 우리의 혈관에는 배달의 피가 돌고 있지 않은가.

"부여 사람들은 은殷나라 정월에 하늘에 제사를 드리는데, 나라 사람이 모여 대회를 열고 며칠을 계속하여 음주하며 노래하고 춤추었다. 이를 영고迎鼓라 했는데, 길에서는 밤낮으로 늙은이 아이까지 모두 노래 불렀으며, 연일 그 소리가 그치지 않았다."는 기록이 三國志 魏志 東夷傳에 있다.

법은 10년에 바뀔 수 있고, 풍속은 백 년에 바뀔 수 있어도, 겨레의 의식意識이나 기질은 천 년 세월에도 바뀌기가 어려운 것이어서, 전국 방방곡곡에 노래방이 목하 성업 중이다. 그때에는 노래방이라는 공간이 따로 없었다.

처음부터 술에 노래를 곁들이고 싶으면 기타와 전자오르간을 연주하는 소규모 홀의 테이블에 앉아 맥주를 마시다가, 미리 건넨 선금에 차례가 오면 밴드 앞에 나가 마이크를 잡고 반주에 맞추어 노래를 불렀다. 그 시절까지는 남아 있던, 안방술집에서는 앉은 자리에서 젓가락 장단이 반주였다. 술판이 어우러지고 흥이 고조되면 숟가락을 빈 술병에 거꾸로 꽂아 그것을 흔들어 반주 효과음을 내기도 하고, 숟가락을 입 앞에 대어 마이크의 시각적 효과를 노리기도 했다.

그 시절, 그 자리들의 노래에는, 그 노래를 부르던 이의 얼굴이 노래에 겹쳐, 안개 속에서처럼 떠오른다. 어느 노래에 겹쳐 떠오르는 얼굴, 그 노래가 거기에 겹쳐지는 얼굴의 18번이었을 것이다.

지금은 50대의 박사학위 소지자 K교감은 父子 2代가 독자였다. 초등학생 외아들을 기르던 그때 그의 18번은 〈가는 세월〉이었다. 재치와 익살이 넘치고 산타기를 즐겼던 S선생의 18번은 〈하얀 겨울에 떠나요〉였고, P고 S대 출신의 K선생은 〈오빠는 졸병이란다〉가 18번이었다. 명문으로만 뽑은 학벌로 知命의 연륜인데도 모교에서 교실수업으로 자족해 하는 것으로 알고 있다.

그때 한창 유행이던 〈동숙의 노래〉는 C선생의 18번이었다. C선생 외에도 그 노래는 몇 사람인가가 다투어 불렀다싶어 그때의 자세한 상황을 확인할 겸 C선생 댁으로 전화를 했더니, 그 무렵 결혼해 낳은 쌍둥이 딸이 스물한 살 대학생이 되어 전화를 받았다.

"아, 지나간 세월은 참 빠르구나!" 하는 생각과 함께 우리 집 치자나무가 떠올랐다. 치자나무 생각은 엉뚱하고 의외였다. 이사하며 뽑아 온 그 나무를 우선 앞뜰에 가식假植했다가 동쪽에 심었었다. 그 다음 해 식목일 신문에 치자나무는 西向이 좋다기에 또 옮겨 심었는데도 제법 향이 좋은, 하얀 꽃을 피워 내고 열매도 맺었었다. 총각 때의 C선생이, 先親으로부터 물려받은 고가古家

정원의 나무를 꺾꽂이하여 겨우 뿌리나 내린, 어리디 어린 것을 작은 분에 심어 가져다 준 것이었으니…. 딸 쌍둥이를 낳았더니 姉氏가 딸 기르는 집에는 모란을 심으란다더라고, 홍 · 백모란을 심었노라는 이야기도 그 무렵에 들었다.

대학 재학 중에 입대해서 월남에도 갔다 온 C선생의 별명은 '봉봉 오까이'였다. 교원대에서의 석사과정 공부가 무리였던지 故人이 된 지도 10년이 지났다. 가버린 사람이어서인가. 진한 기억은 많은데 그의 18번은 잡힐 듯 잡힐 듯 떠오르지 않는다.

'18번'이란 日人들의 造語로 "가장 자랑으로 여기는 장기나 재주"라고 한글학회편 ≪우리말 큰사전≫에 풀이되어 있다. 노래를 둔 18번이라면 "어떤 이가 가장 즐겨 잘 부르는 노래" 쯤으로 풀이하면 될 것이다.

가장 즐겨 잘 부르는 노래는 그렇게 하게 된 까닭이 있을 것이다. 가락이든 노랫말이든, 아니면 그 노래를 둔 어떤 사연에서든. 그래서 '18번'은 그 노래를 부르는 이가 살아오며 지니게 된 기쁨이나 슬픔, 사연이나 곡절, 바람所望이나 한恨이 서려 있는 대사臺辭이며, 가락과 노랫말로 바꾸어 펼쳐 보이는 그 사람 마음의 풍경일 것이다.

대개의 경우 술에는 노래가 따르게 마련, 조용한 대화를 나누는 둘만의 술자리가 아니라면, 술자리에서는 말을 할 필요가 없어진다. 돌아가며 부르는 사람들마다의 18번이 그 사람의 하소이거나 호소 아니면 기염일 터이요, 가수도 자기 노래의 노랫말처럼 산다는 것이 가요계의 징크스라니까.

(2003. 2. 초)

살아가자면

사람의 생애를, 극단적으로는 "나서 살다가 죽는다."로 요약할 수 있을 것이다. 거기에서 '나고' '죽는' 일은 초가삼간에서나 대궐에서라고 그 본질에 있어서 다를 것은 없다. 다만 '살다가'에서는 그 질質과 길이가 사람마다 다르다. 한 가지 공통점이 있다면 아무리 빈손으로 와서 빈손으로 가는 것이 인생이라 해도, 삶을 영위하는 동안에는 적든 많든 돈이 있어야 한다는 점이다.

서머셋 모옴의 ≪인간의 굴레≫에서는, 자신의 그림을 보여주며 조언을 구하는 주인공 필립에게 지도교수가 말한다. "돈을 멸시하는 사람이 있다면 나는 그 사람을 멸시하고 싶네. 돈이란 제6감과 같은 것이어서 이것 없이는 다른 5감은 그 기능을 충분히 발휘하지 못한다네. 일정한 수입이 없이는 인생의 가능성은 절반 이상으로 줄어드는 것일세. 끊임없이 생계를 걱정해야 하는 것처럼 사람을 비굴하게 만드는 것은 없다네. 한 가지 주의해야 할 것은 1실링 벌 수 있는 곳에 1실링 이상을 써서는 안 된다는 것이

네. 자네는 2류 화가는 될 수 있겠네."

한 세기 반 전, 일본 개화기의 선각자이며 교육자, 무교회주의자였던 우찌무라 간소内村鑑三는 "이 세상에는 314가지의 질병이 있다. 그 가운데 가장 몹쓸 병이 '가난'이라는 질병"이라고 했다.

두 사람은, 사람의 생존 나아가 생활을 위한 돈의 필요성을 말하고 있으나 셰익스피어는 한 걸음 더 나가 돈의 효능을 역설하고 있다. "황금은 멍청이를 명사로, 겁쟁이를 용기 있는 자로, 도둑을 귀족으로, 그리고 창녀를 숙녀로 만든다."

그래서 21세기 자본주의 국가의 국민들은 돈을 향해서 질주하고 있다. 돈을 향한 이 광란의 시대에 '그래도' 라고 되새기게 하는, 대조적인 일화 둘이 있다.

60~70년대에, 학교에 다니는 4남 2녀 자녀를 둔 가정은 대개들 힘겨웠다. 서울의 H씨는 청계천 변 중심지 넓은 주택에서 하던 사업도 정리하고, 넓은 대지의 가옥도 처분해 강남 고지대의 작은 주택으로 옮겨가며 6남매 뒷바라지를 해도 끝 무렵에는 힘이 모자랐다. 4남 2녀가 고맙게도 모두 잘 자라 자리들을 잡았다.

장남은 지방대학 교수여서 부모님은 자영업을 하는 둘째 아들이 부모님 집에서 모시고 살았다. 셋째는 큰딸, 대학을 졸업하고 취업한 여성 직능단체 협회에서 결혼 후에도 계속 근무해 간부직에 올랐다. 셋째 아들은 대졸 신입사원 2년차에, 고학력의 신입사원 대우가 다른 것을 보고 사표를 내고 미국으로 자비 유학을 떠났다. 비자 발급 요건에는 보호자의 7,000만 원 은행예금 잔고 증명이 필요해 애를 먹다가 친구의 부친이 편의를 제공해 떠날 수 있었다. 10년 유학 기간 중 경비의 절반은, 6남매 중 유일하게 대학공부를 하지 않고 사업을 시작한 둘째가 부담하고 나머지는 자신이 해결했다.

학위를 받아 귀국한 셋째 아들은 L그룹에 재입사해 이사, 부사장으로 승진해 근무하고 있다. 부사장으로 승진했을 때, 작은 형에게 달려와 형 덕이었노라며 고마워했다. 넷째 아들은 미대에서 금속공예를 전공. 재학 중 금속공예 디자인전에서 대상을 두 번이나 수상했다. 그 아우가 일어 어학 연수차 동경 체류 2년 동안의 경비도 둘째가 도왔다. 암스테르담에서 일본계 회사의 직원으로 7년째 독신생활을 하고 있다. 막내딸은 은행원의 아내로 살고 있다.

우리나라에서 world cup이 개최되었던 2002년 인천-암스테르담 간 항공료가 큰 폭으로 인하되었었다. 노부부가 유럽 관광을 겸해서 막내아들을 보려고 서울을 떠나 한 달 만에 귀국했다. 여독 탓이었던가? 평소의 전립선 질환이 악화돼 입원도 하고 통원 치료도 받다가 이듬해 봄, 재입원 이틀 만에 운명하셨다. 바다 건너 만 리 길, 막내아들이 달려와 그 이틀 동안 병구완을 해 드렸다.

자리잡은 4남 2녀, 상주를 찾아오는 조문객은 많았다. 삼우제를 지내고 돌아와 온 가족이 모여 앉았다. 맏이가 조위금 액수와 장례 경비 내역 및 액수, 3년 탈상까지의 예상 경비를 제외한 액수에서, 자신을 포함해 동생들에게 250만 원씩을 각자의 조문객 답례로 쓰라며 균등 분배해 주었다. 그리고 남은 금액의 처리를 논의에 부쳤다. 우선 그 금액을 둘로 나누어 절반은 모친께 드리기로 결정했다. 나머지 절반의 용도는 몇 가지 안들이 제기되었다. 셋째인 큰딸이 지병 치료에 적잖은 돈이 들어가고 있던 때이기도 했다. 그러나 친손 외손까지 참여해, 학교에 다니는 연령

이상이면 한 표를 가지는 투표로 고인의 사인이었던 전립선 암 연구비로 맏이 재직 대학의 부속병원에 기부하기로 결정이 났다.

3년상을 벗은 날, 둘째 며느리가 시숙에게 간곡히 부탁했다. "아버님을 생전에 제가 내내 모셨습니다. 앞으로 제사도 제가 모시게 해주시면 안 될까요?" 맏이가 더 간곡하게 양해를 구했다. "제가 지방에 있어서 생전에는 못 모셨지만, 그리고 제사는 우리 당대로 끝나는 일도 아니니 제사만은 장남이 모시도록 해 달라." 고.

홀로 된 모친은 공기 맑고 풍광 아름다운 지방으로 맏이가 모시고 갔다. 두 딸과, 살던 마을의 친구들도 볼 겸 서울 둘째 네에서 며칠씩 지내기도 한다. 주말이면 서울의 둘째와 또 다른 지방에 사는 셋째 아들이 번갈아 찾아 점심을 대접하고 용돈도 드린다.

두 집안은 서로 알 이 없고 관계도 없는, 천 리를 격해 사는 또 다른 4남 2녀 형제자매가 있다. 모친은 겨우 큰아들 하나 장가들이고 막내딸이 중학생일 때에, 지금은 시내 중심지가 된 곳에 아담한 새 집을 짓고 몇 해 살아보지도 못하고 세상을 떠났다. 홀로된 부친은 새 집 지어 짝 잃자 안방을 아들네에 내어 주고 햇볕 바른 곁방에서 지내며 지리산을 자주 찾아 나섰다.

부친의 사업이 어려운 때여서 맏이는 대학공부를 못하고 사회생활을 시작했다. 둘째는, 명문고를 찾아다니며 신설이라 학비가 저렴하다는 대학의 우수학생 유치 설명에, 당시 서울의 신설 S대에 진학해 영문과를 마치고 군 복무 후 다시 같은 대학에서 경영학을 공부해 취업하여 서울사람으로 살고 있다. 셋째는 70년대 지방 국립대학의 학생회 간부로 민주화 운동을 하다 당국의 요

사찰 대상이 되기도 했으나 해제돼, 신이 내린 직장에 취업하여 간부직에 올라, 벌써 정년을 기다리는 나이가 되었다. 넷째는 어렵사리 공부하여 학위까지 받아, 살고 있는 고장에서 사립대학 교수로 재직하고 있다. 다섯째인 큰딸은 시골 고등학교 교사를 하다 결혼 후 사직했고, 막내딸도 대학을 나와 결혼하여 벌써 지명知命의 고개에 이르러 간다.

의무가 끝나면 긴장이 풀려서일까. 홀로되어 살아온 지 열여섯 해, 막내딸 여의고 몇 해 지내는 사이 부친은 산길도 뜸해지더니 자리에 누웠고 임종을 맞았다. 새 천년이 시작되는 해였다. 그 상가喪家에도 4남 2녀를 찾아오는 조문객이 줄을 이었다.

삼우제를 지내고 돌아와 형제자매가 모여 앉았다. 맏이가 동생들에게 200만 원씩을 조문객 인사 비용으로 쓰라며 나누어 주었다. 49재를 마치고 맏이는 부친 명의 가옥의 상속 동의 서명 날인을 요청했다. 모두 선선히 서명 날인을 했다. 그것을 받아든 맏이는 "고맙다. 고생들 했다."는 말뿐, 더 이상 말이 없었다. 그 후 부의금이 자신들의 채무가 되어버린 셋째와 넷째는 맏형 집에 발길을 끊었다.

사람이 살아가자면 꼭 있어야 하는 것이 돈이다. 세상 사람들이 그것을 향해 아우성인, 그 돈에 관한 어록들을 찾아보았다. 엄청나게 많은, 돈에 관한 언급들 가운데에서 몇 개를 발췌해 보았다.

돈은 묻지도 않고 그 소유자에게 권리를 준다. – 라스킨

돈은 악이 아니며 저주도 아니다. 돈은 사람을 축복하는 것이다. – 탈무드

돈은 말 없는, 깊은 물 속과도 같다. 명예도 양심도 진리도 모두

그 속에 빠지고 만다. – 카스레

돈 속에, 돈 자체 속에, 그리고 돈을 취득하고 소유한다는 그 속에 무엇인가 비도덕적인 점이 있습니다. – 톨스토이

(2007. 10)

인물화

20여 년 글을 쓰면서 두 권의 책을 낸 바 있다. 처음 출판기념회를 가졌을 때, 서울에서 달려온 오랜 친구가 하는 말이 "자네 글에는 사람이 없어."였다.

소재의 다양성이 수필의 특징이기도 하다. 자연과 인생은 그 가운에서도 수필 소재의 폭 넓은 두 갈래일 것이다. 인생이 소재일 때 그것은 어떤 인물이거나 인간사人間事가 될 것이다.

소재의 다양성에서라면 그림도 마찬가지가 아닐까 싶다. 서양 명화집의 그림들, 샤갈의 꿈이나 르노아르의 여체, 밀레의 경건함이나 고호의 슬픔까지, 그리고 이제 우리 화단의 신화가 된 이중섭이나 박수근의 그림들도 사람을 그린 그림들이 대종을 이룬다. 거기에는 시대가 있고 사람살이가 있다. 반면에 이발관 그림이나 일요화가들의 그림은 하나같이 풍경화들이다.

글 또한 마찬가지일 것이다. 사람이거나 사람이 살아가는 이야기라야 그 속에 어느 한때의 시대 상황과 세상살이의 애환과 보람, 고달픔과 신산함이 담기고 배어 있어 읽는 이에게 무엇인가 보탬과 남음이 있는 글이 될 것이다.

조국 땅에서보다 외지 일본에서 더 오랜 세월을 살았고, 그곳에서 명문名文으로 더 알려졌던 김소운의 그 많은 글들 중 어느 한 편 사람이나 사람살이 이야기 아닌 것이 없었다. 그의 그런 글에서 식민 치하의 시대상황을, 나라 잃은 백성의 설움과 고달픔을, 사람살이의 기미들을 읽어낼 수 있었다.

멀리 찾아 오른 명산의 정상이나 해외 여행지의 명소에서 찍은 풍경만의 사진은 돈 주고 산 한 장의 그림엽서와 같을 것이다. 그 풍경 속에 어느 나이의 내가, 혹은 가족이나 지인 중의 한 사람이 어떤 얼굴 어떤 옷차림으로 누구와 어울려 찍혀 있어, 비로소 그것이 내게 의미 있는 추억의 사진 한 장이 되는 것과 같은 이치일 것이다.

그럼에도 내 글에는 사람이 없었다. 혼자서는 살 수 없는 존재가 사람이다. 사람과 어울려 살아왔고 사람으로 하여 있었던 일들을, 왜 쓸 거리가 없고 쓰고 싶은 일들이 없었으랴. 풍경이나 정물화보다는 표정과 자세, 어떤 상황이나 분위기가 함께 드러나게 마련인 인물화가 아무래도 어렵듯이, 나의 대상을 바라보는 시각이나 상황을 표현해내는 역량이 부족한 탓이었을 것이다.

사람을 두고, 인간사를 두고 쓰는 글이 대상에 대한 칭송으로 기울면 아부가 되기 쉽고, 평評의 냄새를 풍기면 독선이 될 것이고 폄하일 땐 그 돌팔매가 자신에게로 돌아올 것이다. 자신이나 자신의 가족 이야기 또한 제 자랑이거나 제 밑 들어 남 보이는 모양이 되기 십상일 것이다. 사람을, 인간사를 글로 쓰는 일이 어찌 조심스럽고 어렵지 않으랴.

78년에 사두었던 근교의 집을 99년 8월에 퇴직한 이후 손보아 이듬해에 이사를 왔다. 와서 보니 깊은 골목, 예부터 소문난 그 골목의 안 집은 고치는 동안 말도 많고 탈도 많았다. 어느 마을이라고 어울려 사람 사는 곳에 월선이는 없고 임이네는 없으랴. 이사 왔다고 들르는 이 중에 가끔 묻는 이가 있었다. "이사 와서 별 일 없었느냐?"고. 밖에서 보면 조용하고 평화로워 보이지만 막상 들어와서 보면 그렇지도 않은 곳이 한국의 농촌마을이라고. "그걸 어찌 말로 다 합니까?"며 웃고 만다. 지금은 앞뒤 두어 집과는 말 없는 채 다른 집 사람들과 좋은 이웃으로 지내고 있다.

시계市界에서 5㎞, 전철 종점에서 4㎞ 상거의 근교인데도 어린애 울음소리는 들을 수 없다. 저렴한 방값과 좋은 공기 핑계로 노인 부부들이 찾아들어 골목 안은 양로원 풍경이다. 3년 전 외손자 둘을 반 년 동안 데리고 있을 때였다. 큰아이 유치원 하교길에 골목 어귀에서 내려주며 먼저 들어가랬더니 울면서 들어오더라고 했다. 햇볕 쨍쨍 내려쬐는 초여름 날의 긴 골목, 고양이 한 마리 얼씬거리지 않는 골목길에 할머니 한 분이 절뚝거리며 지나가는 그 적막이 두려웠던 것이다.

그래저래 내 글 소재는 늘 내 집 풍경이 되어 있었다. 지붕들이 낮은 시골 하늘은 넓다. 높고 푸른 하늘에 밤이면 별들이 하늘 가득 아주 가까이 내려온다. 계절 따라 풀벌레들이 울고 두꺼비가 둔중하게 기어다닌다. 아침에는 서녘 신어산 아래 낙동강 하구 따라 물안개가 흐르고 새들이 날아와 경연이라도 하듯 지저귀어댄다. 비 내리는 날엔 신어산 골짜기에서 구름이 피어오르고, 갠 날 저녁에는 신어산이 비켜앉은 먼 서쪽 하늘에 노을이 곱다. 노을이 고운 그 시간, FM라디오에서는 김미숙의 '세계의 모든 음악'이 흐르고, 조용히 집에서 지낸 내 하루의 마감시간은 노을빛처럼 표현 못할 충만감으로 채워진다.

이백여 평 시골집의 백여 평 뒷비탈에는 4월이면 노란 민들레와 보라색 제비꽃이 어울려 피고 3월(음) 쑥이 자라면 그것으로 쑥차를 만든다. 4년 전에 심은 한 말 차나무 씨앗은 어느새 자라 열매를 거뒀고, 초가을인데도 벌써 하얀 꽃들을 피웠다. 주말에는 마당 가운데 화덕으로 쓰는 목욕 솥에 장작을 태워 숯불을 만들고, 아들 딸 사위 모여들어 삼겹살 파티를 연다.

몇 탕째인지 모를 이런 내용을 글이라고 썼더니 조카 한 아이는, 삼촌집에 가보지 않아도 그 풍경이 눈에 훤하다 하고, 처 이질서는 꼭 한 번 들르겠다고 벼르고 있다 한다. 자동차를 못 타 원거리 출입이 어려운 전주의 출판사 S사장도 우리 집에는 꼭 한 번 가보고 싶다고 얘기한 적이 있다. 내가 살며 느끼는 내 집 풍경을 그려도 그것이 내 집 자랑이 되어버렸나 보다.

내 이제 일흔 턱밑의 나이에 사람을, 사람의 일을 두고 글을 쓴들 누구에게 아첨하고 누구를 폄하고 폄하할 일이 있으랴. 비워버린 가슴에 온기를 담아 따뜻해진 시선으로 사람과 세상을 바라보며, 얽혀 살아온 나 자신과 사람들, 그리고 세상 일들을 담담하게 그려내면 되지 않으랴 싶다. 풍경화나 정물화는 솜씨 탓은 해도 뒷말은 없을 것이나 인물화는 여간 솜씨가 아니면 남들 앞에 내놓기도 어렵겠지만….

(2005. 10)

하룻밤 풋사랑

3월 초 주말 밤 부산에 백 년 만의 폭설이 내렸다. 어두워지면서 내리기 시작한 눈이 어둠이 짙어지면서 함박눈으로 변해 자정 가까운 무렵에는 온 세상이 하얗게 눈으로 덮였다.

부산 시계市界에서 5km 나앉은 근교, 우리 집 대지는 가로 27m, 집 뒤는 남향 비탈밭이다. 마루에서 앞뜰 끝까지는 짧은 곳이 5m, 긴 곳은 8m 정도이고 서쪽 울까지는 15m여이다. 둘러가며 뜰 가장자리에 매화, 모과, 석류나무들이 마른 가지로 서 있다. 매화나무 가지에는 꽃봉오리들이 매달려 있긴 해도 앙상해 보이기는 마찬가지, 바람이 없어 조용히 내리는 함박눈이 그대로 쌓이자 앙상한 가지들에는 눈꽃이 피고 장독 뚜껑에는 백설기 하얀 시루떡들이 얹혔다.

귀퉁이의 네 마리 개들도 조용히 제 집에 들어가 엎드려 있고, 눈은 개 밥그릇 위에, 개똥 위에도 내려 모두 하얗다. 하얗게 쌓인 눈 외에는 아무것도 보이지 않는, 한 자[尺]가 넘게 쌓인 눈, 눈[眼]

시리게 하얀 백설의 세계인데 하늘에서는 계속해서 함박눈이 내리고 있었다.

마루에 나가 보면 우리 집이 그대로 동화나라 같았다. 방 안에 들어와 불을 끄고 잠자리에 들어도 앞뒤 창들이 달빛이 비쳐 든 듯 환히 밝았다. 잠 못 이뤄 마루에 나서 보니 노랗게 멀리 보이던 골목의 보안등 불빛들이 눈빛에 반사되어 창들에 달빛인 양 비친 것이었다. 북구北歐의 백야白夜가 이런 것이겠거니 짐작되었다.

집 뒤에는 차나무가 자라고 봄 햇살에 민들레 제비꽃이 다투어 피는 남향 언덕받이, 그 뒤 비탈도 대문 밖에도 나가 볼 필요가 없었다. 마루에서 보는 풍경만으로도 탄성이 절로 나오는 절경, 5년째 살고 있는 우리 집이 이렇게도 아름다운 풍경일 수 있다는 경이驚異가 새삼스러웠다.

군 생활까지 포함해 40여 년 내 생활의 터전으로 살아온 부산은 강이 있고 바다가 있고 온천이 있다. 주위엔 명산들이 즐비하고 물가가 저렴해 살기 좋은 고장이다. 단 하나 겨울에도 따뜻해서 좋긴 한데 눈[雪]이 없어 무미한 곳이다. 그 무미한 겨울의 고장에 때 아니게 한 재[尺] 반의 백설이 내린 것은 이른 봄날 밤의 기적이었다.

함박눈을 내렸던 구름은 어둠과 함께 물러가고, 이튿날 아침 하늘은 맑게 개어 있었다. 아침 햇살을 받아 눈부신 백설의 세계! 고산준령을 산행하며 바라보는 백설의 세계와는 또 다른 감흥을 안겨주는, 눈 덮인 마을의 고요와 평화로움이었다.

대부분의 사람들은 서두를 일 없는 주말이라 다행이었다. 그러나 주말엔 주말의 일정이 잡혀있고 주말의 행사가 예정되어 있는 이들이 있다. 40cm가 넘는 적설로 오전의 이른 시간에 차량 운행은 불가능했으나 나는 다행히 기차역에서 10분 거리에 살고 있다. 20분 연착한 무궁화호를 타고 예식 시간에 맞출 수 있었다. 12시 예식은 신랑 신부가 서른 셋 동갑내기 커플이었고, 1시 예식의 신랑은 47세 초혼, 세련되고 나이보다 젊어 보였다. 신부는 42세, 초등생 여식을 둔 미혼모, 얼굴에 잔주름과 그늘이 있었다.

생면부지의 신랑 신부 혼례식 주례를 서면서 그들의 세상살이 내력을 모두 알 수도, 알 필요도 없다. 그러나 또 알 것은 알아야 조금은 초점을 맞춰가며 두 사람이 함께 할 세상살이에 조언을 해줄 수 있다. 예식 시작 전에 사회자에게 신랑 신부의 나이, 직업 그리고 중매냐 연애냐? 연애 기간은? 등을 물어 참고한다.

근래의 결혼연령은 30대가 대종을 이룬다. 청년층의 취업난과 적령기 여성들의 결혼 기피 현상이 겹쳐서일 것이다. 요즈음 젊은이들은 주관과 자기 주장이 얼마나 분명한가. 거기에 개성이 강조되는 세태이다. 그래서 이혼이 돌림병처럼 번져가는지도 모른다. 그러매 주례사라고 할 말이 많기도 하고 없기도 하다. 또 아무리 좋은 말인들, 그 시간 그 자리의 신랑 신부가 교실에서 선생님 말씀 듣듯 그 말들이 마음에 새겨지랴. 게다가 붐비는 날은 50분 간격으로 예식실 사용이 바삐 돌아간다. 그렇게 예식이 잇따르는 경우 주례사는 5분을 넘기면 곤란해진다. 5분이면 2백자 원고지 12장 분량의 내용이다. 짧은 기도가 하늘에 닿는다고 주례는 그 5분 안에 엄숙한 자세로 간곡하게 두 사람이 살아가며 새겨야 할 내용의 말들을 들려주어야 한다. 나는 양가 부모님께 그동안의 노고에 대한 위로와, 당일의 경사를 축하하고 두 사람에게는 4가지를 당부한다. 건강관리, 인간관계 관리, 돈 관리, 두 사람 사이의 정情 관리를 잘하라는 네 개의 뼈대에 살을 붙이는 것으로 시간 조절을 한다.

예식을 마치고 돌아온 우리 집 골목길은 흙에 섞인 눈이 녹느라 질퍽거렸고 자정 무렵부터 아침까지 동화 속에서처럼, 꿈의 궁전같이 아름답던 백설 속의 경관은 사라져버리고 처마에서는 낙숫물이 떨어지고 있었다. 밤새 하늘에서 내린 한 자 반의 눈으로 그토록 아름답던 백설의 세계는 '하룻밤 풋사랑'의 기억만 남기고 사라져버렸다. 그리고 질퍽거리는 골목길의 불편은 며칠이나 더 계속되었다.

그 질퍽거리는 골목길을 걷는 며칠 동안, 그리고 우리 집 앞뜰의 그늘에 남은 눈이 녹아 없어지기까지, 5세 연하이면서도 신랑보다 더 나이 들어 보이던 미혼모 신부의 얼굴이 잔설 위에 겹쳐지던 것은 왜였을까?

(2005. 3)

먼저 떠난 친구 둘

도보 외에 교통수단이 없었던 옛날에 他鄕逢故友는 人生四喜의 하나였다. "有朋自遠方來不亦說乎." 공자 같은 聖人도 멀리서 찾아온 친구와의 해후를 무척이나 반겼다.

세상살이에 친구란 가족과 동등한 값어치로 필요하고 중요한 존재이다. 동문 수학하고 이야기를 나눌수록 맛이 짙어지는 친구는 얼마나 소중한 존재인가. 긴 세상살이의 미덥고 따뜻한 길동무가 친구인 것이다. 그 소중한, 묵은 친구 둘이 10년 간격으로 먼저 세상을 떠나버렸다.

G는 서울 소재 고교 동급 친구이다. 새벽길 걸어 학원에도 같이 다녔다. 6·25 직후 H씨를 도와 책상 하나를 놓고 시작한 오퍼상을 하며 착안한 사업으로 소규모 용접봉 생산 공장을 차렸고, 5·16후의 산업화에 힘입어, 제강업으로 발전 확장시켜 10여 개의 공장을 가동하는 K제강 그룹으로 성장시키는 데 결정적 역할을 한 일등공신이었다.

사주 H씨는 내성적 성격이어서 주로 내부 경영에 전념했고, 대외 관계 업무는 성격이 소탈한 G가 도맡아 본 것 같았다. 일 년의 절반을 해외로 나돌았고, 국내에서도 부산과 경남 일원에 흩어져 있는 공장들을 돌아가며 살피고 독려하는 것이 그의 업무 같아 보였다.

'70년대 초였던가? 수출 전략 회의 참석을 위한 정부 종합청사 출입증에 그의 직위는 중앙 부처 '국장 대우'로 기재되어 있었다. 일본 · 미국 · 유럽에도 통역 없이 다녔다.

나는 고향도 아닌 부산에 낙향해 살았고, 그는 공장 출장길에 짬 있으면 꼭 찾아 술잔을 나누며, 자기는 남의 큰 머슴임을 강조했고, 교직이 최고의 업이라 추키며 격려를 아끼지 않았다.

그가 유럽의 작은 나라 룩셈부르크에 단신으로 날아가 왕실과 접촉하여, 양산 공단에 합작으로 방산업체인 강선鋼線 공장을 세워 그것을 준공하던 날 밤 늦게 전화를 했다. 해운대에 '극동'이 최고급 호텔이었을 때였다. "어이 친구야, 여기 룩셈부르크 왕세자, 부총리, 나 셋이 숙박하는데, 바깥에 전경 500명이 경비를 선단다." "그래, 영광이구나. 네 생애 최고의 호사를 하고 있구나. 실컷 누려라. 축하한다."

3남 1녀의 이미니이자 S여대 약학과 출신인 그의 부인은, 자기 소망은 아이를 가운데 세우고 어머니 아버지가 양쪽에서 아이 손 잡고 길을 걷는 것이라고 내 내자에게 말한 바 있다. 혼자 앉은 승용차 창 밖으로 보이는 그 풍경이 제일 아름다워 보였다고 했다. 해외로, 부산, 경남의 공장으로 나들이에 바쁘던 그가 꼭 10년 전 겨울, 독일에서의 일정을 마치고 고단함을 무릅쓰고 수교 직후의 모스크바로 직행했다가 갑자기 건강이 악화됐다. 10년 전의 모스크바는 모든 것이 열악했다. 현지에서 입원을 했으나 의료 시설 역시 흡족지 못해 급히 귀국해 최고의 의료 시설에서 치료를 받았다. 그러나 악화된 간 기능은 회복되지 않았다. 귀국 열흘 후 예순을 못다 채운 쉰아홉의 나이로 훌훌히 떠났다. 체격도 용모도 풍기는 것도 정주영 씨 닮았다는 내 말을 수긍하며, "그 양반도 나를 좋아한다."던 친구였다.

K는 초등과 중학 동창의 S대 교수였다. 지난 초봄에 별세한 그의 행적을 보도한 J일보의 기사 제목은 '인간적 넓이 지녔던 진보 학계의 맏형'이었고, 동숭동 마로니에 공원에서 민주 사회장으로 치른 그의 영결식 조사에서 손호철 민주화를 위한 전국 교수협의회 공동 의장은 "선생님은 수려한 용모와 풍채에 따뜻한 마음과 인격까지 갖춘 민중 운동, 진보 진영의 얼짱 몸짱 마음짱이셨다."고 고인을 위로했다.

그런 용모와 풍채에다 그 학문적 업적으로 많은 제자들의 결혼 주례 부탁을 받았고, 그것을 마다하지 않았다. 내 큰딸아이 주례도 그가 섰다.

주례 차 부산 오는 길엔 꼭 사전 연락을 했고, 신랑 집에 몇 안 되는 이곳 초등 동창들의 자리를 마련케 했다.

'80년대 초, 그는 5공 리스트에 1,013번째로 올라 있었고 해직 교수였다. 실의에 빠져 있던 그 부부를 이곳 친구들이 초대해 쉬고 갔었다. 그가 올라간 후 편지를 썼다. "神은 구제할 가치가 있는 사람만 구제한다더라."고. 그 몇 해 뒤 그는 복직해 많은 활동을 했고, 마지막 길은 민주 사회장으로 대접받으며 갈 만큼 뜨겁게 살다가 평균 연령도 못 채운 예순일곱의 나이로 세상을 떠났다.

4년 전 암 수술을 받았다. 그 전후해서 그는 유난히 자주 어릴 적 기억들을 internet으로 모아 보자고 했다. 내 E-mail의 첫 통신이 그와의 주고받음이었고, 그래서 개통을 축하해 준 것도 그였다.

시대와 무관하지 않았던 내 삶의 곡절을 그는 알기에, 그것을 써 보라고 권했지만, 이름 없는 내 삶의 무엇을 글로 써서 남 앞에 펼치랴.

열심히 한 시대를 살다간 그의 빈소에는 많은 인사들이 조문하고 있었다. 모란공원 민주 묘역에서 진혼곡이 흐르는 가운데 그의 관이 내려지고 그 위에 흙이 덮이고, 그 흙이 다져지는 것을 보고야 돌아섰다. 그 보름 후 2남 1녀 막내인 딸이 부친에 대한 정과 행적, 그리고 찾아준 이들에 대한 고마움을 담아 장문의 글을 보내왔기에 이 글 뒤에 실으려 한다.

"햇빛에 바래면 역사가 되고 달빛에 물들면 신화가 된다."며 작가 이병주는 6권의 대하소설 ≪山河≫를 남겼다. 친구의 딸 지인의 글에도 우리 시대의 모습이 담겨 있어서이다.

(2004. 3)

청정 김진균 교수와의 추억

청정과는 진주사범 부속초등과 진주사범 병설중 동기 동창이다. 중일전쟁이 발발한 1937년이 우리 동기들의 출생연도이다. 초등학교 2학년 1학기를 마친 여름방학에 해방을 맞았고 중학교에 입학한 달에 한국전쟁(6 · 25)이 터졌다. 고등학교 1학년 여름방학이 시작될 무렵 휴전이 되었고, 청정은 대학 4학년 때 4 · 19를 맞았다.

"이 땅에 태어나 한평생 살자면 난리 두 번 흉년 세 번은 겪는다."고 박경리는 ≪토지≫에 썼지만, 해방 전·후 정국에 세 나라 군복을 입었던 기구한 젊음을 산 이도 있었다. 우리 또래도 소년기에 짧으나마 세 나라 국기 아래 살았었다.

해방이 되자 교사校舍는 진주군進駐軍의 병영이 되어 우리는 남의 학교, 임란 때 진주성을 지키다 장렬하게 순사한 선열의 넋을 모신 창의사, 노천 등을 전전하며 초등 3~4학년 공부를 했다. 정부 수립 후 교사를 되찾아 들었으나 해병 1개 대대가 주둔해 있던 진주사범 기숙사가 지리산 파르티잔들의 야간 기습으로 불타버리자 우리는 또 남의 학교를 전전하며 6학년 수업을 했다.

진주는 서부 경남의 중심지이다. 일제 초기 경남도청을 부산으로 옮겨가며 진주에 세운 것이 진주사범이었다. 일제 시대와 50년대, 그 궁핍했던 시대에 직장 구하기가 하늘의 별 따기 같았던 시절, 사범학교는 교직이 보장되는 탄탄대로의 자격 취득 처였다. 따라서 진주사범은 서부 경남의 인재가 모여드는 특차였다. 부속초등은 남학생 두 학급 여학생 한 학급의 소규모 학교, 백 명 미만의 남학생 중 43명이 사범병설중학에 응시해 6명이 합격했다. 그 중 둘만 사범으로 진학해 교직으로 진출했고 셋은 진주고를 거쳐 서울대의 법대 사회대 공대로 진학했다. 나는 한참을 둘러 중등교직에서 30여 년을 보내고 당겨진 정년으로 퇴직했다.

이중환은 ≪택리지≫에 "진주는 지리산 동쪽에 있는 큰 도읍이며, 높은 문무관이 많이 나왔다. 토지가 비옥할 뿐만 아니라 강산의 경치 또한 좋아 사대부들은 부호를 자랑하고 주택과 정자를 꾸미기를 즐겨하여, 비록 벼슬을 하지 않아도 유한공자遊閑公子라는 이름이 있다."고 썼다.

진주는 시내 가운데를 남강이 흐른다. 남강에는 논개가 왜장을 껴안고 강물에 뛰어들어 순사한 義巖이 있고, 그 배경 바위절벽 위에는 촉석루가 있다. 촉석루에서부터 안산 능선 따라 진주성을 쌓았고 서녘의 정점에 서장대가 있다. 서장대에 서면 청명한 날엔 멀리 지리산이 보이고, 깎아지른 듯한 절벽 아래로는 북에서 남으로 흘러드는 남강의 지류와 서에서 동으로 흐르는 본류가 합류하는 곳이다. 서장대 북쪽은 경사 급한 사면으로 오솔길이 있었고 오솔길이 끝나는 지점에서 지류의 제방이 시작된다. 그 제방이 시내와 근교를 구분짓는 경계 구실을 했다.

학교는 그 제방을 넘어 뻗은 국도 따라 0.5km 정도를 더 가야 하는 곳에 있었다. 제방을 넘는 그 국도의 턱은 시내에서 내왕하는 등하교 길에 학생들의 합류점이자 분기점이었다. 턱 넘어 국도 양쪽은 신안동 들판이었다. 길 가 논의 잘 익은 벼이삭을 뽑아 하굣길을 걸으며 까먹기도 했고, 김장 무가 컸을 때 주인 몰래 뽑아 먹기도 했다. 김장배추를 뽑아낸 자리에 남아 있는 배추뿌리(배추동구리)는 군것질거리가 없던 시절의 일미였다.

장마철에 폭우가 쏟아져 제방 넘어 지류의 교량이 물에 잠기면 우리는 쾌재를 부르며 집으로 되돌아갔다. 되돌아가도 읽을 거리도 없던 시절이었다. 일 년 반을 배우다 만 일어로는 지천인 일어책들도 소용이 없었고, 우리말 책은 구할 수도 없었던 세월이었다.

통틀어 살펴도 우리의 초등학교 시절은 더부살이 교실 수업에 운동장에서 뛰놀 기회도 많지 않았으나, 편을 갈라 축구라도 할 때엔 청정은 늘 키퍼를 자청한 든든한 수문장이었다. 그럼에도 오점은 남긴 일이 있었다. 장년기의 신장 178cm 체중 80여 kg이던 청정은 어릴 때부터 달리기는 능수가 아니었다. 축구는 좋아하면서도 달리기가 벅차 키퍼를 자청했었을 것이다. 4학년 때 시내 배영초등 4학년 팀과 대항전이 벌어져 승패 없이 끝날 판인데 상대 팀의 한 선수가 꼴대 곁으로 차 넣은 공을 막지 못해 분패한 일이 있었다.

5학년 때에는 심재웅 군과 정수복 군 그리고 청정 셋이 역을 맡은 단막 작품이 시내 초등학생 학예 경연에서 대상을 받았었다. 해방 직후의 혼란한 사회상을 풍자한 내용으로 심 군이 무엄

한 청년, 청정이 갓 쓴 할아버지, 정 군이 다툼을 중재, 무마하는 청년 역을 맡았는데 후에 중앙대학 교수로 가신 조 선생님이 부속 초등에 계셨을 때 각본을 쓰고 연출한 작품이었다. 그 일 이후 청정의 별명은 할배(할아버지)로 통했다.

그 시절의 교과서는 어땠는지 기억이 없다. 공책은 신문지의 활자가 그대로 띄엄띄엄 남아 있는 재생지였다. 연필은 3cm만 남아도 대나무 토막에 끼워 썼으나 청정은 그런 궁색은 모르고 자랐을 것이다.

'50년 6월 3일 병중 입학식을 치른 3주 후인 25일에 한국전쟁(6 · 25)이 터졌다. 7월 한 달은 서울에서 내려온 대학생 대표들의 "전선으로 가자!"는 절규를 듣느라 강당에 자주 모였고 하순에는 병영으로 떠나는 선배들을 배웅하느라 역으로 가는 일이 많았다. 그러는 와중에 방학이 어떻게 시작되었는지도 모른 채 시내에는 인민군이 진주했고 낯선 국기가 펄럭이고 있었다. 가까운 시골 피란지에서 나는 가끔 시내 집엘 다녀갔고, 시내에서 공습을 당해 숨어 기댄 벽이 무너지는 혼비백산도 겪었다. 그러면서도 언제 어떻게 배웠는지 기억에도 없는데 저들의 국가 〈아침은 빛나라〉 〈장백산 줄기줄기〉 〈우리들은 강철 같은〉 등의 노래는 익혀져 있었다. 그해 추석날 아침 피란지 시골집 한 귀퉁이에서 절사를 모시고 나와보니 또 세상이 바뀌어 있었다.

학교는 다시 병영이 되었고 우리는 넓은 공지에 칠판을 세우고 그 앞에 돌멩이를 놓고 앉아 중 1~2학년 수업을 했다. 전쟁 와중에 중학 과정이 끝났다. 나는 부산의 피란학교에 입학해 환도 1차로 서울에서 고등학교를 마쳤고 서울대에 입학한 세 친구가 서울 생활을 시작할 때에, 상대에 낙방한 나는 부산으로 낙향해 오늘에 이르렀다.

청정이 서울대에 입학할 당시 엄친께서는 진주에서 제일 규모 큰 주유소를 경영하셨다. 세상도 안정되어 가고 그도 진로가 확정되었다. 그때 고향 진주에서 제1회 초등 동기회를 그가 주선해 열었었다. 서울생활에서도 동기들의 모임은 늘 그의 주선이었고, 훗날 다른 친구들이 주선할 때에도 그는 빠지거나 늦은 일이 없었다고 한다. 그가 암을 앓기 전, 내 큰딸아이 혼사를 부탁하러 내자와 큰아이, 청정의 후배 격인 사윗감을 데리고 그의 집엘 갔을 때, 내 가족들 앞에서 나를 어떻게나 추키는지 민망할 정도였다. 그러면서 또 그때 삼성자동차 연구실에 있던 내 사윗감에게는 삼성도 노조가 결성돼야 한다고 강조하길래, 결혼식에 사회 볼 친구에게는 주례 선생님이 신부 아버지의 초등학교 동창임을 강조해 말하게 하라고 누누이 일렀었다. 그는 그런 친구였다. 말이 없으면서도 남을 격려하고 돌보고 추키는 데는 열심인 사람이었다. 그리고 자기 주장, 자기 소신은 굽힘이 없는 사람이었다.

청정과는 초·중 9년 동기 동창이면서도 둘 사이에 어릴 적의 특별한 일화 하나 없는 것은 어린 시절, 늘 앞자리였던 나와 뒷자리였던 그와의 키 차이, 본성동 공원 앞과 비봉산 아래 진주고교 동쪽에 있던 두 집 사이의 거리 같은, 물리적 조건 때문이었을 것이다.

우리의 우정은 마흔 고개를 넘으면서 옛날 하굣길의 배추뿌리 맛같이 되이어졌다. 역시 사람은 보는 것이 정이고, 눈에서 멀어지면 마음에서도 멀어지는 것이 사람 사이의 정이었다. 사회학 교수였던 청정은 부유했던 가정에서의 성장 과정, 일두(一蠹 鄭汝昌) 선생 종가의 둘째 사위라는 家系와는 달리 시대를 앞서,

늘 힘없는 사람들, 가난한 사람들 편에 서서 그들을 위해 최선을 다했다. 그러다가 12 · 12 이후 해직교수가 되었고 5공 리스트의 1,013번째 인사로 그의 이름이 올랐다. 해직 기간 중 부부 동반으로 부산 나들이를 한 적이 있었다. 친구들만의 모임에 소주가 두어 순배 돌았을 때 그가 스위스제 등산용 칼을 꺼내 보이며, 큰아들이 등산이나 다니시라며 사주더라는 것을 내가 뺏어 가졌다. 그래도 웃기만 하던 친구였다. 20년 가까이 지나, 내 큰딸아이 혼사 주례 답례에 그 칼값도 얹어 사례했었다.

내가 서울에 왔다고 초등 친구들이 드럼통 불판의 삼겹살 집에 모였을 때였다. 당시 교육부장관의 동생이던 의사 이 군이 청정이 곧 복직된다더라고 했다. 그의 복직 후의 교수 생활과 사회활동은 더욱 활발했고 제자들도 적령기라 얼짱 몸짱의 청정은 부산까지 주례 차 내왕이 잦았다. 그때마다 그는 신랑측 연회석에 일곱 명 부산 친구들의 자리도 마련해 쌓인 회포를 풀고는 했었다. 그러던 그가 암을 이겨내고 다시 연구에 정진하고 있다는 기사를 읽고 전화를 냈더니, 여전히 느린 어조로 "응, 괜찮다."였다. 이 글 부탁을 받고, 더 좋은 글감이라도 있을까, 서울에서 함께 지낸 김 군에게 부탁했더니 보내온 글이 있다.

"나의 친구 김진균 교수.

언제 보아도 항상 편안하고 정이 많은 사람. 해직교수 시절, 그 지루한 세월에도 조금도 서둘지 않았고 별다른 내색 없이 한결같은 사람. 가끔씩 코흘리개 친구랑 구기터널 입구에 있던 카페 '飛峰'에 가서 맥주도 마시고 노래도 불러보면서 해직 기간을 보내곤 했었지. 그리고 인사동에 있는 민속주점 '두레'에서도…. 어쩌다 초등 동창 모임이 있을 땐 지극히 어려운 경우가 아니면 꼭 참석하고 약속시간도 어기지 않았고 지극히 소탈한 사람, 최근 일본에서 은사(김창식 선생님)님이 오셔서 같이 뵈었는데, 우리에게 여러 차례 당부하는 말이 어릴 때 있었던 기억들을 E-mail로 모아보자고 했던 것이 자신의 수명을 직감했던 것이나 아니었을까 여겨진다. 그리고 나와 마지막이 되어버린 노래방에서 김 교수가 불렀던 노래가 양희은이 부른〈한계령〉이었었지.

2004. 11. 3. 김상균

그랬다. '80년대의 운동권 노래 〈아침 이슬〉도 이 지방 고등학교 훈장은 그가 주례를 마치고 계속된 2차 주석에서 그의 노래로 처음 들었었다.

김창식 선생님은 우리 초등 3학년 때 담임이셨다. 진주사범 1회로 부속초등에 계시다가 이내 사범학교 체육교사로 옮기셨고 체육학을 전공하고자 6·25 전 도일하였다가 본의 아니게 그곳에서 영주하게 되셨다. 6·25 전 제1회 전국체전에서 선생님의 지도로 진주 선수들이 초등 중등 일반부 기계체조 부문에서 1등을 휩쓸게 한 공로자였다. 재일동포학교에서 2세 교육을 통해 교포사회에 큰 공적을 남기시기도 했다. 요코하마橫浜 민단회장을 지낸 초등 동창 정수복 군과 같은 지역에 거주하셔서 해마다 4월 식목일과 10월 진주 개천예술제에 정 군과 함께 교포 일행으로 모국을 방문하셨다. 그때마다 진주와 부산 친구들은 뵙고 모셨지만 서울 친구들은 그럴 기회가 없었다. 청정의 소식은 내가 신문 스크랩을 보내드리곤 해서 익히 알고 계셨고 아주 자랑스러워 하셨었다. 작년 10월엔 마침 서울 제씨 댁을 들러 가신다기에 청정에게 전화해 만남을 주선했다. 대여섯 친구들이 서울에서 모셨었는데, 병세 악화 이후 그 일이 무리였던 것 같다는 이야기를 주위로부터 들었다. 그러고도 20일 후인 26일 제자 결혼 주례 차 부산엘 왔다. 공교롭게도 나는 2박 3일 대마도 여행을 마치고 돌아오는 날이었다.

부산역 바로 옆 예식장, 오후 2시 전후의 예식이었던 것 같다. 배가 부산항에 가까워진 3시경, 휴대전화 통화에 막 음식점에 들어왔노라는 답이었다.

배가 닻을 내리고 입국 수속을 밟고 뛰어 도착한 것이 4시 반경, 술상도 파장이었다. 말없이 벽에 기대앉은 채 미소만 띠다가 제자들이 밖에서 기다리고 있다며 역으로 향하던 그와 악수로 헤어진 것이 그와의 마지막이었다. 그리고 올 2월에 그의 부음을 듣고 빈소를 찾았다. 이튿날의 장례식은 그가 이 시대를, 한 생애를 얼마나 뜨겁게 살았던가를 보여 주었다. 이른 봄날 하오의 햇살과 은은한 장송곡이 흐르는 가운데 그의 관이 내려지고 흙이 덮이고, 그 흙이 다져지는 것을 보며 발길을 돌렸다. 검고 흰 바탕의, 하늘을 가리던 만장들이 하나 둘 눕혀져 쌓이고 있었다.

수술 전부터 그는 이상하게 어릴 적 일들을 인터넷으로 모아보자는 얘기를 자주 했었다. 늦게야 내가 E-mail을 시작했을 때 첫 통신이 그와의 주고받음이었고, 많은 축하를 보내 왔었다. 예감이었을까? 누군들 한 번은 가지 않을 길이랴만, 그럼에도 그의 부재가 이렇게도 허전하고 아쉬운 것은 언제나 만형같이 느껴지는 그 미더움과 온화한 인품만은 아닌, 어쭙잖은 내 우정이 그의 수명 단축에 원인 제공은 하지 않았나 하는 죄책감에서인지도 모른다.

친구여! 친구는 이승에서 그 멋진 외모와, 정의를 위한 정열과 학문에의 사랑으로 뜨겁게 살았기에 저승길이 참으로 멋있었네. 편히 쉬게나.

죽마고우 희준이가

(2004. 12. 2)

김진균 기업사업회편 ≪벗으로 스승으로≫에 게재됨.

2008년의 흑백 사진들

또래의 산행 동료 셋이 함께 나서면 먼 산 산행을 하지만 서로 일정이 맞지 않을 때에는 혼자 근교 산을 오른다. 주 1회 평일 등산을 빠뜨릴 수 없어서이다.

처서 가까운 한여름 날이었다. 금정산의 서쪽 율리에서 고당봉(802m)으로 올랐다가 동녘 온천장으로 내려왔다. 온천욕을 하고 전철을 탔다. 경로 우대권을 앞뒤로 서서 뽑았기에 노인 한 분과 자리에 나란히 앉았다. "등산하고 오시는가요?" 내 등산복 차림을 보고 묻는 말이있다. "네." "몇 시간이나 걸었습니까?" "여섯 시간 걸었습니다." "아이구, 많이 걸었습니다. 나는 이제 그리 많이 못 걸어요. 산 아래에서 조금 걷다가 목욕하고 가는 길입니다." "올해 연세가 어떻게 되십니까?" "박정희 대통령하고 같은 해에 났습니다." "박대통령이면 1927년? 아니 17년이지요?" "네 그렇습니다." "그러면 올해 아흔 둘, 저보다 꼭 20년 위이신데 그 연세로는 보이지 않으십니다. 연세보다는 10년도 더 젊어 보이십니다." "공직에 있다 나왔는데 같이 나온 사람이 이제는 한 사람도 없어요. 친구가 없어져 갑니다." "할머니는 같이 계신가요?" "네" "그래서 그렇게 건강하십니다." "사람이 오래 살아도 치매나 중풍에 걸리지 않아야 됩니다." 한 정거장은 2~3분 거리이다. 건강하시고, 안녕히 가시라며 인사를 드리고 버스 환승 차 먼저 내렸다.

처서 지난 지 한 달인데도 더위와 가뭄은 계속되었다. 과일들은 덜 익어 곯아떨어지는 것도 있었고, 올 익어 떨어지기 시작하기도 했다. 늦잠에서 깨어 마당으로 나가보니 하늘은 잔뜩 흐려 있었다. 비라도 오면 반갑기는 할 것이나 떨어지는 대추에는 허살이 많이 날 것이었다. 아침을 들고 대추를 따기 시작했다. 산자락 평지 첫 집, 앞의 집들이 내려다보이는, 우리 집 울 안 비탈받이에 세 그루 대추나무가 있다. 서 있기도 불편한 비탈에 서서 한 손으로는 가시 돋은 가지를 휘어잡아 당기고 다른 손으로는 대추를 따내고, 떨어진 것들은 쪼그려 앉아 줍기도 한 혼자서의 일을 마치니 오후 여섯시였다. 8시간의 작업 끝에 허리가 묵직하다는 느낌이 들었다.

지난 해 이맘때에는 또래의 일행 셋이서 백두대간의 막바지 구간을 걷고 있었다. 11월 1일 진부령 도착으로, 1년 반 걸려 684km 대간 종주를 마쳤었다. 그 후로는 셋이서 함께일 때에는 1~2박의 낙동정맥 산들을 타기도 하고, 당일치기 영남 알프스의 산들을 오르기도 하면서, 가끔은 혼자 근교 산행을 나서기도 한다. 산행이나 모임 일정 이외의 날에는 울 안 넓은 집에서 할 일이 끝이 없다.

대추를 딴 그날이라고 하지 않던 일을 한 것은 아니었는데 전날인 월요일 아침, 7시에 집을 나서 KTX편으로의 서울 나들이에서 집에 돌아온 시간이 당일 자정이었다. 그 하루 나들이가 무리였던지 대추를 딴 다음날, 수요일 아침에는 일어나려는데 허리가 영 불편했다. 아침을 들고 신문을 뒤적이다가 오후에는 병원엘 가보기로 했다. 몇 해 전 어깨 통증이 있었을 때 주사를 맞고 낳았던 병원이 생각나서였다. 정류장에는 키도 몸집도 작아 바람불면 날아갈 것 같은 노파와 그녀의 딸인 도회풍의 중년 주부가 나와 있었다. 잠시 뒤에 150cm 정도, 키는 같으나 몸집이 굵은 한 노파가 다가오며 말을 건넸다. "버스 기다리요?" "야, 올 때 됐소. 그런데 할매는 와 그리 배가 불룩하요?" "밥을 많이 묵었스이 배가 나왔지. 배가 불러야 힘을 쓰재. 할매는 와 그리 배가 홀쭉하요. 할매는 힘 못 쓰지요? 올해 몇이나 됐는교?" "나, 90이요." "아이구야, 나보다 열 살이나 우에 네요. 어디 가면 나보다 나이 많은 사람 없다고 그러는데-" "어머니는 꼭 시간 정해놓고 밥을 조금씩만 잡수십니다." 딸이 거드는데 버스가 왔다. 세 사람이 차에 오르고 아흔 노파는 딸을 배웅하고 돌아섰다. 5km, 시계市界를 넘어 K전철역에서 내렸다. 경로 우대권 발급기까지의 70여m를 여든 노파는 나를 앞질러 활기 있게 걸어갔다.

지난 봄에는 4월 들며 연달아 영락공원엘 다녀왔다. 1일에는 내종질의 남매 중 하나 아들, 대학 2년생의 장례였다. 전경 입영을 앞두고 서울의 한 선배가 한턱 내겠다는 부름에 갔다가, 당일 귀가하라는 어머니의 영을 따르느라 열차 편이 끊어진 밤 시간, 심야버스로 N동 터미널에 도착했다. 우연한 동승의 수련의가 간다는 K동을 경유하여 귀가키로 하고, 택시도 동승했다. 오랜 가뭄 끝의 3월 그믐께, 그 새벽에사 장대비가 퍼부었다. B동 로터리에서 그들이 탑승한 택시가 불법 U턴하는 택시와 부딪혀 승객 둘,

기사 둘 네 사람이 불귀의 객이 되어서였다. “인명재천” 그런 게 있는 것일까?

5일에는 세교世交로 이어지는 친구 모친의 장례였다. 친구의 부친이 유도 2단의 팔팔했던 총각 적, 혼담이 오가던 처녀 집 근처에서 몰래 색싯감을 훔쳐보았다. 첫날밤의 신부는 몰래 봤던 그 아가씨가 아니었다. 친구의 이모는 꽤 미인이었던가 보았다. 신랑은 밖으로 나돌았고, 속이 타는 새각시는 머잖은 곳에 산다는 퇴기를 찾아가 “어찌 하오리까?” 하소연을 했던 모양. “담배 피우나?” “언지 예.” “담배라도 피아라.” 열일곱 새각시 때부터 아흔일곱 돌아가시기 서너 달 전까지 담배를 피우셨다. 큰 아들네가 사는 아파트 단지의 부녀자 경로당에서 좌장 노릇을 오랫동안 하다가 고종명하셨다. 친구의 부친은 역사의 격랑에 휩쓸려 일찍이 가셨어도 3남 5녀, 8남매 모두 탈 없이 장성해 노후로 들고 있다.

부박浮薄해진 오늘의 세태에 우스갯소리로 1)건강 2)돈 3)딸 4)친구까지는 남녀가 공통인데 다섯째가 남자는 아내가 있어야, 여자는 남편이 없는 것이 신 오복이라고 인터넷에 떠돌고 있다. 반가班家에서 일컫는 전래의 오복五福은 수壽 부富 강녕康寧 유호덕攸好德 고종명考終命의 다섯이었다. 동서고금을 막론하고 부富를 동반한 수壽여야 바라는 바 오복의 첫째로 꼽는 수壽일 것이다.

옛날에나 지금이나 산악이 70%인 국토의 조건에는 변함이 없다. 먹을 것이 지천이고 비만이 걱정인 오늘날에도 우리의 곡물 자급율은 27%에 불과하다. “배가 고파서…”로 시작되는 옛날이야기 적 시절에는 “가난은 나라도 못 구한다.” 며 방치했으나 이제는 백성의 가난을 나라가 걱정해야 하는 시대이다. 9월이 가고 10월 들며, 65세 이상 노령 인구가 500만 명, 전체 인구의 10%를 차지한다는 보도가 나왔다. 10년 뒤인 2018년에는 우리나라 인구가 정점을 이루었다가 이후 감소세로 들어 2026년에는 노령 인구 비율이 20%가 된다고 한다.

2005년 기준으로 생산 가능 인구(15~64세) 7.7명이 고령자 1명을 부양하고 있지만 2050년에는 1.7명이 1명을 부양해야 한다고 한다. 생산 가능 인구 층의 사람들이 사회 복지 비용으로 고액의 돈이 자신들의 수입에서 세금으로 떨어져나가기 시작하면, 노인에 대한 세상 분위기가 어떻게 변할까? 도회의 아파트는 주부들의 가사에는 편리하나 답답하기 그지없는 공간이다. 유아기를 벗어나면서 어린이집 유치원 학교 학원 직장에서 활동하는 바깥생활이 있지만, 정작 시간이 넘쳐나는 고령자들은 갈 곳이 없다. 지하철의 경로석은 아직 고령자들의 차지이지만, 버스의 경로석 표지는 없애버려야 할 시기가 지났다는 느낌이다.

불편이 느껴지던 허리는 주사 한 대로 낳았다. 여전히 주 1회 고도 1,000m급 산을 오르고 모임에 나가고, 울 안 넓은 집에서 부지런히 일을 하며 지낸다. 불편해 보이는 사람에게는 앉았던 자리도 양보하는 건강이어서 내 언제까지 살지 알지 못하나 오래 살수록 노인을 대하는 우리 사회의 분위기는 오늘 같지 않으리란 생각이 든다. 고려장이란 말이 전해내려온다. 제 부모를 그렇게 모셨었다. 남의 부모를 위해 얼마만큼 부담하려 들까? 가진 것 많은 고령자라고 예외는 아니다. 현대인들은 그물 같은 사회의 조직망 속에서 살고 있다. 물 한 모금 마시는 것, 차 한 번 타는 것, 길을 걷는 것까지 사회의 조직망 속에서 이루어져 있는 것들을 받아들이고 누림이거늘, 그것을 운영하는 사람들(생산 가능 인구)의 고령자를 대하는 눈초리 여하가 우리 사회의 분위기가 될 것이다.

내 혹시 타고 난 명이 길어 미수米壽, 백수白壽를 누리게 되면, 초등 4학년에서 이제 겨우 밥 먹기 시작한 놈까지 친손 외손 다섯 녀석들 어떻게 커 가나 보는 즐거움 외에 별다른 것은 없을 것이다. 그리고 주위로부터는 어떤 소리를 들을지. 2008년, 올해에 만나고 보낸 팔순, 구순의 고령자들을 "그래도 그들은 행복했던 노인네들"이었다며 낡은 흑백 사진의 인물들처럼 떠올리게 되는 분위기는 아니었으면 싶다.

(2008. 10)

3부

만물은 흐른다

살아있음의 구실

설을 지나고 잔설殘雪을 녹이는 봄비가 내렸다. 마른 잔디 사이로, 검은 흙바닥 위로 움들이 돋고 있다. 날씨 풀려 햇살 따뜻한 오후, 맨살 드러나 있는 경사 급한 비탈에 흙 내림 방지를 겸해서 취나물 씨앗을 흩뿌려 놓으려 올라갔더니, 경사 순한 비탈밭에는 쑥이 제법 뾰족뾰족 자랐고 이곳저곳 볕살 바른 곳에는 냉이와 엉겅퀴 지칭개나물 돌나물 뱀딸기들이 추위를 견뎌내고 기지개 켜듯 해바라기를 하고 있다.

매화는 꽃망울을 맺은 지 오래, 간간이 닥치는 추위에 피기를 늦추는 듯 보이고 목련 꽃망울은 모진 추위 이전이나 지금이나 점잖게 세월을 기다리는 태공 같은 모습이다.

대문 가까이 집이 있는 진도견 '진아'는 동지冬至 전에 낳은 새끼 네 마리를 설에 인사 온 이들에게 나누어 보냈더니 상심해서인지 사흘째 단식 중이다. 뒤뜰에 있는, 골든 리트리버 반종 '봉순'이는 어미 노릇이 시원찮아 초사흗날 낳은 새끼 6마리 중 남은 세 마리만 감싸 젖을 먹이고 있다.

서남향 마당귀에 묻은 욕조에는 한여름에 분홍빛 수련이 피고 물옥잠화 잎이 푸르렀는데, 얼음 걷어낸 맑은 물 밑에 그것들은 자취도 없고 붉은색 금붕어 한 마리만 노닐고 있다.

지난 해 여름에 13마리를 넣었는데 한 마리는 며칠 못가 죽어 떠 있어 건져서 내버렸으나 수초 밑에서 보이지 않던 사이 11마리는 어떻게 없어졌는지 알지 못한다. 그들의 신천지인 욕조 가까이 '진아' 집이 있기는 해도, 줄이 거기까지는 못 미치게 매 두었다. 야생이 되어 쏘다니는 고양이 무리도 '진아' 때문에 접근을 못한다. 필시 온 뜰을 뚬벅뚬벅 돌아다니는 덩치 큰 두꺼비, 지킴이삼아 그냥 두었던 그놈의 소행임이 틀림없을 것이다.

뜰을 돌아가며 나무가 많아도 참새들은 꼭 창 앞 후피향나무에만 깃들어 지저귄다. 나무 아래 정원석이 참새들의 배설물로 하얗게 뒤덮였다. 까치도 마당에까지 내려와, 작은 개 '복실'이 밥을 먹고 간다. 제 밥그릇의 먹이를 까치가 쪼아 먹는 동안 '복실'이는 제 집에 들어앉아 바라보기만 한다. 고기도 먹어본 놈이 잘 먹는 격인가? 복실이 밥을 먹으러 오는 놈은 매양 그놈인 것 같다.

고양이들의 사랑은 그들의 고천의식告天儀式때문에 알 수 있지만, 이웃집 암캐의 혼기는 우리 집 '똘이'때문에 알 수 있다. 우리 집 네 마리 개 중 수캐는 '똘이' 뿐이다. 밥도 물도 그릇에 남아 있는데 한사코 짖어댈 때는 이웃 어느 집에선가 적령기의 암캐가 유혹하기 때문이다. 한밤중 이웃이 미안해서라도 풀어 주면, 그곳에서 아예 사위노릇을 하는지 사나흘은 돌아오지 않는다.

매화가 피고 개나리가 피기 시작하면 온 산야가, 우리 집에도 백화가 만발하고 녹음이 우거질 것이다. 세상은 살아있는 것들로 하여 아름다워진다. 어느 공간을 아름답고 마음 푸근해지는 곳으로 가꿔주는 물상物象들은 아름다운 존재들이다.

세상은 아름다워서 살 만한 곳이고, 살 만한 곳이어서 개똥밭에 굴러도 이승이 좋다고들 말한다. 그러나 모든 생명체는 살아있기에 언젠가는 죽는다. 사는 동안, 살아있는 것들로 하여 아름다운 세상이 되는, 그 살아있음의 구실에 좀더 충실한 것이 살아있는 자의 값이리라.

그 구실을 충분히 해낸 애머슨은 말했다. "무엇이 성공인가? 한 뙈기의 땅을 가꾸든, 사회환경을 개선하든 자기가 태어나기 전보다 세상을 조금이라도 살기 좋은 곳으로 만들어 놓고 떠나는 것."이라고.

(2003. 2. 초순)

좋은 일, 좋아져야 할 일

유난했던 올 여름 그 한더위 복 중에 대구에서 모임이 있었다. 동대구역에서 수성관광 호텔까지는 6천 원 택시요금이 오르는 거리였다. 60대의 기사 양반은 대구의 여름 더위를 화제에 올리자, 옛날과는 많이 달라졌다며, 그 공을 이룬 시장 칭찬에 입안의 침이 마를 정도였다.

민선 두 번째 시장이었다던가. 가로와 유휴지에 많은 나무들을 심었다. 회색 도시에 점차 녹색이 어우러지면서, 도시의 분위기가 달라지고 공기가 맑아지며, 여름 더위가 덜해지고, 사람들 마음에도 여유가 생기기 시작하더라고 했다. 드디어는 그것이 담장 허물기로 이어졌고, 그 담장 허물기는 지금 전국으로 확산되고 있다.

어디론가 훌쩍 떠나고 싶게 만드는 가을, 마침 서울 나들이갈 일이 생겼다. 아침 9시, 부산발 서울행 KTX를 타러 개찰구에서 기차간까지 가는 짧은 구간에서였다. 한 무리의 교복 차림 여학생들의 긴 행렬과 나란히 걷게 되었다. 그들의 대화를 들으면 어느 지방 학생들인지를 짐작하겠는데, 말들이 없다. 신축 현대식 역사의 철판 보도를 걷고 철계단을 내려오고 플랫폼을 걸어, 내가 탈 기차간 출입구 가까이에서야 곁을 지나며 소근거리는 두 여학생의 대화를 들을 수 있었다. 일어였다. 15~6년 전 부여 유스호스텔에 계약 차 들렀을 때에도 2층 복도 가득 교복 차림의 여학생들이 조용히 앉아 있는 것을 목격했었다. 몇백 명 여신도들이 모인 법당에서도 부채 소리, 카메라의 셔터 누르는 소리나 들리는 것이 일본의 여름철 사찰 법당 풍경이더라는, 한 선배의 이야기가 떠올랐다.

어느 휴일 정오 무렵, 2호선 시내쪽의 한가로운 한 지하철 역 입구 계단에서 서로 큰 소리로 고함질러대며 내려가는 5~6명 소녀들을 나도 고함질러 나무란 일이 있었다. 가끔은 전철 안에서도 여학생들이 나누는 대화가 너무 높은 소리들이어서 나무라기도 한다. 점심 약속을 한 교수 한 분과 자리잡은 한식집에서, 가까운 자리의 아주머니들 이야기 소리가 너무 커서 다른 방으로 옮겼으나, 그 방 역시 이내 들어찬 다른 여자 손님들의 높은 목소리들에 우리 대화는 자주 끊어졌었다.

들뜨고 목소리 높고 어울려 설쳐대는 우리의 습성들이 이루어낸 성공 사례 두 가지가 있다. 2002년 월드컵 때의 '붉은 악마' 거리 집회가 그 하나이고, 10회째를 개최한 '부산 국제 영화제'의 성공이 그것이다. 일상 생활에서의 조용하고 차분한 처신, 그것이 일본 여인들의 천성인지, 가꾸어 이룬 그들의 품격인지를 나는 알지 못하나, 우리보다 한 단계 웃질인 것만은 분명해 보인다.

서울의 3호선 전철 종점 '대화'에서 내려 회의장인 일산 '국제전

시관'까지의 10여 분 거리, 아파트와 아파트, 그리고 학교 사이로 나 있는 보행자 전용의 숲길이 있었다. 가을 색깔로 물들어 가는 느티나무와 은행나무, 단풍나무들이 양쪽으로 우거져 있어, 아늑한 길가엔 벤치도 드문드문 놓여 있었다. 도심 아파트촌의 통행로이자 학생들의 등·하굣길이고 산책로이자 소공원이었다. 그 숲길 하나만으로도 일산은 살고 싶은 고장으로 와 닿는 느낌이었다. 백만 평 해운대 신도시에는 없는 숲길, 조성 중인 300만 평 양산·물금 신도시에 그런 숲길 몇 개쯤 생기면 얼마나 좋으랴.

대회장大會場의 일정을 마치기도 전에 동창 친구들이 찾는 폰이 울렸다. 대회장大會長의 만찬 초대도 사양하고, 친구들과 어울려 야경의 청계천 구경을 나섰다. 자연미는 사라지고 인공의 냄새가 물씬 풍겼으나, 맑은 물이 흐르고 시골 냇가에서 자라는 풀들이 그 물가에도 있었다. 시민들도 물길 양쪽 인도를 빽빽이 걷고 있었다. 청계천 복원으로 여름날의 도심 일대 기온이 달라지고 바람 냄새가 달라졌다는 것은 신문에서 읽었다. 근처 큰길의 육교도 없애고 아스팔트에 흰색 페인트로 횡단보도를 만들었다.

50년대의 플라타너스 우거진 저물녘의 종로 거리, 그때의 그 여유와 낭만은 찾을 수 없어도, 육중한 고가 도로가 사라지고 육교도 없어지고, 가까이에 맑은 물이 흐르고 풀이 자라는 강북의 도심은 사람 사는 거리가 되어 있었다. 그리고 그 밤시간, 청계천의 인파는 그곳 산책이 아니었다면 어디서 무엇으로 그 시간들을 보냈을까? 링컨이 암살자의 총탄을 맞고 가쁜 숨을 몰아쉬면서도 곁에 있는 무관에게 "미국의 야구를 죽이지 말게."라고 유언을 남겼다는 일화가 떠올랐다.

종각에서 큰길로 올라와 시청 앞 잔디 광장을 밟아 보고, 거리

한쪽 노천카페에서 생맥주를 마셨다. 서울도 홀 안쪽보다는 거리쪽, 그리고 바깥 거리의 탁자가 더 선호되는 도시가 되었나? 서울의 강북 거리 구조는 그럴 여유가 없다. 밤이라 홀 앞 거리에도 탁자를 내놓을 수 있었을 것이다.

10월 초순, 한 중앙 일간지에 '中 공중도덕, 한국인을 배워라.'란 제목의 3단 기사가 실렸었다. "중국의 국경절 장기 연휴 이틀째인 10월 2일, 신장 자치구 우루무치시 난산 유원지에서 한국단체 관광객 80여 명이 약 1km 주변에 버려진 쓰레기를 20여 분간 치웠다. 이들 중에는 어린 쌍둥이 자매를 포함한 어린이도 30여 명 있었다."는 관영 신화사 통신의 6일자 보도에, 중국의 언론과 누리꾼들의 반응과 자성이 뜨겁다는 내용이었다.

엊그제 밤 9시, KBS 뉴스에서 우리나라 근해와 내륙의 호수 물 밑에 쓰레기와 폐어구들이 쌓여 생태계가 파괴되어 가고 있다고 했다. 7월 말의 휴일 아침, 강릉 해수욕장에서 새벽에 수거한 술병 5,000개를 쌓아 둔 사진이 월요일 신문에 커다랗게 게재된 것을 보았다. 술병이 버려진 곳에 다른 쓰레기는 없었을까. 여름 성수기 해운대와 송정 해수욕장에서 하루에 수거하는 쓰레기가 25톤씩에, 깨어진 병과 음식 쓰레기들이 모래에 묻혀 있다는 보도도 있었다. 행여 일본인 관광객들이 우리 유원지나 관광지에서 쓰레기를 줍는 일이 없도록 안에서도 잘해야 할 일이다.

(2005. 10)

건조지대

11월 중순, 남도의 야산들은 온통 울긋불긋한 단풍으로 절경을 이루고 있다. 이른 아침 근교의 동향받이 야산에라도 들어서면 높푸른 하늘과 상쾌한 아침 공기, 온 누리에 번져가는 눈부신 아침 햇살이 축복이라도 내리듯 쏟아져 행복한 아침을 느끼게 한다.

몇 년째 온 가족의 입맛으로 길들어버린, B산 중턱의 이름 없는 그 샘터 물을 받아 집에 돌아오면 단풍은 우리 집 뜰에도 한껏 물들어 있다. 뜰이래야 북면한 도로를 접하고, 남북이 동서의 길이보다 긴 직사각형의 60평이 채 못 되는 대지에, 동향으로 집을 앉히고 남은 ㄱ자 공간이다.

건축법의 적용이 요즈음처럼 까다롭지 않은 가운데 주택 건설이 붐을 이루었던 '70년대 초에 지은 집이라, 담장은 북면 도로 쪽뿐 나머지 3면은 이웃집들의 벽이 그대로 두 집의 경계를 이루고 있다. 남면의 옆집 화장실 물 내려가는 소리가 우리 집 큰방에서 들리고, 서면의 뒷집은 햇살이 두 집 사이를 지나가는 한두 시간을 제외하고는 대낮에도 화장실 출입에 전등을 켜야 할 만큼 다닥다닥 붙여 지어 놓았다. 동면의 앞집은 20평이 넘을 그 집의 뒷벽, 우리 마루에서 건너다보이는 서향의 그 이층집 벽은 4~5m의 거리임에도 답답하기 이를 데 없이 시야를 가리는데, 한여름 오후 햇살이라도 받는 시간에는 시각에서부터 숨이 막혀 온다.

그 이웃들 속에서 나는 내 집의 ㄱ자 공간에 나무를 심고, 앞집 이층 벽으로는 담쟁이를 심어 타오르게 했다. 20여 년 세월에 속성 수들은 베어내기도 하고 뽑아서 남 주기도 하면서 남은 것들이 10여 종, 상록과 낙엽수들이 절반씩인데도 늦가을 바람이라도 불고 간 뒷자리는 낙엽으로 가득하다.

햇빛이 동향의 뜰에도 가득히 내리는 시간 낙엽을 긁어모아 불을 붙이면, 그것들은 자욱하게 연기를 피워 올리며 조금씩 타들어 간다. 연기 속에 서서 낙엽 타는 냄새를 맡으며, 교과서에서 배운, 그리고 오랫동안 그 글을 교실에서 가르쳤던 이효석의 ≪낙엽을 태우면서≫를 떠올린다.

"낙엽 타는 냄새같이 좋은 것이 있을까. 갓볶아낸 코오피의 냄새가 난다. 잘 익은 개암 냄새가 난다. 갈퀴를 손에 들고는 어느 때 까지든지 연기 속에 우뚝 서서, 타서 흩어지는 낙엽의 산더미를 바라보며 향기로운 냄새를 맡고 있노라면 별안간 생활의 의욕을 느끼게 된다. 나는 그 냄새를 한없이 사랑하면서 즐거운 생활감에 잠겨서는 새삼스럽게 생활의 제목을 진귀한 것으로 머릿속에 떠올린다."며 可山은 늦가을 뜰의 낙엽을 태우면서 사색에 잠겼었다.

그러나 60여 년이 지나고, 여유의 땅이 있으면 방 한 칸이라도 더 넣어 세를 받는 현대 도시의 중심부 주택가에서는 그만한 여유와 낭만도 허용되지 않았다. 연기가 피어오르기 시작한 지 30여 분이 지났을까. 대문을 두드리는 이가 있어 문을 열었더니 동회 직원이었다.

"이웃에서 신고가 들어왔는데, 집에서 태우면 벌금을 물어야 합니다. 끄세요."

"낙엽인데…."

"낙엽도 안 됩니다. 지금 끄세요."

"그럼 낙엽도 쓰레기로 치워야 됩니까?"

"집에서 태우는 것은 안 됩니다. 이 다음에 또 태우면 벌금을 부과하겠습니다."

동 직원은 지켜서서 완전히 끄는 것을 확인하고야 돌아갔다. 우리 시대가 감정의 건기乾期인가? 우리가 사는 곳이 감정의 건조지대인가? 가을에는 으레 길가에 하늘거리던 코스모스 행렬들을, 금년 가을에는 국도나 지방도를 달리면서도 볼 수가 없다. 제초기로 밀어버린 탓이다. 근교의 야산에 봄이 와도 진달래가 없다. 공익사업을 하면서 야산의 관목들을 풀과 함께 베어버린 까닭이다.

"음영과 윤택과 색채가 빈곤해지고 초록이 자취를 감추어비린, 꿈을 잃은 뜰 복판에 서서 꿈의 껍질인 낙엽을 태우면서 오로지 생활의 상념에 잠기는 것이다. 가난한 벌거숭이의 뜰은 벌써 꿈을 꾸기에는 적당하지 않은 탓일까? 화려한 초록의 기억은 참으로 멀리 까마득하게 사라져버렸다."

불을 끄고 마루에 올라와 커피를 마시는데, "우리나라 10대 청소년의 흡연율이 세계에서 제일 높다."는 정오 라디오 뉴스가 나왔다. 그 뉴스를 들으면서, "민영화를 추진 중인 담배 인삼 공사의 주가는 오르겠다."는 내 말을 옆에 앉은 내자는 얼른 이해하지 못하는 듯하다가, "나는 또 무슨 소리라고!" 한참만에야 반응을 보였다.

꿈이 없는 세상을 살면서, TV뉴스에서는 온통 기억력이 형편없는 이 나라의 지도급 인사들이나 대해야 하니, 청소년들의 세계 제일 흡연율이나 인천 호프집의 화재 참사 희생이 우연한 일이었을까?

(1999. 11)

烏飛梨落

나는 악필惡筆이어서 컴퓨터시대 도래 이전부터 타자기를 썼다. 그것도 '80년대 후반의 일이었고, 그 전에는 교사들의 연구 논문 제출에 타자로 친 것은 받아 주지 않아서 대서代書의 궁색을 떨기도 했다.

염가로 PC 컴퓨터가 대량 보급되기 시작한 '90년대 들며 그것을 배워 보겠다고 나섰으나, '도스' 체계는 화면을 불러내는 것부터가 여간 까다롭지 않았다. 눈부신 기술의 발전으로, 곧이어 마우스로 클릭하면 화면이 뜨는 '윈도우' 체계로 바뀌었으나, 내 나이 벌써 예순 고개를 넘어 있었고, 또 교직 정년 단축 바람에 현직에서 물러나, 업무 처리를 위해 꼭 배워야 할 필요성도 없어져 버렸다.

그러나 세상은 급속히 IT시대로 달려가고 있었다. 주위의 아는 이들이 컴퓨터를 배워 inter-net으로 다양한 정보를 얻고, E-mail을 교환하며 노후에도 세상 흐름에 뒤지지 않고 한가와 친교를 즐기고들 있었다. 남들이 그런다고 따라갈 생각은 없었다. 퇴직 후의 4년 세월도, 시골집 고치고 지어 이사하고 정리하느라 2년은 정신없이 바빴다. 그 후에도 매주 평일에 한 번, 가끔은 두 번도 가는 산악회의 산행, 텃밭 가꾸기, 네 마리 집지킴이 개 거두기, 이런저런 모임의 부산 나들이를 하다 보면 신문도 다 못 보는 날이 많다. 거기에 원고라도 보내라고 독촉을 받으면, 안 되는 글 쓴답시고 책상에 붙어 앉아 궁싯거리느라 그것을 배울 시간도 생각도 없었다.

남들은 원고도 word로 작성하고, 편리하다며 권하기도 하나, 나는 종이에 만년필로 초고를 쓰고, 그것을 몇 번이나 고쳐 쓰고, 원고지에 옮겨 쓰며 또 고치다 보면 글 한 편 쓰는 데 소요되는 시간이 한이 없고, 처음과는 엉뚱한 내용이 되기도 하는 것이 내 글 쓰는 버릇이다. 그런데 언제부터인가 원고는 디스켓이나 E-mail로 보내라는 원고 청탁서가 오기 시작했다. 컴퓨터를 모르면 세상살이에서 소외되거나 낙오자가 될 판이었다. 집 아이들이 있을 때는 컴퓨터를 두고 썼으나, 모두 가지고 떠났다. 근래에야 내 몫을 장만하고 ID도 만들어, 필요한 기능만 아이들로부터 배워 익혀 사용하고 있다. 종이에 써서 완성한 원고를 word로 치기도 하고, 몇몇 친구들과 E-mail도 교환한다. 특히 산행 후에는 동행했던 이가 디카로 찍어 보내는 사진을 받아 보곤 하느라 하루에 한 번씩은 열어 보며 지낸다.

지난 주의 어느 오후, 앞뜰의 텃밭 잡초를 뽑고 있었는데 전화벨이 울렸다. 요즈음 심심찮게 걸려 오는 여론 조사나, 광고 전화, '솔' 음계의 조금 높고 빠른 여자 음성이었다. "여기는 KT ○○○인데요. 고객님 컴퓨터 사용하시죠? 인터넷 켜시면 음란물 스팸 메일이 많이 뜨죠? 그것을 차단하는 프로그램을 개발해서 제공해 드리는데요. 사용료는 첫 달은 무료이구요. 그 다음 달부터는 매월 3천 원입니다. 아주 편리하실 텐데요. 신청하지 않으시겠습니까?" "금전 대출 관계는 많이 떠도 그런 것은 뜬 일이 없어요. 그 정도는 괜찮으니까 하지 않겠습니다." "네. 그러세요. 안녕히 계세요." 전화는 그렇게 끝났다.

원고를 보내기 위해 word를 치거나, 글감을 생각하다가 무엇을 검색해 볼 일이라도 있을 때가 아니면 컴퓨터는 밤에 잠자리 들기 전 E-mail 확인 차 켜 보는 정도가 내 컴퓨터 사용 수준이다. 한 해가 후반으로 접어드는 7월 1일, 내자는 모임이 있어 나가고 혼자 있는 집에서 밀린 글이나 써야겠다고 탁자 앞에 앉았다. 이것저것 생각하다가 글감 하나를 붙드니 찾아볼 것이 생겼다. 컴퓨터를 켜고 inter-net을 클릭했더니 맙소사! 화면 가득 가로 세로 정연히 나누어진 10여 장의 사진, 망측하기 이를 데 없는 사진들이었다. 순간, 사나흘 전의 전화부터 생각났다.

시계市界를 벗어나 살다 보니 우리 집에는 안팎 모두에게 전화도 편지도 많이 온다. 수시로 울려대는 전화벨소리, 그날 전화도 예사롭게 받았고, 가볍게 응대했다. '솔' 음계의 빠른 음성으로 들려온 KT는 분명했는데, 그 다음의 부서 명칭인가는 분명히 구분해 듣지 못했어도 확인하지 않았었다. 우선 괘씸한 생각부터 들어 컴퓨터는 꺼 버리고, 전화로 114를 돌렸다. 이야기가 좀 길어져도 되겠느냐는 양해부터 구하고, 이쪽의 전화번호, 인적사항을 밝히고, 사나흘 전에 받았던 전화 통화 내용을 말한 다음, 방금 떴던 inter-net화면 이야기도 했다. 성과 따라 보수가 다르다든지, 아니면 의무 계약 건수 때문에 그랬던 것 아니겠느냐는 내 말에

114의 통화자도 "그럴 수도 있겠다."며 프로그램 판촉은 하청 회사에서 하고, 그 관리 감독은 KT에서 한다며, 두 곳 전화번호를 일러 주었다. 먼저 돌린 하청 회사에서는 여전히 '솔' 음계의 여자 목소리였다. 114에 말한 내용을 되풀이하며, 그래도 되는 것이냐고 쏘아 주었다. 저쪽의 통화자는 그것은 고객님 오해이시구요. 설사 자기네 쪽에서 그렇게 하고 싶어도 일일이 다시 찾아 고객님의 단말기까지 보내는 기술은 아직 없다고 변명했다. 그러면서도 통화 초에 밝힌 이쪽 전화번호를 한 번 더 물은 후 통화는 끝났다. 그 후 사흘 동안 수시로, 그리고 요즈음은 종전대로 밤에 켜 보는 inter-net 화면에 다시는 그런 사진이 뜨지 않고 있다.

항의 차 전화를 했던 곳의 그 통화자의 말이 정말인지 변명인지는 알 수 없다. 그리고 그 일은 烏飛梨落이었을 수도 있다. 그러나 의문은 그런 음란성 스팸 메일의 차단 프로그램을 가진 公社 KT가 왜 꼭 별도 요금을 받아야 하는가이다.

지금 컴퓨터의 주 사용 인구는 초·중등·대학생과 젊은층이다. 교육부에서는 대입 수능 준비학습까지 inter-net으로 하고 있다. 공부하려고 클릭한 inter-net 화면에서 접하는, 그 망측한 그림들을 보며, 그러지 않아도 올되는 요즈음 아이들이, 어린 마음에 얼마나 호기심이 동했으면 그런 어처구니없는 일까지 저질렀으랴. 신문에도 보도되지 않은, 차마 보도할 수 없었던 일. 경기도의 한 고을 초등학교에서 5학년 남학생이 화장실에서 소변을 보고 있는데, 같은 반의 여학생 한 명이 달려와 남학생의 그것을 물어 버렸다니…. 3·4개월 전에 있었던 일이라고 들었다.

(2004. 7. 초순)

쑥 茶

天帝인 환인桓因의 아들 환웅桓雄이 천부인天符印 세 개를 가지고 태백산 아래에 내려와 신시神市를 열고 세상을 다스리는데, 이때 한 동굴에 살던 곰과 호랑이가 환웅에게 와서 사람이 되게 해 달라고 빌었다.

환웅은 쑥 한 단과 마늘 스무 개를 주면서, 이것을 먹고 백 일 동안 햇볕을 보지 않으면 소원이 이루어진다고 하였다.

둘 다 그것을 먹고 곰은 삼칠 일을 조신操身하여 여자로 변하였으나 호랑이는 그러지를 못하여 실패했다. 그 뒤 웅녀는 환웅과 결혼하여 단군왕검을 낳았다. ≪삼국유사≫에 실려있는 단군신화를 새삼 되새겨본 것은 거기에 나오는 쑥과 마늘, 곰을 사람으로 환생시킨 그 신령神靈한 약초들 때문이다.

마늘은 우리 찬饌에는 없어서는 안 될 요긴한 양념이다. 그리고 중국과 남아메리카 북부의 여러 나라에서 식용하고 있을 뿐, 여타의 대륙에서는 재배는 되나 식용하지 않는 백합과의 다년초이다.

서양에서는 식용은커녕 지독한 독초로 취급받아 왔다. 토마스 하디의 1891년 작품 ≪테스≫에는, 주인공 테스가 주인 더버빌가의 아들 알렉에게 유린당하고 사생아를 낳아 죽자 암매장하고 다른 지방으로 도망가서 목장에 취직하여 일한다. 그 목장에서 목초들 사이에 돋아나 자라는 마늘을 두고, 소가 그 풀을 먹으면 우유까지 떫어지는 독초라며 뽑아서 내버리는 대목이 나온다.

하디와 동 시대의 같은 영국 작가 브램스토커의 ≪드라큐라≫를 영화화한 화면에, 마늘을 꿴 목걸이를 걸고 있으면 흡혈귀 드라큐라가 접근하지 못하는 장면이 있다.

그와 같이 마늘은 고대 이집트시대부터 귀신을 쫓는 영험 있는 식물로 인식되어, 지금도 동남아의 태국, 동구권의 폴란드에는 마늘을 꿴 줄을 문 위에 걸어 잡귀雜鬼를 쫓는 풍습이 남아 있다.

내가 초등학교 2학년 때 해방을 맞았었다. 그 무렵 우리 집이 C시의 시내여서 이웃에 일본인 집들도 있었다. 길에서 또래들과 어울려 노는네 그 집 또래아이도 밖으로 나오다 우리를 보면 녀석들은 "닌니쿠상 하이 하이 쿠사이."(마늘 먹는 사람, 그래 그래 냄새 고약해.)라며 저의 집으로 되돌아가기에 바빴다.

그랬던 것이, 1960년대 초 일본 도야마현 신통천 하류 지역에서 '이타이 이타이병'이 발생했다. 조사 결과 아연 제련공장에서 버린 광물 찌꺼기에 포함된 맹독성 카드뮴이 빗물에 녹아 하천에 유입되었고, 이를 농업용수로 이용해 쌀농사를 지은 것이 원인으로 밝혀졌다.

그러나 주민들 중 환자는 모두 일본인이었고 우리 교포들은 이상 없음을 알고, 또 그 원인 분석에 들어갔다.

우리 교포들의 주 찬饌이 김치이고, 김치에는 마늘이 양념으로 다량 들어가는 것을 알았다.

마늘의 성분은 살균력과 혈관세포의 신진대사를 원활케 하는 알리신(allicin) 성분이 있다. 이후 그들은 마늘 분말을 캡슐에 넣어 복용하는 의약품을 생산, 판매하는 한편 김치를 건강식품으로 선호하기 시작했다. 미국에서도 최근 마늘을 항암 식품 제1호로 지정했다.

쑥은 마늘만큼 각광을 받지 못하고 있으나 마늘 못잖게 건강에 좋은 식품이라는 생각을 나는 늘 가져왔다. 퇴직 후 옮겨와 4년째 살고 있는 부산 근교의 우리 집 뒤란이 백여 평 비탈이다. 20여 년 팽개쳐 두었던 집을 손질하며, 대나무가 온통 차지해버린 비탈의 아랫부분 대뿌리들을 파내고 곁자리의 쑥들을 띄엄띄엄 옮겨 심었다. 그 다음 해 봄에는 거기에 설록차 씨앗 한 말도 심었다. 茶나무는 지금도 한 자가 넘게 자란 놈이 있는가 하면, 한 뼘도 안 돼 곁의 쑥들에 묻혀 있는 놈도 있다.

해마다 3~4월이면 그 비탈에 파릇파릇 쑥이 자라고 노오란 민들레꽃과 보라색 제비꽃들이 어울리며 다투어 핀다.

햇살 따뜻한 백여 평 비탈은 이때가 가장 아름다운 풍경이 된다. 두 식구 쑥국 재료가 얼마나 들랴. 몇 번 쑥을 캐고 나면 그것들은 줄기가 뻗어 오르고 이내 비탈은 쑥대밭이 된다. 한여름 접어들 때 그 자라버린 쑥대들을 베어서 태우는 일이 고역이긴 하나, 별빛 아래 쑥이 타며 번지는 연기와 내음은 그 또한 여름밤의 낭만이 되기도 한다.

내자는 그까짓 쓸데없는 쑥, 茶 나무나 잘 자라게 모조리 빼어버리라고 성화지만, 나는 어쩐지 언젠가는 요긴한 용도가 나타나리라는 기대를 저버리지 못하고 3년째 그 노릇을 계속해 오고 있다.

매주 한두 번씩 평일 등산을 다니는 산악회에서 6월 초순 전북 진안의 운장산(1,125.9m)에 갔을 때였다. 남양주에서 왔다는 60대 초반의 젊어 보이는 아주머니가 앞서 오르다, 등산길 가 낮은 바위에 앉아 쉬면서 마셔 보라며 권하는 쑥茶를 마셨다. 쑥내음이 향긋하고 찬기가 남아 있어 시원했다. 쑥茶 만들기도 자세히 들려주어 귀담아 들었다.

쑥 즙은 몇 번 추출해 먹었지만 너무 진하고, 절차도 번거롭다. 철이 지나면 독성도 있다. 쑥茶로 만들어 아침에 일어나 냉수 대신 마시면 향도 좋으려니와 몸에 좋다는 성분도 섭취될 것이다. 인터넷 검색란에 '본초강목 쑥'이라 쳐 넣고 엔터키를 눌렀더니, 무려 A4용지 26쪽 분량이 떴다.

"약용으로 쓰이는 쑥을 인진茵蔯쑥이라 한다. 엉거시과(국화과라고도 한다.)에 딸린 여러해살이풀로, 엄밀한 의미로는 종류가 많다. 우리나라 어디서나 나는데 봄철에 한 뼘쯤 자란 것을 베어 말려서 약으로 쓴다. 옛말에 3월 인진쑥 4월 개쑥이라 하여 음력 3월에 채취한 것은 약효가 높지만 4월 이후에 채취한 것은 약효가 없다고도 한다. 모든 쑥 종류가 봄철에는 독이 없지만 여름에는 독이 생긴다. 인진쑥은 특히 황달에 효험이 큰 약으로 이름이 높다. 또 이담작용利膽作用이 높아 담즙을 많이 나오게 하는 동시에 담즙 속의 덩어리와 콜산, 비리루빈을 밖으로 배출하여 간肝을 깨끗하게 한다. 또 혈압을 낮추고 열을 내리며 결핵균을 비롯한 갖가지 균을 죽인다."는 설명에 이어 전국시대의 명의 화타가 3월 인진쑥으로 황달을 고쳤었다는 일화도 실려 있었다.

쑥은 생명력과 번식력이 강한 풀이다. 묘지에 한 번 번지기 시작하면 온통 쑥밭을 만들어 버리기에 쑥만 죽이는 제초제도 개발

되어 있다 한다. 아무리 귀한 것도 그 소용을 모르면 그렇게 귀찮은 존재, 천더기가 된다.

이제 봄(음 3월)이 오면 바쁜 나날이 될 것이다. 내일 모래 일흔 마루에 올라서는 나 자신이 오래 살재서가 아니다. 하기야 사는 날까지 건강하게 살다가 어느 날 산행길에서 내 생애 끝나기를 바라는 바이지만…. 3월 쑥으로 茶를 만들어 집안사람들과 친지들에게 돌릴 일이 생겨서이다.

인삼과 마늘은 동서양 과학자들의 꾸준한 분석과 실험으로 그 약효가 밝혀지고 효능이 입증되었으나 쑥은 아직 그 정도의 각광은 받지 못하고 있다. 그러나 마늘이 그랬던 것처럼 아직 드러나지 않은 성분과 효능이 있을 것임을 나는 믿고 있다.

나의 세상살이는 베푼 것보다 빚진 것이 더 많았을 것이다. 모아둔 것 없이 벌이의 현장에서도 물러난 내가 주위에 나눌 만한 것을 별로 가지고 있지 못하다. 그러나 다행히 우리집 뒤란에 백여 평 햇살 바른 비탈이 있고, 거기 대나무 아래 설록茶 나무와 쑥이 자라고 있다. 3월 인진쑥의 효능을 알았으니 그것으로 茶를 만들어 가까운 이들에게 나누노라면, 山에 다니는 일과 함께 내 삶의 남은 날들이 무료하거나 외롭지만은 않을 것 같다.

(2004. 6. 하순)

건너편 잔디밭

간밤에도 뻐꾹새 소리에 잠들었고 자다가 깨어도 뻐꾸기는 울고 있었다. 선사先史 이래 집터였던 이곳, 집 뒤란 백여 평 비탈의 맨 위에 아름드리 나무 몇 그루가 숲을 이루어 까치가 집을 짓고 새들은 그 아래 대나무 숲에 깃들어 잠을 잔다. 새소리에 잠을 깨어 마루에 나와 서면 강 건너 신어산 허리께로 낙동강 하류의 물안개가 흐른다. 계절의 여왕 5월과 연이은 6월 자전거를 타고 강둑과 농로를 달려도 한 시간은 달릴 수 있고, 뒷산을 올라도 시간 맞춰 둘러올 수 있는 산길은 있으나 네 마리 개의 배설물부터 치워야 하는 것이 일과의 시작이다.

만 세 해 째의 이곳 생활에서 언제부터인가 내 식단은 민들레 잎 절이와 양파 두 가지가 되었다. 뒤란의 비탈 아래쪽 대나무를 치고 뿌리를 파냈더니 이듬해 이른 봄부터 쑥이 자라고 보라색 제비꽃과 노란 민들레꽃이 어울려 피었다. 제비꽃은 한 달여로 피기를 그쳤으나 민들레는 갈수록 번져서 꽃을 피우고 씨앗을 날렸다. 따내도 따내도 모자람이 없는 민들레 잎은 조금은 써서 입맛을 돋우고 장과 간에 좋다니 일석이조의 찬이다.

시골이래야 市界에서 5km 전철 종점에서 4km거리로, 그곳에서 30분 간격으로 버스가 오간다. 찾아오는 이 많아 그루터기 나무들로 앉을개를 만들고 모닥불 피우는 기구들도 마련했다. 이웃에 맛 좋은 막걸리 도가도 있어 안성맞춤이다. 벗들이나 친지들이 오면 모닥불을 피워 두껍게 썬 삼겹살을 올리고 막걸리를 사온다. 앞마당 텃밭에서 상추 쑥갓 깻잎을 따고 뒤란 비탈에선 민들레 잎, 마당귀에서는 방아 잎을 따면 된다. 찾아온 5~6명 객들이 샌님들일 땐 5병을 사와도 남으나 술꾼들일 땐 20병이 모자라기도 한다. 그런 날은 반달이 머리 위에 떠있는 초열흘 전후나 별들이 하늘 가득 반짝이는 그믐께가 좋다. 모닥불 잔치의 끝 순서는 향이 좋은 매화차, 매화철이 지나면 박하 잎을 따 끓인 물에 띄운 박하차이다. 여인네가 있을 경우 고추와 푸새들을 따고 뽑아 들려주면 친정 다녀가는 느낌이라고들 말하며 떠난다.

담장 아래 욕조를 묻고 그 속에 흙을 담아 심은 연꽃들이 피고 욕조 곁엔 꽈리 봉선화 맨드라미가 어깨를 비비며 자라고 있다. 또 한쪽 들꽃들을 심은 곳엔 패랭이가 피었다 지고, 백합과 나리가 지금이라도 벌어질 듯한 꽃봉오리를 매달고 있다. 마루 앞 텃밭 가 15m 길이대로 돋아나 자란 채송화가 피기 시작했다. 장마 지나고 햇살 따가워지면 초가을까지 온통 피어나 어울릴 테고, 나는 거기에서 저 6월의 함성을 들을 것이다. 그것들은 붉은 셔츠로 드넓은 거리를 가득 메운 화면에서의 그 붉은 무리를 연상케 하기 때문이다. 고춧대를 걷어 내고 텃밭 저쪽 끝 나무들에 석류가 벌어지고 모과가 노랗게 익으면 낙동강 하구에는 철새 떼가 찾아올 것이다. 철새들이 편대를 이루어 날아가는 하늘에 노을이 물들면 계절과 나이와 시간이 겹쳐 느껴질 것이다.

어느 이는 "삶의 풍파에 시달린 자의 마음을 푸는 길은 오직 자연에 다가가는 것뿐이라며 고향으로 돌아가 풍경을 그리고 있다."지만, 삶의 풍파로야 지금의 60대 이상들이 겪은 풍파이랴? 고난과 분망 속에 살았기에 퇴직 후의 무료와 나태가 저어되어 소일거리와 거처를 겸해 25년 전에 장만해 둔 집이었고 당겨진 정년에 들어온 지 3년이 되었다. 22년 남이 살던 폐가 직전이던 집을 헐고 고치고 짓느라 1년, 파내고 고르고 심고 가꾸느라 1년, 2년을 일꾼으로 살았다. 이제도 텃밭과 비탈을 낀 230평 대지의 시골 주택에 살자니 뽑아도 뽑아도 돋아나는 잡초와 함께 할 일은 끝이 없다.

넓은 하늘, 별무리, 맑은 공기, 맑은 물, 철따라 피고 지는 꽃과 새소리를 즐기고 FM음악을 들으며 일하다 보면 삶이 축복으로 느껴진다. 자연과의 교감에서 오는 희열 없이 넓은 시골집에 산다는 것은 주택 관리인에 불과할 뿐이다. 야외에라도 나가 자리를 마련하려다 보면 언제나 앉으려는 잔디밭보다 건너편 잔디밭이 더 파랗게 보이는 것이 사람의 눈이다.

(2003. 6)

만물은 흐른다

10월이 중순에서 하순으로 접어드는 어름에 표고 1,327m 수도산 산행을 다녀왔다. 경남 거창 산골 마을에 차를 세워 2시간을 걸어 정상에 올랐다가 경북 김천시 대덕면 평촌의 청암사로 내려선 5시간 산행길이었다.

올해 들어 열 번째 일본 규슈로 상륙한다는 태풍의 영향으로 부산에는 빗방울이 듣기 시작했으나 버스가 경주를 지나고 건천 땅을 지날 때부터 비도 오지 않고 햇빛도 나지 않아 산행에는 안성맞춤의 날씨였다.

산 중턱 도로에서 버스를 내려 산길로 접어들어 정상에 오르는 등산길보다 정상에서 평지 주차장까지의 하산길이 두 배나 멀었다. 정상에 오를 때까지 단풍이 별스럽게 곱다는 느낌이 없었던 것은 가파르게 경사진 길을 오르느라 숨이 차서만은 아니었을 것이다. 수도산의 주 능선이 경상남·북도의 경계이기는 하나 능선을 둔 남북의 나뭇잎 색깔이 그렇게도 달랐다. 그 긴 하산길이 온통 단풍으로 물들어 있었다. 단풍은 내려올수록 더 황홀하도록 고왔다. 새빨갛고 짙붉고 노랗고 녹색 갈색 진갈색 연갈색 등 형형색색으로 뒤섞여 그림으로도 표현 못할 절경을 이루고 있었다.

매주 빠짐없이 산행을 하노라면 산을 걸으면서보다 오가는 차창 밖 풍경을 통해 계절의 변화와 세월의 빠름을 절실히 느끼게 된다. 산행 시간보다 목적지까지의 승차 시간이 긴 원거리가 대부분이다.

차창으로 보이던 앙상한 나뭇가지에 움이 돋고 말라있던 논에 물이 고였는가 하면, 나무들은 어느새 신록으로 숲을 이루고 논에는 파란 모들이 자라고 있다. 한여름 뙤약볕이나 빗속의 그 풍경들은 훨씬 푸르게 우거지고 왕성한 성장이 눈에 보일 듯도 하다가, 어느새 그것들은 윤기와 푸른 기가 가시면서 색깔이 변하기 시작하는 것이다. 그리고 좀 긴 추석 전후의 휴지기간을 지내고 두세 번째의 산행버스를 타고 보면 산과 들은 때늦은 추석치레 색동옷으로 갈아입고 있는 것이다.

수도산 산행길이 그랬다. 들판은 잘 익은 벼들로 황금빛이었고 산들은 무색옷으로 갈아입는 중이었다. 정상에서 청암사로 내려오는 산길은 나뭇잎들이 저마다의 색깔로 물들 대로 물든 단풍의 절경이었다.

그 곱디고운 단풍을 보며 불과 다섯 달 전의 신록이 떠올랐다. 5월의 어린 잎들은 얼마나 부드럽고 깨끗하며 신선했는가! '어린이날'이 5월 5일인 것은 너무나 당연하다. 5월은 어머니 품에 안겨 방긋이 웃는 젖먹이 어린이다. 그 어린이가 성장盛裝한 女人으로 변한 것이 10월의 산들이다. 다섯 달의 세월, 그 세월이 순진무구한 젖먹이 어린이를 성장盛裝한 여인으로 변모시킨 것이다. 그것이 세월의 작용이다. 10년이면 강산이 변하는 것도 세월의 작용이다. 강산이 변할 때 세상살이의 세태 인심인들 변하지 않으랴?

내가 살아온 세월도 곧 70년을 헤아리게 되었다. 그 70년 세월은 우리 역사의 격랑기였다. 격랑은 힘 있고 슬기로운 이에게는 윈드서핑(파도타기)이나 레프팅(요동치는 강물에서의 뱃놀이)을 즐기는 놀이 겸 체력 단련의 기회가 되나 힘 없고 어리석은 자에게는 사지死地가 된다.

장지연의 〈是日也放聲大哭〉이 심훈의 〈그날이 오면〉의 비원으로 바뀌고, 기적처럼 '그날'은 왔으나, 미처 나라의 기틀이 다져지기도 전에 '전우의 시체를 넘고 넘어 앞으로 앞으로' 전진해야 하는 민족 상잔의 비극을 맞았다. 그 소용돌이도 3년 1개월을 끌다 직선이었던 38선이 곡선의 휴전선으로 변했을 뿐 그로 인한 불안과 비극은 지금도 계속되고 있다.

'못살겠다. 갈아 보자!'며 부패한 독재에 항거해 일어난 미완의 혁명 4·19에 이어 "기아 선상에서 허덕이는 민생고를 시급히 해결하고 우리는 우리들 본연의 임무로 돌아간다."던 군인들은 20년에 또 7년을 이어가며 옷만 바꿔 입고 독재를 했으나, 단군 이래 최고의 물질적 풍요를 누릴 수 있는 터전은 마련해 놓았다.

광도光度가 높으면 그늘도 짙다. 독재로 밀어붙인 개발시대의 부실과 부작용들이 삼풍백화점과 성수대교 붕괴의 참사로 나타나더니, 지금은 그 시대만을 살아온 세대들이 마음속에 쌓인 무엇인가가 붕괴되거나 폭발하고 있는 모습들이다. 보수는 수구 골통이고 개혁만이 살 길이라고 외치고 있다.

40여 년 전에 본 영화 한 편이 떠오른다. 미국 영화 〈초대받지 않은 손님〉이던가? 분명치는 않다. 유능한 흑인 청년이 묘령의 백인 아가씨와 사랑을 했는데 청년의 아버지는 우체부였다. 힘겹게 일하며 아들을 위해 정성을 다 바쳤다. 부친의 지위와 능력, 그것이 거절의 빌미였던가. 청년이 지쳐있는 아버지에게 항변했다. "왜 그렇게밖에 살지 못했느냐고?"

늙어가는, '30 · '40년대 출생자들끼리 모이면 허기졌던 그 시대의 배고픔과 가난이 화제가 된다. '50년대의 미국 영화 〈The yearing(춘하추동)〉에서도 가뭄으로 말라버린 옥수수밭에서 농사꾼 아버지가 어린 아들에게 말한다. "기아飢餓는 곰보다 무섭다."고.

고대 그리스시대에 이미 말한 이가 있다. "만물은 흐른다."고. "이 세상에 변하지 않는 것은 없다. 다만 변하지 않는 것이 없다는 그 사실만이 변하지 않는다."는 말은 앞 말의 부연이자 췌사에 불과하다.

단풍이 아름답게 물들어 있다. 저 고운 단풍들도 며칠 후면 낙엽으로 지고 가지만 앙상하게 남을 것이다. 그리고 봄이 오면 또 푸른 숲을 이루었다가 단풍 들고 낙엽으로 지는 순환을 반복하며 나무는 나이테를 더해 갈 것이다.

변하지 않는 것이 없는 변화에 그 방향이 밝은 쪽의 변화이기를 바라는 것이다. 고희古稀를 바라보는 사람의 간절한 소망이다.

(2004. 11)

4부

사부곡思婦曲

웃음의 속내

"울어 본 일이 없는 젊은이는 야만인이며 웃으려 하지 않는 늙은이는 바보"라고 말한 이가 있다. 무엇 하나 이룸 없이 살아온 나도 울어 본 젊은 날은 있었다.

앞에 둔 60년은 아득한 것 같아도 보내버린 60년 세월은 수유, 내 삶도 어느덧 만추晩秋의 길목에 들었다. 웃어도 좋을 만큼 살아 왔을까? 웃으려 하지 않는 바보, 뭣 모르고 웃는 바보, 어느 쪽 바보가 나을까? 웃기로 하자. 이룸 없이 살았어도 자기 변호의 노회老獪함조차 없대서야 너무 초라한 노년老年이 아닌가. 한여름 내 푸르던 잎새들도 늦가을 떨어질 무렵엔 빨갛게 노랗게 혹은 진갈색으로 물들었다 지거늘….

웃음의 소리들을 의성음의 한자漢字로 드러내고, 그 드러난 한자의 훈訓을 새겨 보노라면, 이제 나도 웃어 괜찮지 않을까 싶기도 하다. 하하 허허 호호 헤헤 후후 히히.

사람살이人生라는 것이 어디 정형定型이 있으며 모범답안이 있던가. 사람살이의 목표가 무엇이며, 어떻게 살아야 하는 것인가. 나는 무엇을 위해 어떻게 살아왔나? 何何 何何 何何.

그래, 그래도 이 나이 되도록 살아왔고 살아가고 있지 않은가. 하늘은 이만큼을 내게 허락해 주셨어. 나 또한 내게 닥쳐오는 온갖 것을 물리지 않고 받아들였지. 고통도 환란도 기쁨도 슬픔도…. 許許 許許.

개똥밭에 굴러도 이승이 좋다는데, 건강한 몸으로 살아 있다는 것은 그것만으로도 성공이고 승리지. 내 생명 이상으로 세상에 소중한 것이 어디 있나? 플라톤은 아테네 시민으로 태어난 것, 자유인으로 태어난 것, 아리스토텔레스를 만난 것 세 가지에 감사했었다던가. 나 또한 심신의 결함 없이 대한민국 남아로 태어나 이 나이 되도록 살아, 5천 년 내의 풍요를 누리는 시대를 살고 있으니 까무러치도록 좋은 일 아닌가. 好好 好好 好好好好….

1부터 2만까지를 소리내어 헤아려 보라. 2만이란 얼마나 많은 숫자인가. 그 많은 날들을 하루하루 살아오면서 왜 위기와 고비인들 없었으랴. 하늘과 주위의 은혜로운 보살핌 없이는 탈없이 지내오기 어려운 세월이었지. 惠惠…….

하늘이 내게 베푼 혜택과 주위의 보살핌은 너무 두텁고 자상했어. 지금도 식당 밥 한 그릇으로는 모자라는 양의 세 끼 밥 꼭꼭 챙겨 먹으며 주 1회 1천m급 산을 올라 다니는 정년 후의 생활은 얼마나 두터운 하늘의 혜택인가. 자꾸만 웃고 싶을 수밖에. 厚厚 厚厚….

안 되는 놈은 뒤로 넘어져도 코가 깨지고, 되는 놈은 앞으로 자빠져도 코에 금가락지 끼인다는 우스개가 있다. 우리 세대는 코가 깨지는 시대에 태어나 금가락지 끼어드는 시대에 살고 있지 싶다. 감춰 둔 쌀 뺏어 가고, 만주산 콩기름 짜낸 찌꺼기, 그것도 곰팡이 슨 콩깻묵 배급받아 먹던 소화昭和 12년에 태어나, 국민 1인당 소득 1만 불에서 2만 불을 향해 질주하는 나라에서 자가운전으로라도 승용차 굴리며 할멈과 드라이브도 즐기며 살고 있다. 배꼽 빠지게 웃고 싶은, 기쁘다 못해 만세라도 부르고 싶은 삶이다. 喜喜 喜喜 喜喜 喜喜….

그 웃음소리, 써놓고 보니 낯익은 글자다. 젊은 날 탕수육에 배갈 마시고 취한 눈에 보이던 글자, 중국집 문간에 걸린 발에 무늬로 새겨져 있었던 글자다.

쥐@러브

한여름 무더위에 현관문을 열어두고 지냈더니 몇 마리 쥐가 집 안으로 들어왔다. 방으로 들어온 놈들은 쥐틀로 잡았으나 부엌으로 침입한 놈들은, 사방으로 돌아가며 놓인 싱크대 아래 숨어서는 영 잡히지를 않고 밤마다 그릇을 달그락거렸다. 어느새 문을 닫고 지내는 계절이 되어 공기가 시원스레 통하지 않으니 집 안에는 그놈들의 퀴퀴한 배설물 냄새까지 풍겼다. 쥐약은 먹고 죽어 어디에서 썩을지 모르니 함부로 놓을 수도 없었고 쥐틀이나 쥐덫은 아예 거들떠보지도 않는 모양이었다.

약국에서 권하는 쥐잡이 끈끈이 판을 사다가 몇 군데 놓아 두었다. 한동안은 용케도 그것들을 피해서만 다니는 눈치이던 그놈들도 며칠에 걸쳐 밤중에 비명을 지르는 것이었다. 끈끈이의 접착력이 좋아서 거기에 한번 발을 올려놓기만 하면, 벗어나려고 버둥대다가 몸의 더 많은 부위가 붙어버리게 된다. 그렇게 복부까지 붙어버린 놈을 떼어내기 귀찮아 그냥 접어서 바깥 쓰레기통에 던져 두었다.

이튿날 오전, 집 뒤란 비탈 대밭에서 일을 하다가 이상한 기척에 고개를 돌려보니 종이에 얼굴이 가린 고양이 한 마리가 쏜살같이 대밭 위쪽으로 내닫고 있었다. 간밤에 쓰레기통에 접어서 내버린 끈끈이 판이 밤새 조금 벌어지고, 거기에 드러난 쥐를 취하려던 고양이 얼굴에 그것이 덧씌워 붙어버리자 놀라 달아나는 중이었다.

쓰레기통에는 끈끈이를 칠한 종이를 끼웠던 갈색의 도화지 넓이 마분지가 남아 있었다. 그 상단의 중앙에는 제법 큰 글씨로 '쥐@러브'라는 상표가 세련되지 않은 색채로 인쇄되어 있었다. 그것을 보자 '쥐 러브'가 '고양이 러브'까지 했구나 하는 생각에 이어 LOVE라는 어휘, '사랑'의 가벼움과 무거움에까지 생각이 미쳤다.

'쥐@러브' 그것은 지극히 이기적인 인간의 발상이요 역설이긴 하나 사랑의 본질을 꿰뚫은 작명作名이라는 생각이 얼핏 들었다. 태초에 남·녀 간의 사랑이, 그에 연유된 사람들의 세상살이가, 이브가 금단의 과일로 아담을 유혹한 가벼움에서 비롯해서인가? '쥐@러브'가 쥐덫이듯 순수하고 지극한 사랑은 생명을 도賭하는 덫이다. 모성애는 목숨을 담보하고 출산한 자신의 핏줄이기에 그 사랑은 순수하고 지극하다. 삼손은 데릴라의 유혹에 괴력의 원천을 누설하여 머리칼이 잘리고 적의 포로가 되었다. 로미오와 줄리엣은 저마다의 목숨으로 서로에 대한 사랑을 증명하고 확인시켰다.

"부부의 금슬이 지극히 좋으면 신神이 질투를 한다."고 심복沈馥은 〈부생육기浮生六記〉에서 말하고 있다. "중국문학에서 가장 사랑스러운 여인"이라고 임어당이 말한 운芸은 연밭 꽃잎에 내린 새벽 이슬을 받아 모아 그 물로 끓인 차를, 사랑하는 지아비 심복과 아침햇살 눈부신 창가에 마주앉아 마시는 청복淸福을 누렸다. 그토록 사랑스러운 여인은 신神도 자기 영역에 두고 싶어서였을까?

요즈음의 세태는 늙고 젊고도 없이 엊그제 짝지은 신혼부부까지 갈라서고들 있다. 영악해진 현대인들이 그 순수하고 지극한 사랑의 위험을 일찍이 터득해버려서인가, 아니면 내일을 저당해가며 오늘을 살아가는 아서밀러의 '세일즈맨'처럼 삶이 고달파서일까? 우리나라도 한 해(2000년대 초) 평균 하루에 135건의 이혼신청이 접수되었다고 한다.

하기는 운芸이 연꽃의 이슬을 받던 새벽 시간에 오늘의 젊은 부부들은 아침밥을 짓고 출근길을 서둘러야 한다. 그리하여 시작되는 하루는 낮에 이어 밤에도, 일터에서 집에서 쫓기고 부대끼느라 몸도 마음도 지치고 고달프다. 현대 자본주의 사회, 그 외양의 풍요 속에 그려 보던 어제의 꿈들은 시간이 흐르면서 신기루로 변질된다.

온갖 것에 여유가 없다 보니 참을성도 없어진다. 산을 오르다 보면 주저앉아버리고 싶은 고비가 있다. 대개의 경우 그 고비만 넘으면 정상頂上이다. "1m만 더 파 보라."는 말은 광산업계鑛産業界의 격언이다. 이혼이 보편화되어 있는 미국에서도 이혼한 부부의 절반이 이혼을 잘했다고 생각하는 반면에, 이혼의 고비를 넘기고 함께 사는 부부의 3분의 2가 이혼하지 않기를 잘했다고 생각하고 있다 한다. 혼전 동거가 풍조요 세태가 되어 있는 프랑스에서도 동거 기간 없이 결혼한 부부가 동거하다 결혼한 부부보다 이혼율이 낮다는 보도를 운전 중에 라디오로 들었다.

사랑하는 남녀가 서로를 생각만 하여도 행복하고, 보아도 또

보고 싶은 그 뜨거운 사랑의 기간이 남자는 30개월, 여자는 18개월 정도이고, 그것은 그 기간 체내에서 분비되는 어떤 물질의 성분 때문이라는 외신 기사를 읽은 적이 있다. 그래서 '리골레토'는 남자들의 애창곡이요, 남녀 간의 사랑이란 내가 너를 사랑하면 너도 나를 사랑하는 대가성이 있게 마련이다. 대가성 없는 사랑은 추상적인 존재가 대상이 될 때뿐이다. 나라와 신념과 절의를 위해 목숨 바치는 사랑, 순국殉國 순교殉敎 순절殉節이 그것이다. 그러한 사랑의 희생자는 후세에 많은 사람들의 우러름을 받는다.

고양이가 붙여 가고 남은 마분지를 들여다 본다. '쥐@러브' 그것은 서족鼠族에게는 사람으로부터 강요당한 순인殉人의 형장이요, 사용자에게는 주위에서 성가시게 구는 쥐들을 손쉽게 잡아버릴 수 있는 저가低價의 도구이며, 제조자에게는 이윤 추구 수단으로서의 상품이다. 그렇게 생각해 보면 '쥐@러브'의 러브야말로 요즈음 세태의 사랑풍속을 절묘하게 표상하고 있는지도 모른다. 비단 남녀 간의 사랑에서만이랴?

하늘이 유난히 맑은 한낮의 우리 집 마당에 서서, 한 조각 마분지에 인쇄되어 있는 그 촌스러운 색상의 상품명을 들여다보다가 그 색상 닮은, 요즈음의 세상 돌아가는 모양이 떠오르면서 연상되는 하나가 있었다.

나라와 겨레 위해 이 한 몸 다바쳐 열심히 일하겠다고 기염을 토하던 사람들 중 유권자의 선택을 받아 그 소임을 다하기 위해 모이는 곳, 그 우람하고 육중한 건물이 혹시 '나라와 겨레@러브'는 아닐까? 하는.

(2002. 8)

바깥 식구들

쥐 먹을 것은 없어도 도둑 가져갈 것은 있다던, 어려웠던 옛날 웬만한 집에 개 한 마리씩은 길렀다. 천수답 다랭이논을 부쳐도 소가 있어야 농사를 지을 수 있었던 농가에 소는 재산목록 제 1호 삼아 남의 집 배내 송아지라도 한 마리씩 길렀었다. 공장생산의 사료가 없었던 시절, 가족들의 밥상에서 남은 찌꺼기음식들이 개 밥이었고, 풀이 나지 않는 겨울철에는 사랑방 아궁이의 커다란 무쇠솥에 끓인 여물이 소의 먹이였다. 주인은 먹여주고 그것들은 제 구실이 있는데다, 한 지붕 한솥밥이었으니 한 식구들이었다.

개는 낯선 이의 출입을 경계하며 식구들을 반기고, 소는 그 크고 순박한 눈을 껌벅거리며 힘든 농사일을 우직하게 도왔으니 서로가 나누는 고마운 마음의 교감인들 사람 사이에서와 달랐으랴? 근간에 상영되어 관객들에게 깊은 감명을 주었던 영화 〈워낭소리〉와, 경북 구미시 해평면 낙산리에 있는 개 무덤 의구총義狗塚이 그것을 말하고 있다.

평생 땅을 지키며 살아온 팔순 농부 최 노인과 마흔 살 소와의 30년에 걸친 교감과 애환을 그린 것이 영화 〈워낭소리〉이다. 선산善山 역리驛吏 김성원이 술에 취해 길가에서 잠든 사이 산불이나 그가 잠든 곳까지 불이 번져오자 그를 따라온 개가 제법 떨어져 있는 낙동강으로 달려가 몸을 적셔 주인을 구하고 스스로는 지친 몸으로 주인을 감싸 불에 타서 죽었다. 그 충직함을 기려 그의 행적을 그린 의구도義狗圖 4폭이 함께 보존되어 있는 의구총義狗塚이 민속자료 제 105호로 지정되어 구미시 해평면 낙산리에 있다.

밤을 새워 집을 지키고 드나드는 가족들을 반기며, 주인을 위해 목숨까지 바치는, 그런 충직한 개도 있는데 청마는 개를 싫어했다. 까닭은

첫째, 주인 외에는 모두 적이다.

둘째, 빈부貧富를 구분한다.

셋째, 항상 여당이기 때문이었다.

청마는 1967년 2월, 귀갓길에 교통사고로 운명했다. 1967년 2월이면 제 2차 경제개발 5개년 계획이 시작된 해였다. 그 이전 제 1차 경제개발 5개년 계획이 시행되던 '60년대 초, 우리나라 1인당 소득은 100불 안팎이었다. 가가호호를 방문하는 걸인과 잡상인 좀도둑들이 끊이지 않았다. 그렇게 호구糊口를 이어가는 이들의 옷차림은 개들의 눈에도 경계해야 할 불청不請의 대상임이 분명했을 것이다. 청마의 개 혐오의 까닭은 개를 기르는 이들에게는 그대로 기르는 이유가 되는 것들이었다.

청마는 부산의 명문 K여고 교장으로 2년 남짓 재직하다 영도의 N여상 교장으로 옮겨 한 해도 못 채운 2월 13일, 귀갓길에 교통사

고를 당해 병원으로 이송 중 숨졌다. 온화하고 후덕한 인상, 너그럽고 관대한 인품, 호탕한 웃음, 말술의 주량, 꿋꿋한 내적 의지의 소유자인 청마의 〈깃발〉이나 〈바위〉에서는 개 혐오증이 수긍이 되나 〈행복〉을 읽노라면 반갑다고 흔들어대는 개꼬리가 먼 것만도 아닌데, 굳이 그렇게 짚어 말한 의도를 생각해보게 한다. 주인이나 힘 있는 자 앞에서는 납작 엎드리듯 꼬리를 내리거나 흔들어대고, 남루한 빈자 앞에서는 꼬리를 꼿꼿이 세우고는 짖어대거나 앞니를 드러내며 으르렁대는 개들의 생리를, 쥐꼬리만한 권력을 가진, 그런 유類의 누군가를 빗댄 시인의 은유였을 것이다.

국민의 절반이 살고 있고, 늙어가는 내자가 간절히 살고 싶어 하는 아파트가 아니고 주택에서만 살아온 나는 줄곧 개를 길러왔다. 40년 전이었다. 12월 중순 들어 결혼을 하고 이내 겨울방학을 맞자 건강에 이상을 느껴오던 장모님이 진료 차 병원엘 동행하자고 하셨다. 간경화로 진단이 나고 수술 날짜가 잡혔다. 수술 결과 6개월 시한부 여생의 절반은 재택치료로 들어갔다. 신혼의 내자가 병구완을 해야 하니 집에서 기르던 개도 데려왔다가 환자가 있는 집에 그것도 불편해 처이모 집에 보냈다. 두 집은 옛날 전찻길 4km 상거相距의, 큰길에서 들어간 골목집들이었다. 복수가 차고 기력이 쇠잔해가던 장모님이 "밖에 개가 왔다."고 하셨다. 보낸 지 두 달된 우리 개가 혼자서 돌아온 것이다. 당일로 돌려보내고 이틀 만에 장모님은 눈을 감으셨다.

지금은 번화가가 된 y동에서 22년을 살았었다. 나는 개를 사서 기른 적이 없었고 돈 받고 팔아본 일도 없다. 시내 집 치고는 승용차를 들여놓을 만큼 마당이 넓었던 y동 집에, 내자의 친구가 이사를 간다며 데려다 준 개가 꼬리가 없고 삽살이만한 누렁이 암캐였다. 낯선 이가 들어올 때에는 짓기만 하나 나갈 때에는 무는 버릇이 있어, 광견병의 유무를 확인시키느라 수의과병원에 며칠 입원도 시켰던 그 개가 큰사윗감이 우리 집에 처음 왔을 때에는 짓지도 않아, 두 아이 엄마가 된 우리 막내가 지금도 그때 얘기를 하곤 한다.

그 누렁이 다음에 기른 것이 세파트를 닮았으나 몸집은 중개 크기의 개였다. 줄을 매지 않고 데리고 나가도 내가 탄 자전거에서 1m 이상은 떨어지지 않고 따라오는 놈이었다. 내자가 세탁소에 가느라 마을 안길 네거리를 지나는데 그놈이 따라오다 지나가는 택시 바퀴에 치어서 죽었다.

y동 집을 갑자기 비워주게 되어 기르던 개 두 마리는 아는 이더러 데려가라 하고 지금 거처하는 집을 고치고 짓고 하는 동안, y동 집에서 1km 떨어져 있는 큰딸네 아파트에서 한 달을 지냈다. 세파트 형 중개 크기의 두 마리는, 짐을 옮기느라 아파트를 오갈 때마다 따라 다니더니 엘리베이터로 올라온 8층을 어떻게 알았는지 놈들은 계단으로 올라와 문 앞에 앉아 있었다. 우리는 아예 지금의 거처로 옮겨오고 y동 집을 영업집으로 개수改修하는 동안 주위에서 맴도는 놈들을 보고 이웃은 우리를 나무라더라고 들었다.

지금도 세 마리 개를 먹이고 있다. 집 뒤 비탈진 대밭을 낀 200여 평 울안 넓은 시골집, 뒤는 비탈 대밭이고 앞에는 집들이다. 30m 가로길이 마당 양쪽은 대로 성긴 울타리를 두르고 출입문도 대로 엮은 사립에 밤에는 닫기만 하고 잠금장치도 없다. 동쪽 끝 사립문 앞에 한 마리, 서쪽 끝에 한 마리, 뒤쪽 비탈 아래 한 마리를 매어 두었다. 20여 년 남 주었던 집을 헐어 짓고 고칠 때 일하던 이가 처가에서 기르는 개가 낳은 새끼라며 진돗개 암캉아지 한 마리를 갖다 주어 기른 지 9년이 되었다. 덩치 좋고 사나워서 수문장 노릇을 맡겼다.

y동 집에 세들어 영업을 하는 아주머니의 2남 1녀 딸이 팔등신의 미모에 손재주 좋은 헤어 디자이너여서 좋아하는 총각이 선물로 가져왔는데, 영업집에서 기르기가 어렵다며 주어서 데려온 녀석이 서쪽 끝에 매어둔 차우차우 암컷이다. 청 황제 곁에 있었다는 귀골이어서인지 데려올 때부터 승용차 뒷자석이 제자리인 줄 알고 있다. 사자 풍의 외모와 갈기에 혓바닥이 암청색이다. 데려온 지 7년째, 순종을 기대하다 처녀로 늙히고 있다.

북녘 비탈 아래 매어 둔 놈이 진돗개 새끼 수컷이다. 동 · 서에 매어둔 두 녀석은 덩치 맞춰 의젓하다. 내가 가까이 가도 뛰어오르지도 않고 꼬리를 몇 번 흔들다 마는데, 뒤에 있는 수컷은 아직 어린 티를 못 벗어서인지 앞발을 사람에게 걸치고 혀로 손발 얼굴까지 맨살을 핥으려 든다. 이놈은 2008년 2월 7일생이다. 영감 할멈 둘만 사는 집에, 내자가 막내딸이 있던 시카고에 석 달을 가 있는 동안 나는 곰국과 김장김치로 끼니를 때우고 있었다. 먹다 남은 생선조림이나 돼지고기 두루치기 해서 먹은 냄비에 사료를 넣어 비벼서 주면 녀석들은 아주 잘 먹는다. 혼자 있는 동안 그런 것이 있을 리 없다. 모임에라도 가면 우리 집 바깥식구 주련다며 남은 찬들을 싸 달래서 섞어 먹이지만, 할멈 없는 석 달 동안 녀석들도 찬 없는 밥 먹기는 마찬가지였다. 그 와중의 소한 다음 날 새벽에 진돗개가 여섯 마리 새끼를 낳았다. 낳아도 처치 곤란에다 나는 그것들의 주기도 알지 못하는지라 9년 동안에 세 배째였다. 두 배째까지는 알뜰히 길러냈으나 이번에는 새끼들을 품지 않고 자꾸만 밀어내더니 네 마리가 죽고 두 마리만 살아남았다. 암수 한 쌍이던 것을 잘 생긴 암컷은 녀석들의 애비 주인이 가져가고 남은 수컷이 그렇게 까불어대는 놈이다.

몇 해 전, 동구여행의 말미에 뮌헨에서 1박을 했었다. 도착 직후 여장을 풀고 들른 광장에는 개를 데리고 산책하는 이들이 더러 있었다. 집에서 기르는 개를 하루에 한 번 산책을 시키지 않으면 이웃이 고발을 한다. 현지 거주 한국인 가이드의 설명이었다. 차우차우가 나를 보며 유난히 짖을 때가 있다. 간혹 데리고 나갔을 때 갈아매는 줄을 둔 곳으로 접근할 때이다. 가까이에 농로가 있고 강둑도 있는데 데리고 나가지를 못한다. 덩치 큰 녀석들 셋을 한꺼번에 동행할 수도 없거니와 그럴 시간과 마음의 여유가 없어서이다.

녀석들은 낮에는 물론, 밤새 내내 집을 지켜주고 내가 나갔다 돌아오면 짖거나 꼬리를 흔들며 반긴다. 그러는 녀석들을 믿고 집을 낮에는 비우는 날이 더 많고, 하룻밤쯤 비우는 일도 가끔은 있다. 녀석들은 그렇게 나를 위해 헌신하고, 어떤 위기에서는 해평의 의구義狗처럼 목숨을 바칠지도 모르는데, 나는 기껏 모임자리 끝에 남는 찬이나 싸 달래서 먹이는 것밖에는 해주는 것이 없다.

우리 집 바깥식구들, 먹여 거두어주는 우리 가족에게는 복종과 헌신이 있을 뿐인 저 두 녀석도 저들의 생애로는 장년으로 접어드는 세월을 함께 살아 왔다. 아침에는 새소리에 잠이 깨고 가을밤에는 풀벌레소리 들으며 잠이 드는 이 읍 마을, 울안 넓은 시골집에서 저들은 우리의 믿음을 배반하는 일이 없었다. 줄에 매여, 한 번 마음껏 내달려 본 일 없어도, 우리를 대하는 그 착하고 순해 보이는 눈동자를 보면 괜히 고맙고 미안하다. 그래서 나는 집을 드나들 때 꼬리치는 녀석들을 가끔 가끔 쓰다듬어 준다.

'비실이 부부'와 '순악질'

極과 極은 그렇게도 멀었고
極과 極은 그렇게도 가까웠다.
言語의 paradox를 하나의 眞理로서
체험할 수 있다는 것을 나는 결코
불행으로 생각지 않는다.

회오리바람이 몇 번이고 뜨거운 정열을 몰아 / 그를 껴안을 기회를 갖다 주었어도 나는 끝내 그의 행복을 빼앗지 않았다. / 그의 행복이란 모든 것에 가난한 내 앞을 떠나는 것이었다.

최후의 마당에 선 나는 / 뒤끓는 심장의 고동을 땅 위에 꽂았다. 파랗게 질린 내 입술은 잠자리 날개처럼 떨렸으나 / 다음의 한 마디는 뼈아프게도 똑똑했다. / 나는 당신을 사랑치 않습니다.

1950년대 중반 서울에서의 고교 시절, 한방에서 지내던 S대생 P형이 들려준 추강秋江 김용호의 詩 〈paradox(逆說)〉이다.

그 몇 해 후의 심한 내 가슴앓이로 하여 상흔인 양 마음에 새겨져버린 詩이기는 하나, 50년도 더 지난날의 기억 속 詩가 새삼스레 생각나게 한 것은 '비실이 부부'와 '순악질'이라는 명칭들 때문이었다.

"백두대간 종주 · 비실이 부부" 백두대간 종주 길에서 번번이 만난 노랑 천 리본이다. 백두대간은 백두산에서 지리산까지 뻗어 내린 우리 땅의 중심 산맥이다. 현재 종주가 가능한 남한 쪽 백두대간은 지리산 천왕봉에서 진부령까지의 684km이다. 민박이나 비박을 해가며 마루금을 내내 걸어 두 달 전후를 소요해 단걸음에 종주를 마치는 이도 간혹 없지는 않으나, 대개 무박 1일 아니면 2~3일 걷고 내려오는 구간별 종주들을 한다. 그럴 경우 지리산 덕유산 소백산 설악산 등 큰 산들처럼 주능선까지의 먼 오르내림 길을 보태면 전체 보행거리는 1,500km에 이를 수도 있다.

조선일보사 발행, 월간 ≪山≫의 별책부록 ≪실전 백두대간 종주 산행≫에서는 주능선까지의 오르내림 거리가 최대로 짧은 곳을 마디로 삼기 위해 자동차가 지나다니는 큰 고갯마루를 중심으로 1~3일이 소요되는 29개 대구간과, 이를 또 쪼개어 비박을 전제로 하는 55개의 소구간으로도 나누고 있다.

백두대간의 마루금들은 대개가 1,000m 전후의 높이에다 깊은 산 속들이어서 한 번 올랐다 하면 죽으나 사나 그 다음의 마디까지 걸어야 하는 산길이다. 걷다가 산에서 비박을 하자면 텐트 침낭 버너 코펠 식량 연료 물 등 짐 무게가 무거워져 걸음이 느려진다. 그래서 대부분의 종주 팀들은 한 번 나서면 하루에 한 대구간

씩을 무박 당일, 혹은 민박을 하거나 대피소를 이용해가며 2 · 3일 걷고 내려온다. 대간의 마루금에서 내려오지 않고 쉬어 갈 수 있는 대피소는 지리산과 덕유산 설악산뿐이다.

백두대간 주능선 도상 거리 684km를 29개 대구간으로 평균해서 끊어도 한 구간이 23km여서 실지 대구간 하나의 거리는 15km~30km 전후이다. 대구간 별 마디에 해당하는 큰 고갯마루에 이르러도 대로의 bus 정류장이나 민박집까지의 거리가 또 5km 이상 더 걸어야 하는 곳이 허다하다. 짧은 구간일 경우 하루 10시간 이내로 가뿐히 걸어내지만 안내 책자에서도 2, 3일을 잡는, 30km가 넘는 대구간을 하루에 걸어내자면 새벽부터 밤까지 15시간 이상 걸어야 하는 곳도 한두 구간이 아니다.

끊임없는 오르내림과 줄을 타고 곡예를 부려야 하는 벼랑도 있고, 기어가듯이 조심해서 지나야 하는 벼랑 위 바윗길도 있다. 카페트를 밟는 것 이상으로 폭신한, 부엽토 깔린 평지길이 있는가 하면 너덜도 있고 돌길도 있다. 비도 맞고 눈에도 빠지고 몸을 가누기 힘들 만큼 거센 바람이 불기도 한다. 그것이 백두대간 종주길이다.

그 대간을 종주하는 '비실이 부부'는 중년의 고개를 넘고 있거나 초로에 접어든 나이일 것이다. 며칠씩 집을 떠나 대간을 탄다면 일상이 바쁘거나 입시 준비생 자녀가 있는 젊은 부부는 아닐 것이다. 먼 산을 다닐 만큼의 경제적인 여유, 일상의 번잡에서 벗어날 수 있는 시간적인 여유, 그리고 젊은 날을 슬기롭게 살아오며 지켜낸 마음의 평온과 체력으로 부부는 1,000m 높이, 심산의 마루금을 걸으며 오솔길 나뭇가지에 리본을 달았다.

그들은 결코 '비실이 부부'가 아니었다. 올해 5월 하순부터 11월 초순까지, 일흔 나이의 내가 두 산행 친구와 함께 문경 새재 앞마디 이화령에서 대관령 다음 마디 진고개까지의 대간길을 함께 걸으며 노랑 리본으로 만난 '당찬 부부'요 '억척 부부'였다.

'순악질'은 유난히 덥고 가물고 긴 여름이 지나도, 더위와 가뭄이 계속되던 10월 하순의 셋째 주말, 막 빗방울이 듣기 시작하는 오후 3시, 부산역 앞 큰길 가 인도에서 주운 최신형 삼성 손전화기로 만났다. 내 cyon 전화기도 처음에는 그 기능들을 익혔으나 이내 잊어버려 걸고 받는 것밖에는 모르는 내가 처음 보는 신형 전화기의 조작은 더더욱 어려웠다. 주말이라 집에 들른 애들에게 주인을 찾아 보랬더니 '순악질'이 처음 나오는 이름이라 했다. 조폭 물건을 주운 것은 아닌가? 하는 언짢은 생각이 들었으나 두 아이의 어멈이자 세상 물정에 밝은 편인 막내는 전화기 주인의 부인일 것이라고 했다.

통화의 상대방은 중년 여인이었다. 양반이 지금 기차로 올라오고 있을 텐데 전화가 불통이더라며 보내주면 고맙겠다고 했다. 일요일도 저문 시간이었다. 월요일 오전의 통화 상대는 맑지 않은 음성의 걸걸한 어투였다. "어제 나도 한 대를 주워 주인 찾아주고 왔는데 통장 번호를 알려 달라."는 것을, 그럴 필요 없다며 그가 일러준 서울 남대문로 x가로 '착불 · 지급'으로 우송해 주었다. 우체국의 포장 box값은 소액이었으나 내 돈으로 지불했다. 통화 중에 저쪽에서 요구하는 내 전화번호는 알려주었으나 막무가내로 우겨도 거절했던 내 주소도 우송자 란에 정확하게 적었었다. "잘 받았다."거나 "고맙다."는 전화 한 통 없었다. 무소식이니 받기는 받은 모양이었다.

저녁 무렵과 아침의 이틀에 걸친 내외 두 사람과의 짧은 통화였지만 짐작건대 '순악질'의 남편은 자영업을 하는, 단순한 성격의 중년일 것 같았다. 손전화기에 들어 있던 통화 대상에 일본과 중국도 있었던 것을 보면 국제적으로도 거래가 있는 규모여서 여행길이 잦은 것으로 보였다.

그날도, 평생 해로를 서약하는 젊은 쌍들에게 건강관리, 인간관계 관리, 돈 관리, 두 사람 사이의 情 관리를 잘 해야 한다고 당부하고 나온 길이었다. 서로가 신뢰하고 존중하는 마음으로 서로를 이해하고 받들며 금슬 좋은 부부로 살아야 한다고. 금슬 좋은 부부를 바라보는 것처럼 아름다운 모습이 없고, 금슬 좋은 부부로 살아가는 부부생활 이상으로 더 큰 행복도 없으며 금슬 좋은 부부라야 큰 인물을 낳아 기를 수 있다고.

하지만, 그렇게 살아가는 부부가 얼마나 되랴. "부부의 금슬이 너무 좋으면 神이 질투를 한다."고. 먼저 가버린 아내 운과의 행복했던 생활을 담담히 회고한 ≪부생육기≫에서 저자(남편) 심복은 말하고 있다. 대부분의 부부는 오랜 세월 함께 살면서 고운 정도 들고, 미운 정도 들어서 애증愛憎을 함께 하며 사는 것은 아닐까. 그러면서 젊음이 가고 황혼녘이 되면 애틋한 정으로 서로를 감싸며 살다 가는 것이 부부의 情이 아닐까 싶다. 백두대간 종주같이 천왕봉에 올랐으면 진부령까지 지쳐도, 주저앉고 싶어도 함께 걷기나 하면 그것도 성공한 부부생활이 아닐까 싶은 요즈음의 세태이기는 하지만.

'순악질'로 자신의 손전화기에 입력해 놓은 아내의 호칭은, 한치 옆길도 허락하지 않는 엄처의 감시망에서 벗어나지 못하는, 불혹 후반 혹은 지천명 초반 남편의 안달과 원망에서 그렇게 지었을 것이다. 그러면서도 한편으로는 사업장과 가정을 잘 지키고 꾸려주는 야무진 아내, 그 엄처시하에서 모든 것이 잘 돌아가고 있어 안정되고 행복한 중년 남편이 아내에의 정에 겨워 지은 역설적 애칭일 것이다.

(2006. 11)

사부곡思婦曲

바람소리 물소리 새소리, 있는 듯 없는 듯한 그 소리들조차 들리지 않는 정적, 그것들이 깊은 산골의 숨소리이다. 울창한 숲속 길, 비탈의 키 낮은 산죽 밭 사잇길, 기어서 오르내려야하는 바위벼랑 잡목지대의 가시덤불길, 야생화 피고 지는 풀밭 길들, 그곳에 계절 따라 연초록 새순이 돋고 꽃이 피고 초록으로 우거지고 단풍으로 물들었던 앙상한 가지에 또 눈꽃이 피어나는 깊은 산골 오솔길에는 굳이 시정市井의 훤소喧騷나 소음騷音을 동반해야 할 까닭이 없다. 그런 길은 혼자이거나 이심전심의 한두 친구와 함께이면 족하다.

그저 한 마리 작은 산짐승으로 일체의 사념에서 벗어나 물아일체物我一體 무아無我의 상태 되어 걷기만 하면 된다. 그것이 깊은 산골 오솔길 찾아 걷는 이유이다.

그러기에 평일 한낮의 깊은 산골 오솔길은 만나는 이 없어 좋으면서도 얼굴 없이 만나지는 이 있어 반가운 때가 있다. 지도와

나침반 랜턴과 식수는 산행하는 이의 필수 휴대품이긴 하나 인적 없고 표지 없는 깊은 산골 오솔길, 그것도 갈래진 갈림길 앞에서는 반갑기 그지없는 이들이다.

호랑이는 죽어서 가죽을 남기고 사람은 죽어서 이름을 남긴다지만, 명승지 바위에 새겨놓은 이름이나 산골 사찰의 지붕에 덮일 기왓장 안쪽 면에까지 제 이름 석자 쓰고야 그 값 시주함에 넣는 것이 사람들의 심리이다. 초기에 산행길을 개척하며 매단 이들은 다음 사람들에게 이정표가 되게 매달았을 것이고, 산악회 명칭의 리본은 뒤따르는 대원들에게 이 길로 곧장 따라오라는 표지로 매달았을 것이나 한 사람 혹은 여럿의 이름으로 매달아 놓은 것은 나 또는 우리도 이 길을 지났다는 현시顯示용일 것이다. 등산 인구가 폭발적으로 불어난 근래에는 미관을 해친다며 국립공원 일원에서는 그것들을 수거해 없애고 있으나 깊은 산골 외진 길을 처음 걷는 이들에게 그것들은 고맙고 반가운 존재들이다.

퇴직 후에야 제대로 찾아다니는 산길 곳곳에서 그렇게 이름으로만 자주 만난 이들이 있다. "홀대모"는 '홀로 대간을 타는 사람들의 모임'의 준말이라고 그것을 매달고 있던 젊은이에게서 들었다. 처음 한 사람이 "홀대모"란 명칭 아래에 자신의 이름과 전화번호, ID를 인쇄한 리본을 달았다. 그것을 본 동류同類의 대간꾼들이 따라 달기 시작했고, 온라인으로 정보를 교환하면서 가끔씩 모임도 가진다고 했다.

"백두대간 종주 : 비실이 부부"는 대간 종주길 내내 만났는데, 경북의 비슬지맥에서도 만나졌다. 위의 말은 달라지고 비실이 부부 다음에는 한 줄이 덧붙여져 있었다. 향리鄕里 인근이어서였을 것이나 그로써 비로소 그 부부의 정체를 가늠해 볼 수 있는 한 줄이었다. 비슬산 인근 광역시 거주, 본인들이 잠시 자리를 비워도 운영에 지장이 없는 안정적인 사업체의 소유주, 따라서 시간과 경제력 체력에 여유가 있는 중년 후반이거나 초로에 접어든, 다복하고 금슬 좋은 부부일 것이라고 짐작되었다.

이름을 "준 · 희"라고 밝힌, 짙은 초콜릿색 바탕의 비닐 리본은 대간과 정맥 지맥에서까지 깊은 산이면 어디서나 만난 이름이었다. 6월 하순, 장마철이어서 가까운 산을 오르느라 김해 무척산 동서東西 종주를 나섰다. 구포역 앞 정류장에서 상동행 버스를 탔을 때 중노中老의 한 산꾼이 앞자리에 앉아 있었다. 한 시간을 달려 같은 정류장에서 내려, 같은 방향으로 길을 걸어 등산로로 접어들었다. 소나무 그늘에서 웃옷을 벗어 배낭에 넣고 스틱을 꺼내어 길이를 조종하면서 통성명을 하고 인사를 나누었다. 동행이 되어 한 시간여를 오른 곳에 이르자 그는 주위 지형을 살피더니 배낭을 내려, 바탕을 하얗게 칠한 위에 까맣게 292.5m라고 쓴 조그만 팻말을 지나가면서도 잘 보일 나뭇가지에 매달았다. 1:25,000 지도에 그 높이가 표기되어 있는 지점이었다. 거기에서 30여 분을 더 오른 곳에서 또 385m 팻말을 달았다. 역시 지도에 나와 있는 지점이었다. 10년 전에 1대간 9정맥 종주를 마쳤다고 했다. 그동안 무리해서인지 이젠 무릎 관절이 좋지 않아 오늘은 이 산길(무척지맥)에 준비해 온 몇 개 표지나 달아두고 가려고 나선 길이라고 했다.

한 사람, 내 산행동료도 별은 못 달고 예편한 공수부대 출신이었다. 현역에서나 예편 후에나 산을 누비며 살아온 분이었다. 처음 만난 중노中老의 산꾼이 두 번째 팻말을 꺼낼 때 짙은 초콜릿색 비닐 리본 하나가 딸려 나왔다. "준 · 희" 리본이었다. 산길을 누비며 살아 온 두 사람. 한 사람은 산길 열어가며 살았고, 또 한 사람은 그런 의식 없이, 없는 길 헤쳐가며 전국의 산야를 누비며 살아왔다. 사진을 남기려고 카메라를 꺼내다 전화기가 없어진 것을 알았다. 버스로 환승하기 전 전철에서의 통화 후 배낭의 주머니 지퍼를 채우지 않아 흘렸거나 조끼를 벗어 배낭에 넣을 때 흘렸거나 둘 중 하나였다. 리본 하나를 얻으며 전화할 테니 자리 한번 같이하기로 약속하고 둘은 온 길을 되짚어 내려왔으나 전화기는 찾지 못했다.

워낙, 깊은 산 오솔길 가는 곳마다에서 만나는 "준 · 희" 리본이다 보니 가끔은 산에서 길을 잃은 이들로부터 걸려오는 전화를 받기도 한다는데, 그럴 땐 방바닥 가득 지도가 펼쳐진다고 했다.

우리 집에서 멀지 않은 곳의 한 사찰에 ○○스님이 백두대간 종주 길의 눈 쌓인 덕유산에서, 백련암으로 내려가려는데 어디로 가야 하느냐는 전화를 받은 일이 있다기에, 내자의 사찰 인도 겸 찾아가 만났다. 하안거 동안거의 끝자락 말미 짬짬이 7년 걸려 백두대간을 완주했다는, 가냘프나 당찬 비구니 스님이었다. 대간을 탈 때 한 구간을 걷고 포장도로로 내려서서 지나가는 자동차를 향해 손을 들어도 세워주지 않아 "에이 ○○도道 인심도 더럽다." 고 욕을 하면 다음 차는 세워 주더라며 욕발이 기돗발보다 잘 듣더라는 농담도 하면서 "준 · 희"로만 알지 본명은 모르고 있었다.

새로 장만한 전화기로 통화해 저녁자리에 앉았다. 내가 소[丁丑] 내 산행동료가 용[庚辰] 그가 말[壬午]이었다. 16년 전 상처 후 홀로였다. 낙동정맥을 부인과 함께 탔을 때는 가시덤불을 헤치며 없는 길을 만들어 놓은 것이나 다름없었다고 했다. 부산의 K신문 근교산 산행안내 기사도 담당기자가 그와의 동행 취재로 써온 것이었다. 그 기자들이 부장을 거쳐 논설위원이 되고, 그래서 담당기자는 숱하게 바뀌었었다고 했다. 근래에는 남한 땅 100개 지맥들을 찾아 표지판과 리본을 달며 다닌다고 했다. 그날처럼 늘 혼자서…. 산길은 무념무상의 상태에서 걷는다. 리본은 그저 시그널로나 받아들일 뿐 거기 적힌 내용은 건성으로 보아 넘긴다. 그러나 그 주인을 만나 사연을 듣고 다시 본 내용은 가슴이 저려왔다.

(부산)

그대와 가고 싶은 山
그리움은 솟아나고…
그리움·보고 싶은 마음!

011-878-4050
준·희

"홀대모"에서는 젊음의 의욕과 패기가 느껴졌다. "비실이 부부"에서는 그들이 스스로 붙인 명칭과는 달리 억척스러움과 당참이 느껴졌으나 "준·희"에서는 사연을 들은 후 중노中老에 접어든, 덩치 좋은 산사나이의 외로움과, 그의 가슴 밑바닥에 저려져 있는 부인에의 그리움이 내 가슴도 아리게 했다.

"호매도 날히언 마라난 낫 가티 들 리도 업스니이다.
아바님도 어이어신 마라난 어마님 가티 괴시 리 업세라.
아소 님하 어마님 가티 괴시 리 업세라.
위 두어령셩 두어령셩 다롱디리."

고려가요 ≪사모곡思母曲≫이다. 사모곡의 작자에게는 아바님이라도 계셨다. "준 · 희" 리본의 구절은 사모곡보다 애절한 사부곡思婦曲이었다.

인연 깊은 한 스님이 세월도 어지간히 흘렀고, 레디 퍼스트(Lady first)인데 이제 "희 · 준"으로 바꿀 때가 되지 않았느냐고 하더라는 말에, 남의 이름을 거꾸로 쓰더니 이젠 아예 그대로 쓸 작정이냐고 농담을 했지만… 그 말을 듣는 내 마음은 저려왔다.

(2009. 7)

자국

뺨에 난 손자국 눈물 자국, 종아리에 난 매 자국은 이내 없어질 자국들이다. 낳아서 아문 상처 자국은 쉬 없어지지 않을 흉터가 된다. 거울이나 유리창에 나 있는 손자국은 투명도를 흐려 놓는 흠이다.

순우리말 '자국'이나 '자취'에 해당하는 한자말은 '흔적痕迹' 이다. '흉터 흔痕'과 '자취 적迹'의 모임 말이니 좋지 않은 일에 더 많이 쓰이는 어휘임을 알 수 있다.

그러나 꿈보다 해몽이듯이, 유치원 원아들이 점토에 제 손바닥을 찍어 가마에서 구워낸 그것은 그들이 주름진 노인이 된 이후에까지의 긴 세월을 두고 얼마나 값진 유년기의 추억거리가 되랴? PIFF(부산국제영화제)에 참여하는 세계적 유명 영화인들의 손바닥을 점토에 찍어 구워놓는 작업도 그 행사의 권위와 역사를 쌓아가려는 노력의 일환일 것이다.

밤사이 마룻바닥에 나 있는 도둑이나 자객의 발자국은 섬뜩하고, 태어나자 찍어 놓는 아기 발자국은 미소를 짓게 한다.

꽃샘추위가 눈보라를 날리던 2007년 3월 7일 늦은 오후, 백두대간의 문경 땅 장성봉(915.3m)을 오르던 산길에 토끼 발자국 두 개씩이 나란히 정상 아래까지 이어져 있었다. 그 작은 발자국을 따라 오르는 동안에는 8시간 강행군의 피로도 잊은 채 동화 속을 걷는 듯, 마음엔 잔잔한 미소가 피어올랐다. 인가 근처 시멘트 바닥에서 고양이나 강아지 발자국이 난 채 굳어진 것을 보는 일이 있다. 산 속 시멘트 포장의 임도에서도 눌려서 굳어진 새 발자국을 보는 일이 있다. 그것들은 입가에 미소를 짓게 하는, 작은 것들의 발자국들이다.

밀려오는 물결이 지나온 발자국을 이내 지우곤 하는 바닷가 모래톱을 거닐어 보았는가? 그렇게 생각하게 하는 발자국이 있고 미소짓게 하는 발자국이 있는가 하면 섬뜩한 발자국도 있다.

그 발자국도 한자말 "족적足跡"이 되면 스케일이 크고 엄숙해져 쓰임새가 달라진다. 나라의 발전에 큰 족적을 남긴 지도자를 국민들은 마음속에 큰바위 얼굴로 새긴다.

삶이라는 긴 여로에서 이제 노을을 바라보며 사는 나이에 이르렀다. 지나온 세월에 내가 남긴 자국들은 어떤 것이었을까? 남은 날들에라도 내 무심한 언행이 다른 이의 가슴에 흠 자국 내는 일 없이, 산길 눈 위에 나 있던 토끼 발자국 같은 자국이라도 낼 수 있으면 좋겠다.

(2009. 3)

나그네길에서 세상살이 이야기를 듣다

백두대간을 하루에 10시간 전후, 20~30km를 걸으면 대개 대간의 마디라 할 고갯길에 이른다. 이왕 나선 김에 사나흘을 걷고 오려면 민박을 하게 되고 그 민박집까지의 거리가 고갯마루에서 10km를 넘게 가야하는 곳들도 더러 있다.

지친 걸음으로 통행 차량도 드문 한적한 산골이나 들판길을 걷다가 지나가는 차량이 있으면 손을 들고, 세워주면 편승의 혜택을 입기도 한다. 먼 산 산행은 그래서 無錢이나 다름없는 여행을 겸하게도 되고 여러 부류의 사람들을 만나, 동승의 짧은 시간에나마 그들의 세상살이 이야기를 듣는 묘미도 있다. 후줄근히 땀에 젖은 지친 행색의 중늙은이(?) 등산객 셋을 태워주는 운전자는 자신도 산을 좋아하거나 남의 어려움을 그냥 지나치지 못하는 마음씨 고운 이, 또는 세상 풍상을 겪으며 사는 이들이다.

지난 해 늦가을, 다솔사에서 이명산 정상에 올랐다가 반대편의 하동-진주 간 국도의 황토재에서 우리를 태워준 승용차 운전자는 지리산 청학동 콘도에서 세미나를 마치고 나오던 길의, 한우韓牛 전공 박사님이었다. 그분은 지금도 우리 셋을 '아름다운 중년'이라며 그때 이후 자신이 올랐던 산 이야기를 곁들여 가끔 E-mail을 보내오곤 한다.

지난 해 한여름 7월에 백두대간 길 저수령에서 10시간을 걸어 죽령에서 내려서, 그 하염없이 내려가는 아스팔트길을 터벅거리며 내려갈 때 지프를 세워 태워준 이는, 뒷좌석에 세 살배기 딸아이를 곁에 앉힌 부인과 동승한 젊은 부부였다. 땀내 나고 자리 넓게 차지하는 우리 때문에 아이 엄마가 불편하게 구석자리로 밀려앉아 가면서도 귀갓길의 우리를 안동역까지 태워다 주고 갔다.

올해 3월 초순, 해동기에 들어 본격적인 대간 산행 차 김천과 무주의 경계 부황령에서 걷기 시작한 새벽길에는 눈발이 날렸다. 9시간을 걸어 영동, 김천 경계의 우두령에서 내려섰다. 영동쪽 민박 마을까지는 12km, 차량 통행 없는 한적한 길에 어쩌다 지나가는 승용차는 물론, 가까운 마을 차인 듯한 트럭들도 그냥들 지나가는데, 절반이나 걸었을 때 소형차 마티스가 곁에 서며 타라고 했다.

우리가 걸어 지나온 길 옆 골짜기에 별장 택지 조성 작업을 하다 귀가하는 포클레인 기사의 현장-대전 간 출퇴근 차량이었다. 제대 직후 서울에서 구한 취직자리는 출근에만 1시간이 소요되는 도회생활이 싫어, 시골에서 일하기로 했다는 39세 노랑 머리칼 J씨, 중장비 면허 24종 중 18종을 가졌다는 그는 젊은 날 주유천하하며 산들을 누볐다고 했다. 이튿날 새벽에도 우리를 숙박지에서 우두령까지 태워다 주고 자신의 일터로 되돌아 내려갔다. 포클레인 손수 운전의 매임 없는 밥벌이로 마음 편히 자기 삶을 누리고 있었다.

그날 밤의 숙박지는 영동군 ㅅ면의 소재지, 유난히 많은 식육식당이 즐비해 있는 시골 거리였으나 숙박 시설은 여인숙 한 곳뿐이었다. 끼니는 새벽밥을 지어 주겠다는 식당에서 해결했다. 토박이가 아니라는 중년의 안주인에게 거리에 식육식당이 많은 연유와 외지인으로 들어와 어려움이 없었느냐는 물음에 답으로 들은 이야기다.

KTX 노선 중 10km가 넘는 가장 긴 터널이 가까이에 있다. 6년 넘게 이어진 공사 기간 중 공사판 사람들이 술 마시는 옆자리에 마을 젊은이들도 술을 마시다가 시비가 붙고 싸움판이 벌어지곤 했다. 맞은 공사판 사람들이 누워서 일어나지 않으니 법적 대응이 따랐고, 마을 사람들에게는 2천만 원 3천만 원의 배상 판결이 떨어졌다. 그런 일 이후 마을 사람들이 외래인들에게 그렇게 친절할 수가 없어지더라고 했다. 물한계곡 들머리 마을이기도 해서 외래인이 많이 붐비는 마을, 그 마을 사람들이 비싼 수업료로 체질을 개선한 셈이었다. 새벽밥 먹으며 빈 도시락에 점심밥을 담아 달라고 부탁한 것을 깜박 잊고 그냥 떠났다. 달리는 마티스 노랑머리 J기사에게 전화가 오고, 전날의 편승 지점에서 기다렸다가 그녀 역시 마티스로 달려와 건네주는 도시락을 받아 우리는 다시 길을 떠났다.

충북 영동, 전북 무주, 경북 김천의 세 도道가 만나는 1,172m 삼도봉을 비롯해서 서로 높이를 다투는 석기봉 민주지산 각호산 등 명산들을 찾아 가는 들머리가 물한계곡이고, 물한계곡 들머리 마을이 ㅅ면 소재지이다. 대간 종주 마치는 대로 그 명산들을 오를 겸 다시 한번 그 마을에 들를 예정이다.

4월 초순 집을 떠나 연이은 대간 산행 나흘째, 오전 산행으로 마치고 귀가하기 위해 우두령에서 5시간을 걸어 괘방령에서 내려섰다. 땀에 젖은 옷을 갈아입자 운 좋게도 이내 차량 편승을 할 수 있었다. 목장들을 돌며 원유原乳를 수집해 가는 탱크로리 대형 차량이었다.

두 자녀가 아직은 어린 42세 가장은 시골에 노부모님도 계신데, 기제사는 자신이 모셔도 명절날 절사는 이 일 시작한 이후 모시지 못했다고 했다.

4월 들어 두 번째 산행, 추풍령에서 시작해 사흘 째, 신의터재에서 내려서 귀로의 상주행에는 벌통 400개를 돌보고 온다는 40대 후반 장년의 트럭에 편승했다. 본격적인 양봉업자의 주소득원은 화분花粉이나 로얄제리이고 꿀은 저급의 수입원이라 했다. 사나흘 연이은 산행을 하느라 대간에서 내려와 하룻밤씩 묵고 떠나는 민박집들도 저마다의 인상으로 기억에 남는다. 지리산 천왕봉에서 백두산 천지까지 1,400km 백두대간의 남한 쪽 거리는 진부령까지 684km이다. 그것은 대개 동서東西로 두 도道의 경계를 이루고 있다. 문경과 단양의 경계에 있는 차갓재에는 백두대간 중간 지점이라는 비석이 서 있다. 낮은 등성이 하나를 더 넘으면 작은 차갓재이고, 그곳에서 대간을 벗어나 한 시간을 내려가면 안생달마을이 있다. 해발 600m, 세 가구가 모여 있는 그곳에서 하룻밤을 묵은 것은 지난 해 초여름이었다.

해거름에 민박집 주인이 닭장을 손보는 사이에 개가 닭 한 마리를 물어 죽였다. 우리 셋 중 술을 좋아하는 친구가 주인에게 닭의 처리를 물었더니 그냥 잡수시라고 하더란다. 고와 달래서 주인집 세 식구와 함께 먹었다. 이튿날 새벽 계산 때 부부는 노모에게 미루고, 노모는 3만 원만 내라고 했다.

전국에서도 손꼽는 유명 계곡, 그 일대에서는 한 곳뿐인 산장, 연유 있어 그 고장 119차량을 타고 어둠 속에 도착한 산장의 주인은 119 두 대원과 인사를 나누며 음료수 캔 두 개를 따서 그들에게 건네더니 그 값이 이튿날 우리 계산서에 올라 있었다. 국책회사 산골 사업소에 근무하며 싹수 안 보여 20년 전에 그 일대의 토지를 매입하고, 길 내고 전기 끌어들여 집 지어 개업한 지 12년이 되었다. 돈도 벌었고 지금 처분해도 12억은 받는다며 자신도 이제 유람도 다니고 여생을 즐겨야겠다고 자랑인데 새벽밥 숟가락을 놓아도 허기가 가시지 않은 느낌이었다.

3월 초 새벽길에 눈발이 날리던 부황령을 오르기 전날 밤은 나제통문이 가까운 한 가든에서 묵었다. 초등학교 5학년 3학년의 참한 남매를 둔 여주인은 ㄱ도의 ㅇ군 공무원 출신이었다. 동직에서 만났던 남편은 ㅇ군 인근의 ㄷ시에 근무하며 재혼해 새 가정을 꾸몄는데 자신은 오히려 헤어진 남편의 고향땅에서 시아버지를 3년 모시다가 장례 치르고, 가든 영업으로 남매를 기르고 있었다. 저녁과 새벽 밥상에는 고봉의 밥그릇에 또 수북이 담은 밥그릇 하나를 더 얹어 내놓았다.

4월 11일은 쾌청한 날씨에 산에는 진달래가 활짝 피어 있었다. 추풍령에서 10시간을 걸어 화룡재에서 내려섰으나 민박집까지는 또 12km, 전화로 예약해 둔 집과 우리 ㅇ대장과의 통화에 곁에서도 들리는 저쪽의 음성이 활기차고 경쾌했다. 예상 외로 빨리 달려온 차에서 내리는 주인의 인상은 보이스카웃 모범생이었다. 180cm 95kg 순박한 표정의 42세 장년은 산악관리인의 유니폼에 스카프, 창 넓은 모자로 보이스카웃 모범생의 모습 그대로였다.

황희 정승이 은퇴 후 하사받아 서원을 짓고 후진을 양성하며 지냈던, 황간이 가까운 상주 땅 백화산 아래 천 평 포도밭 가 길을 접한 곳에 방 넷 깨끗한 민박집을 짓고, 집 앞 뜰에는 의자를 둘러

앉힌 탁자도 놓고 숯불구이용 화덕들도 설치했다. 어둠이 내리자 멋쟁이 외등들에 전등이 켜졌다. 그가 또 차를 달려 사 온 삼겹살로 소주파티를 즐긴 끝에 방에서 저녁을 들었다. 2대째 같은 터에서 살고 있는 황씨 성의 그는 40마지기 벼농사도 짓는다고 했다.

933m 포성봉과 주행봉 등 높은 봉우리를 안고 있는 백화산맥은 골이 깊다. 한여름 큰 비 갑자기 쏟아지면 두세 명 익사자가 생기곤 하는 그 골짜기에 맨 처음 달려가는 이는 으레 덩치 크고 힘 좋은 그였다. 그러는 그를 상주시에서는 백화산 관리요원으로 위촉하여, 공로에 표창장도 수여하고 봄가을 농번기 한 달 반씩을 제외한 아홉 달은 월 120만 원의 보수도 준다고 했다.

다섯 살 연상의 부인과는 산에서 만났다고 했다. 대전에서 나고 자라 학교 마치고 부산 해운대에서 15년을 산 도시풍의 날렵한 부인은 십자수 놓은 풍경화 커다란 액자를 내실 벽에 걸어 두고, 그 아래 바닥에는 또 십자수를 놓는 중인 수틀이 앉으면 바늘을 꿸 수 있는 형태로 놓여 있었다. 열 살 아들은 아버지를 닮았고 여덟 살 딸은 어머니를 닮았다. 저녁 밥상에는 도회에선 먹어보지 못한 귀한 산나물을 올렸더니 새벽 밥상에는 국물이 시원했다.

"아! 이거 근대국 아주 시원하네요." "올갱이도 들었어요." 대장이 거들었다. "누가 잡았어요?" "제가요." 부인의 답이었다.

서울의 백화점으로 바로 납품한다는 일미一味의 포도 고장, 천 평 포도밭과 마흔 마지기 벼농사에 민박과 주방 일까지 고용인도 보이지 않는 넓은 울안이 깨끗하기 이를 데 없었다. 밤에는 오늘 빨아 말린 이불이라며 건네주었다. 나는 새벽길 떠나며 배웅나온 부인에게 "세상에서 가장 행복해 보이는 여인"이라 말하고 손 흔들며 주인의 지프에 올랐다.

5부

산바람이 들다

산이 좋아서

평일 등산을 다니는 산악회에 들어 주 1회 山을 오른다. 재직 중에 다녀보지 못한 명산 순례를 뒤늦게 하고 있는 셈이다. 대개는 당일 등산이지만 무박 2일의 먼 산에도 가끔씩은 간다. 산을 오르내리는 걸음으로만 1만 오천에서 3만 보 사이, 4시간에서 7~8시간을 걸어내는 산행이다. 남한에서 1,915m인 지리산 천황봉, 1,708m의 설악산 대청봉과 1,614m의 덕유산 향적봉이 아니면 대개가 해발 1천m 안팎의 그만그만한 봉우리들을 오르는 등산이다.

버스 한 대의 운행이니 인원이 적을 때는 20여 명, 많을 때는 40여 명이 함께 가는 산행이다. 남녀 혼성, 나이는 40대에서 60대까지, 예외인가 싶게 70대가 동행이 되는 때도 있으나 그런 분일수록 더 잘 걷는다. 60대의 나이가 저물어가는 나도 산을 오를 때 일행의 중간 위치에서 걷곤 하지만, 동행의 1~2년 후배들 이야기가 자신의 동기들 중에 지리산을 종주할 수 있는 이는 4~5명

정도에 불과하다니 이만한 체력의 유지가 고마울 따름이다.

山은 언제 가도 어릴 적 아버지 품같이 듬직해서 좋다. 큰 산에 올랐다 돌아왔을 때일수록 그 느낌이 뿌듯하고 대견한 것은 그래서일 것이다. 젊은 날의 등산은 호연지기를 갖게 하지만 늙어 가는 나이에 산을 오르는 것은 건강 확인이요, 오랜 세상살이에서 절은 마음의 먼지들을 씻어내면서 그 먼지 둘러써가며 살았던 날들을 되돌아보는 일이기도 하다.

새순이 돋고, 꽃이 피고, 녹음이 우거지고, 뙤약볕이 따갑거나 폭우가 쏟아지고, 혹은 실비가 내리거나 운무가 앞을 가리고, 단풍이 들고 낙엽이 깔리고, 눈보라가 몰아치는 산 속 오솔길들, 절벽도 있고, 가파른 자갈길도 있고, 부엽토 쌓인 평지 길도 있다. 내가 걸어온 삶의 계절, 삶의 오솔길은 그 가운데의 어느 것이었을까.

높은 산도 봉우리에만 올랐다 오려면 하루에 다녀올 수도 있으나 2박 3일은 잡아야하는 종주길도 있다. 종주하는 산행일수록 오르막과 내리막이 반복되고 목이 마르고 나중에는 팔목의 시계도 풀어서 내버리고 싶을 만큼 지쳐버린다. 그리하여 정상에 올랐을 때의 느낌은 다 올라왔다는 성취감보다는 걷는다는 고역에서의 해방감이다.

그러나 산은 내려올 때 조심해야 한다. 미끄러져 넘어지거나 엉덩방아를 찧어 다치는 일도 내림길에서이고 계단을 터벅터벅 걸어 내리다 무릎의 연골을 상하는 일도 내림길에서이다. 얼마 지나지 않은 세월의 어느 시점에, 한 전직 대통령이 임기가 끝나가는 당시의 현직 대통령을 두고 "山도 오를 때보다 내려갈 때 더 조심해야 한다."고 말한 것이 신문에 보도된 일이 있다. 유일하게 등산을 자주 다닌 전직 대통령이었다.

유산遊山 아닌 등산登山을 하고자 산을 찾는 이 누구나 맑은 마음일 테지만 노경의 등산객일수록 속사俗事의 욕망과는 거리가 멀다. 탐심 없어 맑은 눈에 자연은 더 아름답고 청정한 마음 바탕의 상념에는 티끌이 없다.

지난 달 10월 10일에 다녀온 설악산은 절경이었다. 밤새 버스를 달려 새벽 5시에 오색에서 오르기 시작해 햇살 눈부신 아침 8시 30분에 대청봉에 섰다. 날씨 따라 유난히 청명한 오전, 대청봉에서 망경대 암릉을 타고 내려왔다. 내려오며 바라본 좌우의 경관은 절경, 아니 선경이었다. 왼쪽은 공룡능 아래의 천길 낭떠러지 절벽, 천불동 계곡을 이루는 그 깎아지른 바위절벽의 군데군데에 물들어 있는 단풍잎들, 바른편은 화채능선 아래로 펼쳐져 있는 단풍의 바다, 굽진 길 돌며 바라본 먼 아래쪽, 관음상들 같기도 하고 둘러놓은 병풍 같기도 한 기암 괴석들을 바라보며, 일행 중 금강산을 다녀온 한 사람은 금강산보다 승한 절경이라며 감탄의 소리를 멈추지 않았다.

그 3주 전 조령산 정상에 올라 바라본 감회는 착잡했다. "이 천혜의 요새를 두고 충주의 남한강 탄금대 에서 배수의 진을 치다니. 나라가 기울고 백성이 도탄에 빠지려면 그런 인물이 나랏일의 중책을 맡기도 하는구나!"라는 탄식이 절로 나왔다.

사전 답사 없이 지도상으로 등산코스를 정하고 나침반으로 등산로를 찾아가는 산행이다. 이름 있는 산들을 찾아 오르니 주위 일대에서는 가장 높은 봉우리에 오르게 된다. 정상에 서면 높고 낮은 능선들이 겹겹이 멀리까지 펼쳐져 있다. 국토의 70%가 산악임을 실감하는 순간이다.

그러고는 한복과 짚신 차림에 붓통과 두루마리 한지를 담은 봇짐을 메고, 산길을 걷고 봉우리에 올라 주위를 살피기도 하고 먼 곳을 바라보다 종이를 펼치고 그 위에 붓으로 지도를 그려 넣고 있는 한 사람의 선비가 떠오른다. 그 혜안의 선비 한 사람, 그가 품은 가슴속의 깊은 뜻을 헤아려 수용하지 못한 왕조의 협량이 안타까움으로 변한다.

히말라야 8천m급 14개 봉우리를 모두 정복한 산악인 엄홍길은 일생의 목표였던 그것을 성취한 순간 기쁨보다는 허탈감에 빠져, 이제 더 이상 살아있을 의미가 사라져버린 느낌이었다고 한다. 정상에 서서 얻는 것은 결국 공허감뿐인데, 왜 그들은 그 희박한 공기 속으로 고통스럽게 오르는 것인가? 기자가 묻는다.

"당신의 성취는 수년에 걸쳐 동료 8명이 죽을 만한 가치가 있는가?" 침묵 끝에 "그들이 죽지 않았다면 내가 죽었을지도 모르고, 중간에 포기했을지도 모른다. 14좌 완등은 내 개인의 목표와 욕심이기도 했지만 그들의 목표이자 뜻이라고도 생각했다. 그렇게 내 자신을 질책하고 다잡았다." "왜 그렇게 산에 집착하는가?" "운명일지 모른다. 나는 안주하는 삶을 살 수가 없다. 따뜻하고 행복하게 지내는 것 같아서 찬 얼음 속에 갇혀 숨진 동료들에게도 미안한 생각이 든다. 아마 이러한 業이 쌓여 山을 떠나지 못할 것이다. 막상 숨을 헐떡거리며 山에 오르면 빨리 내려가서 쉬고 싶은 생각밖에 없다. 하지만 山을 내려오면 금방 山을 다시 그리워한다."

꿈을 이룬 한 산악인의 회견기를 읽다보니 엉뚱하게 정치판이 떠오른다. 그것은 마지막 최고봉을 오르기까지, 목표 달성의 순간까지가 너무 닮았기 때문일 것이다. 그러나 하늘 가까이 갔던 사람과, 철저히 땅바닥에서만 노닐었던 사람의 차이에서인가. 목표 달성 이후의 행적이 너무 다른 데에서 느껴지는 환멸감 때문이기도 할 것이다. 정치판의 최고봉에 오른 순간에도 공허감이랄까, 허탈감 같은 것이 느껴지기는 할 것이다. 그것을 계기로 마음을 비우고 5년간 초심으로 돌아가 능선길을 걷다 내려오면, 민초들의 우러름도 받고 역사에도 좋은 이름으로 남을 것이거늘…. 그러나 고작 1천m 안팎의 봉우리들이나 찾아 오르는 등산객이 어찌 하늘 아래 제일 높은 봉우리를 오르는 사람들 이야기를 하랴?

82세 156㎝ 45㎏의 단구에 20㎏이 넘는 배낭을 지고, 산에서 텐트를 치고 자며 열엿새 걸려 일본의 북알프스 산맥을 주파(2002년)한 J옹은 그것이 14번째 해외 원정이었다.

퇴직 후 62세에 등산을 시작, 일본 북알프스의 주능선에서 古稀 자축연을 했고, 홋카이도의 大雪山을 喜壽紀念으로 답파했다. 늙으면 젊은이들이 꺼리고 또래들은 山行의 보조가 맞지 않아 언제나 혼자였다는 J옹은 죽을 고비도 여러 번 있었으나, 그럼에도 그 정도 높이의 山에 올라야 올랐다는 느낌이 들고, 시도할 때마다 긴장하지만 막상 덤벼들지 못할 것이 없다는 자신감이 생긴다 했다. 오래 사는 것은 좋은 일이나 사는 동안에 건강하면 더욱 좋은 일 아니냐는 것이 그의 山行辨이다.

'68년부터 참선을 시작한 퇴직교수 B옹은 95년 76세의 나이에 셀파 1명만 데리고 히말라야 산맥의 메라피크봉(6,654m)에 도전, 이 산을 정복한 최고령자로 기네스북에도 올랐다. 그는 80세 고령자가 킬리만자로를 등반해 기네스북에 실린 것을 보고 기록을 깨기 위해 도전, 2001년 82세의 나이에 참선 제자 6명을 데리고 아프리카 최고봉 킬리만자로(5,895m)에 올랐다.

세상살이의 취향과 능력은 천차 만별이다. 3년 전, 퇴직 직후 혼자 쏘다닌 근교 천성산에서 "○○○회갑기념 종주"라고 인쇄해, 나뭇가지에 매달아둔 리본을 보며 다닌 적이 있었다. 백두대간을 하루 걸이 거리로 나누면 60회가 된다고 들었다. 산악회의 산행으로 그 중의 몇 구간은 걷기도 했지만, 독도법을 익혀 아예 처음부터 시작해 끝내리라 생각하고 있다. 아마 그 산행길의 어느 능선에서 古稀를 自祝하는 술 한 잔을 들 것이고, 喜壽紀念으로는 녹음 우거진 두류산과 백설 흩날리는 덕유산을 종주할 작정이다.

(2003. 11)

산바람이 들다

아침 7시 뉴스에서는 18호 태풍 '송다'가 오키나와 근해에서 북상 중, 내일(7일) 동해안 통과 예정, 동해안과 영동지방에 200㎜ 이상의 호우가 예상되니 대비에 소홀함이 없도록 하라는 보도를 하고 있었다.

산악회의 예정된 산행은 우천 불고하고 도래기재에서 산길로 접어들어 한 시간여를 오른 오후 1시경, 빗방울이 듣기 시작했으나 산행에는 지장 없는 가랑비가 오다 그치다를 반복했다. 산악회의 산행 일정은 도래기재에서 구룡산(1345.7m)을 올랐다가 곰넘이재로 하산, 귀로에 오르기로 되어 있었으나 C씨와 나는 계속 걸어 태백산을 넘어 화방재로 내려서는 백두대간 제19대구간을 종주키로 한 터여서 1박 예정의 배낭이 무거웠다. 90㎏ 체중에 식사량이 적은 C씨의 걸음도 그날따라 더 더뎠다. 두 번째 건너게 되어 있는 임도에서 점심을 먹는데 선두그룹의 송신이 C씨의 무전기에 수신되고 있었다.

"선두, 구룡산 정상 도착(2시 25분). 햇살 눈부시고 정상 아래 펼쳐진 운해 장관"이라고.

밥을 먹는 우리 머리 위에는 검은 구름이 낮게 드리워 있다. 두 사람이 구룡산 정상에 오른 것은 4시 10분, 남녘 하늘엔 하얀 구름이 운해로 펼쳐져 있고 멀리 대간의 옥돌봉이 섬으로 떠 있었다. 산길엔 지나간 이들이 달아둔 리본들이 길 안내자가 된다. 대부분의 리본에는 첫머리에 '백두대간 종주'라 쓰고 산악회의 명칭이나 직장명, 산악팀, 혹은 일행의 이름들이 열거되어 있다. 간혹 두서너 명의 이름 다음에 가족, 혹은 두 사람 이름에 부부라고 쓴 것도 있고 한 사람 이름뿐인 것도 있었다. 그런 것일수록 읽고 나서 무엇인가를 생각게 하는 것이 가끔 있다.

백두대간 제4차 종주/ 9정맥 3기맥 종주/ ○○○ ○○○부부가

46세 이모부와/ ○산 중학교 3학년 ○○○/ 백두대간 종주/ 2001년 10월

3년이나 지났고 비닐 아닌 천이어서 리본 끝 올이 빠져나가고 하얀색이 우중충하게 퇴색되어 있었다.

백두대간 단독종주/ 김○○/ 011-○○○-○○○○/ 2004. 8. 30

북 찢은 하얀 천에 매직으로 써서 매단 것을 한 구간에서 4~5회 보았다.

백두대간 종주/ 사오정과 그 예비자가/ 2003년 10월 12일

노란색 찢은 천에 사인펜으로 써서 매단 리본이었다. 그것을 읽자 고려가요 〈동동〉의 한 절이 떠올랐다.

어디라 더디던 돌코
누리라 마치던 돌코
믜리도 괴리도 업시
마ᄌᆞ셔 우니노라
얄리 얄리 얄ᄅᆞ셩
얄ᄅᆞ리 얄ᄅᆞ

여자 백두대간 팀/ 여섯 명의 이름 열거

여섯 명의 아가씨들. 어떤 아가씨들일까. 억셈? 강인? 발랄? 왜 자꾸 재잘거리는 참새 떼가 떠오르지?

예정보다 늦어져 1,300m 신선봉 정상에서 자기로 했다. 정상 발치에 '處士○州 S氏 ○○之墓'라는 오석의 비석이 서 있는 무덤 한 기基가 있었다.

누구에게도 몸을 허락하지 않은 깨끗한 여인이 처녀處女이듯이, 임금에게 자기의 뜻을 허락하지 않은 선비가 처사處士요, 선비들의 공론公論의 과정을 거쳐 인정을 받아야 '處士'의 호칭을 쓸 수 있었다. 그곳에 조상의 음택자리를 잡는 후손들의 발원發願은 정승판서 벼슬이었을까, 만석꾼이었을까?

잠자리 잡을 때 시작한 비가 이튿날 하산 때까지 촉촉이 내렸다. 비 내리는 태백산 산행은 산을 전세내어 걷는 느낌이었다. 하늘은, 그러나 그런 호사豪奢에, 능선을 걸으며 웅장하게 뻗어 내린 태산준령의 산세들을 조망하는 덤까지는 주지 않았다. 시계視界 50m, 운무雲霧 속을 내내 걸어야 했다. 오후 2시 반경 31번 국도가 지나는 화방재에 내려섰다.

화방재에서 피재까지가 백두대간 제20대 구간이다. 내려섰던 곳에서의 출발이라 열흘이 지난 16일 밤 기차를 타고 태백시로 혼자서 갔다. 17일 아침 6시 50분 산행을 시작하여 마치고 보니 하루 거리로 가능한 것을 1박 장비를 준비한 바람에 짐이 무거워 비단봉에서 내려선 고랭지 배추밭 가의 작업용 비닐하우스에서 침낭을 펴고 잤다. 잠들 무렵(9시)부터 시작한 비가 또 이튿날 하산 때까지 내렸고 운무 속을 혼자 걸었다. 맑은 날은 홀가분하게 자신의 페이스대로 걸을 수 있어서 좋았고, 역시 혼자 나선 산꾼 만나면 이야기가 통해 좋았다.

수리산부터 함백산 금대봉 비단봉 매봉산으로 이어지고 양강(한강 낙동강) 발원지와 삼강(한강, 낙동강, 오십천) 분수령이 있고, 매봉산을 일궈 펼쳐진 광활한 고랭지 채소단지가 있는 구간을 혼자 걸으며 살펴본 리본들은 평범한 것들뿐, 앞 구간에서 보았던 그 특이한 것들은 없었다.

내가 대간을 걸으며 리본을 단다면 어떤 내용으로 만들까? 산행이 그냥 좋아서 산길을 걷는다. 이제 산은 연인처럼 그리운 존재요, 산을 걷노라면 걷는 것 이외에는 아무 생각도 없는 무념무상이 된다. 산길을 오랜 시간 걸을수록 몸도 마음도 가뿐하고 잠도 잘 잔다.

아버지는 해방 직후 시속時俗의 산바람이랄까가 들어 산길이 잦으시더니 내 초등학교 5학년 때의 어느 날, 몇 명의 형사가 급습해 아버지를 연행해 간 그 새벽, 가족 모두 잠에서 깨어 소동이 벌어진 때에도 잠에서 깨지 않았던 내가, 스무 살 고개를 넘고 일마다 꼬이면서 생긴 불면의 버릇이, 산길 걷는 시간이 길어질수록 숙면이 되는 것은 그 죗값인지도 모를 일이다.

그길로 아버지의 소식은 영영 끊어져 버렸으니, 어린 7남매를 홀로 기르시던 어머니는 얼마나 막막하셨을까? 그 어머니와 중학생 아들이 한겨울 어느 날 J시의 근교 산으로 나무하러 간 일이 있었다. 중년의 여인네와 어린 중학생이 무슨 큰 나뭇짐을 만들 수 있었으랴? 솔방울을 줍고 말라버린, 작은 나무의 그루터기를 발로 밟아 넘어뜨려 그것들을 마대에 담아 이고 지고 돌아왔다. 산에서 어머니와 먹던 싸늘하게 식은 점심도시락, 칼날같이 차가운 한겨울의 솔바람 소리. 그 어머님께 효도도 못했다.

아버지가 걸으셨던 산길. 나는 마르크스를 읽지 않았다. 그의 이론이 아무리 훌륭하고 완벽하다 해도 한 가지 오류는 있었다. 그런 체제일수록 구성원 모두가 하나같이 최선을 다할 때 성공할 수 있는 체제라는 것. 그것을 마르크스는 간과했다. 지금 저쪽의 체제는 그것마저 상관없이 굶주리는 백성 위에 세습왕조로 군림하고 있다.

당시의 시대상황에서 아버지의 선택을 탓할 생각은 없다. 당신의 깨어 있던 의식이 결과적으로 자신의 생애를 단축시켰고 가족을 고생길로 몰아갔던 것이다.

소수의 부유층을 제외하고는 우리 모두가 그랬다. 새벽종 울리며 "우리도 한 번 잘살아 보세."라고 외치던 함성, 그 의지 그 노력 그리고 오늘의 성취와 기반. 망국亡國과 내전內戰과 기아飢餓, 그 고달프고 허기진 세월을 살아본 일 없는 오늘의 젊은 세대들은 이만한 성취를 물려받아 분배의 정의를 성장보다 앞세워 외치고 있다. 가난은 질병 중에 가장 몹쓸 질병, 기아飢餓는 곰보다 무섭다. 경험은 그래서 가장 값이 비싼 학교이다.

같은 시대를 산다는 것은 그 시대의 역사에 공동책임이 있다는 것, 거기에서 회피할 생각은 없다. 그러나 이제 현역에서 물러난 여분의 세월을 살고 있다. 29개 대구간으로 나뉘는 백두대간 $\frac{1}{3}$을 걸었다. 한 구간은 혼자서 걷기도 했다. 나머지 구간들도 걸어낼 것이다. 그리고 언제까지 몇 번이나 되걸을 수 있을진 몰라도 그 길을 걷다가 잠들 때까지 걸어갈 참이다.

(2004. 10)

산 넘고 고개 넘어

모진 추위는 지나도 3월 초순 날씨는 변덕이 심했다. 3월 5일 영주행 무궁화호 열차가 달리는 동안 차창 밖에는 눈발이 날렸으나 점촌역을 나섰을 때에는 눈이 그쳐 있었다. 문경 새재 제 1관문 지역 민박집에서 자고, 6일 아침 7시에 이화령에서 대간을 타기 시작해 충북 괴산 희양산 자락 성터에 도착한 것이 오후 5시 20분이었다. 3년 전 12월 하순의 한겨울에 걸은 적이 있는 구간이었으나 지금의 3인방 중 한 사람이 걷지 않아, 사흘 일정의 첫 구간으로 다시 걸었다. 그때는 성터에서 1시간 거리로 내려선 은티마을에 민박집이 없어, 하늘 가득 쏟아져 내릴 듯한 별들을 보며 개들이 짖어대는 마을길을 지나갔는데, 그 사이 날아갈 듯 번듯한 한옥으로 지은 민박집이 생겨 1박을 했다.

7일 아침에는 어제 대간에서 내려선 성터까지 가서, 대간과 접해는 있으나 대간길은 아닌 희양산에 올랐다가 지름티재로 내려서서 다시 대간길로 접어들었다. 성터까지 되돌아가 대간길로 들어서면 안전은 하나 너무 두르는 셈이어서 희양산 너럭바위 조금 아래쪽의 깎아지른 듯한 골짜기를 타고 내려가기로 했다. 굵은 로프 다섯 개가 아래로 줄지어 매달려 있었으나 절벽 바위는 얼음으로 덮였고, 젖은 로프도 얼어있는데다 끝은 바닥 얼음에 붙어 있었다. 그 다섯 개 로프를 차례로 잡아가며 내려선 곳에는 하나만 더 있었으면 싶은, 10m 거리의 붙잡을 것 하나 없는 비탈이 남아 있었다. K와 Y 두 산행 동료는 각기 다른 길로 가까스로 무사히 내려갔으나 나 또한 다른 길로 조심스레 내려가다가 그만 한쪽 발이 미끄러지면서 아래로 굴렀다. 배낭이 방패막이가 되어 상처는 없었으나, 내가 굴러내리는 그 짧은 순간 두 사람은 눈을 감았었다고 했다. 우리가 내려서서 걸으려는 가로[橫] 산행길 가키 낮은 나무들에 걸려 멈춰져 다행이었다.

지름티재를 지나 은티재에서 점심을 먹고 일어선 것이 오후 3시. 가는 도중에 희양산처럼 대간길에서 접어들면 1시간 못 걸려 올랐다 갈 수 있는 명승 악휘봉도 그냥 지나쳤다. 그날의 산행 계획은 성터에서 버리미기재까지 도상(圖上) 산행 시간 7시간에 희양산 악휘산을 올랐다 가는 3시간을 합해 10시간 예정이었으나 희양산을 올랐다가 골짜기로 내려오는 데에 시간을 많이 써버렸었다. 악휘봉으로 접어드는 갈림길을 지난 대간길에는 그제 내린 하얀 눈 위에 길따라 지나간 작은 토끼 발자국과, 조금 큰 노루(?) 발자국들도 있어 어느 동화 속의 세계를 걷는 듯한 감흥을 맛보며 걸었다.

일흔 앞뒤 나이의 세 사람이긴 하나, 조선일보사 발행 ≪실전 백두대간 종주≫ 에 나와 있는 산행 시간보다 늦은 걸음들은 아니었다. 어둠이 산하를 감싸는 8시에 장성봉(915.3m)에 도착했다. 버리기미재까지는 1시간 10분으로 지도에 나와 있다. 재에 내려서면 예약해 둔 민박집에서 차량이 나와 주기로 약속되어 있었다. 정상 표지석을 배경으로 한 컷씩 기념 촬영을 하는, 다른 산봉우리에서와는 달리 그냥 산을 내려타기 시작했다.

점점 시야가 짧아져가는, 어둠 깔리는 산길을 한참 내려오다 보니 안부에 다다랐고 갈림길이 나타났다. 우리가 가려는 좌측 방향의 길에는 산꾼들의 진입 금지 표시인, 나뭇가지가 가로놓여 있었다. 뒤돌아 반대 방향의 길로 접어들어 가다 보니 "긴급구조요청 6" 표지 팻말이 서 있고 7~8번 팻말은 나타나는데 오르막의 계속인데다 방향이 아니었다. 그러는 동안에 날은 아주 깜깜해졌고 눈도 내리고 있었다. 뒤돌아와 원점에서 다시 진입금지표시의 나뭇가지를 넘어 나아가 보았으나 있던 길마저 눈에 덮여버렸고, 그 길의 방향도 오르막으로 이어져 있었다. 겨울 등산복에 헤드랜턴, 등산지도, 나침반 모두 갖추었으나 별 무소용이었다.

수통의 물도 얼어버려 마실 수가 없었다. 체격도 좋고 힘도 좋으나 술을 즐기는 K가 먼저 체력의 한계를 보이기 시작했다.

그제야 구조요청 팻말에 적혀 있는 전화번호를 눌러 우리가 처한 상황과 위치를 알려주고 우리가 가야할 방향을 알려달라고 했다. 10시였다. 상대가 걸 때마다 바뀌는 몇 번째의 통화 끝에 비로소 상황실이라며 전화를 받는 나이 든 목소리를 만났다. 우리의 정확한 위치를 묻고는, 눈이 내리고 바람이 세니 바람을 막을 수 있는 가까운 곳에서 체온을 보존하며 기다려라, 출동하겠다며 전화를 끊은 시간이 11시였다. 불감청이나 고소원인 출동을 하겠다니 더 이상 고마울 수가 없었다.

장성봉 산길에 익숙한 40대의, 아랫마을 의용소방대원 한 분과 젊은 119대원 두 명이 광도 높은 서치라이트를 비추며 올라와 만났다. 12시 10분이었다. 의용소방대원이 건네주는 페트병의 녹차는 생명수였고, 빵까지 먹은 K는 살 것 같다고 했다. 눈 덮여 흔적 없는 산길을 정확하게 밟으며 앞서가는 40대의 장년을 뒤따라 눈에 빠지고 미끄러지며 재에 도착한 시간이 2시. 구조대가 타고와 대기 중인 차량 두 대에는 서너 명의 대기 대원이 있었다. 3시에야 도착한 가은읍의 불을 밝힌 한 식당에는 국수물이 끓고 있었다. 10여 명 그 고장 의용소방대원 전원이 기다리고 있었다. 세상에는 그렇게 고마운 분들도 있었다.

우리가 방향을 잃고 헤매었던 지점은 가끔씩 조난을 당하는 곳이어서 문경시가 제작비를 부담하고 문경 소방서 가은읍 소방지서가 인력을 동원하여, 장성봉의 두 방향 길에 언티재－장성봉. 장성봉－버리미기재 라고 표기한 2개와 우리가 방향을 몰라 헤매었던 안부의 세 갈래 길에 장성봉－버리미기재 라고 표기한 하나를 포함해서 애기암봉 모두 세 개의 이정표를 세웠다고 했다. 스테인리스 사각 기둥을 세우고 그 상단 양쪽에 같은 재질의 스테인리스 판에 방향 표시를 해서 끼우고 너트로 고정시켜 둔 것을 누군가가 빼버려 기둥만 덩그러니 서 있는 것을 우리도 확인하며 내려왔다. 그 표지판만 있었던들 우리는 순조롭게 그날의 산행을 마쳤을 것이고 119대원들과 마을의 청·장년 의용소방대원들께 폐를 끼치지 않아도 좋았을 것이다. 거기에다 우리가 가려던 방향의 길에 가로놓였던 진입 금지 표시의 나무등걸은 또 무슨 까닭에서였을까? 결국 그 길로 내려왔는데….

그 전날 새벽 우리를 이화령까지 태워다 준, 문경 새재 1관문 지역의 민박집 주인은 자신도 산을 좋아해 짬나면 나서지만 험한 곳에 매달아 둔 로프를 점검하며 다닌다고 했다.

밀재까지 사흘 예정으로 나섰던 대간 산행을 이틀로 중단하고 8일에 귀가했다. 내려와서 감사 인사도 드릴 겸해서 우리를 도와준 한 분과의 통화로 속리산 국립공원 관리사무소의 소행이라는 것을 알았다. 악휘산에서 밀재까지가 자연보호구역으로 지정돼 출입통제 구역이어서, 그 사실을 관보에 게재하고 인터넷에 올린 후 그 표지판들을 제거했다는 것이었다.

하도 어이없어 나도 전화를 걸어, 조난당했던 사람임을 밝히고 산에 가는 사람이 관보 보고 인터넷 찾아보고 가는가? 그날 우리가 가는 산길에 그런 내용의 경고판을 본 일이 없다고 항의했다.

국토의 7할이 산인 나라이다. 남한 땅에서만 오르기 좋은 500m 이상의 봉우리가 4,400개라고 한다. 주 5일 근무에 건강을 생각하고 웰빙을 즐기려는 등산 인구가 기하급수적으로 늘고 있다. 해외 원정 등산이 아니라면 국내에서 으뜸으로 꼽는 산행은 백두대간 종주일 것이다. 그리고 대간을 종주하는 이들은 자신의 체력과 의지, 그것을 해낸 성취를 자랑으로 여긴다. 백두대간을 종주한 이들이 펴내 놓은 책들, 대간길에 매달린 그 많은 기념 리본들이 그것을 말한다. 그러나 그들 모두 출입 금지 통제선을 넘나든 규정 위반자들이고 50만 원 과태료 부과를 용케 피해 다닌 법규 위반자들이다.

산이 좋아 산 넘고 고개 넘으며 산행하는 대간꾼들도 떳떳하고, 국립공원을 관리하는 이들에게도 도움이 되는, 좋은 방안을 찾는 일은 국립공원 관리공단 측의 몫이다. 위험한 곳을 손질하는 노고를 곁들이면 더욱 좋을 일이다.

(2007. 4)

6월의 산길을 걸으며

6월이 오면 나는 유난히 산의 유혹을 많이 느낀다. 나라 땅 7할의 산지가 윤기로 반짝이는 초록빛 잎새들로 뒤덮인 6월의 산하는 그대로 녹색의 장원이다.

사계절을 두고 주1회 평일 먼 산 산행을 다니기는 하나, 온 산하가 푸른 숨을 쉬고 있는 듯한 이즈음에는 큰 맥을 따라 우람하게 높이 솟은 산을 타고 싶어진다. 해발 1,000m 정도의 능선과 봉우리를 오르내리며 하루에 10시간, 20㎞ 전후를 걸어내는 산행이 힘들면서도 즐거운 것은 윤기로 반짝이는 잎새들의 푸른 숨결과 못 견딜 만큼 뜨겁지 않은 햇살이 머릿속 잡념들을 깨끗이 씻어주기 때문일 것이다.

6월 들어 초순과 중순에 1박을 하며 이틀씩 나흘을 걸었다. 초순 산행은 이화령에서 조령산(1,026m) 마패봉(927m) 부봉(916m)을 지나 하늘재까지였고, 중순 산행은 하늘재에서 포암산(961.8m) 대미산(1,115m)을 지나 저수재까지의 백두대간 길이었다. 그길, 능선 산행로 모두가 충북과 경북의 도계이고 해발 1,000m 전후의 고도이다. 지리산에서 진부령까지 684km 남한 땅 백두대간의 중간 지점인 차갓재도 그 안에 드는 능선길에서 바라보는 시야에는 산이 산으로 이어져 있을 뿐, 평지라고는 한 뼘의 논밭이나 마을도 보이지 않았다.

흔히들 높은 산에 오르면 호연지기浩然之氣를 느낀다는데 그 광경을 바라보는 내 가슴은 답답해지기만 했다. 농경이 생업이었던 시대에 산촌 백성들의 삶이 얼마나 고달팠겠으며, 산물이 풍족지 못했기에 내일 몫까지 마련하려 했던 관리들의 가렴주구는 또 오죽했으랴. 임진왜란 때 북진하는 왜군을 막기 위한 방어진을, 그 험한 산세의 조령을 버리고 탄금대에서 배수의 진을 쳤던 신립에 이르러서는 분노마저 느껴졌다.

대간길을 벗어나 지엽의 산들에 오르면 멀리 산간 마을들도 보일 것이다. 산으로 에워싸인 그런 오지 마을에 살면서 한평생 30리 장길 밖으로는 나가 본 일이 없다는 노인네들이 70년대까지도 꽤 있었다. 그런 사람들이 어찌 세상 돌아가는 물정을 알며 낯선 타인과의 교류가 원만했으랴. 그것이 지금도 우리 농촌 사람들의 텃세 심리로 남아 있을 것이다.

"동산에 올라 노나라가 작은 것을 알았고, 태산에 올라 천하가 작은 것을 깨달았다."는 공자의 경지는 어떤 것이었을까? 고작 1,000m 높이의 봉우리에 올라 먼 산들을 바라보며 가슴 답답해짐을 느끼는 내 심사는 분명 "登東山而小魯 登泰山而小天下"라는 공자의 경지와 언감생심 견주기나 하겠으며, 호연지기浩然之氣와도 거리가 먼 것일 것이다.

눈 덮인 겨울 산, 꽃 피는 봄 산, 단풍 고운 가을 산이 어찌 저마다의 아름다움과 매력이 없으랴만, 푸른 숨을 함께 쉬는 6월 산이 좋아 숲 속의 대간길을 걷다 보니 떠오르는 또 다른 상념 하나가 있다. 우거질 대로 우거져 윤기로 반짝이는 저 울창한 숲, 6월의 국토 산하를 조국 통일(?)이라는 미명 하에 전쟁터의 은폐물로 착안한 자가 있었다. 진격은 탱크를 앞세운 대로大路였으나 인천 상륙으로 인한 패퇴의 길은 이 대간길이었을 것이다. 그것은 잎들이 단풍으로 물드는 가을의 일이었다.

남한 땅 중부 지방에 동북향으로 뻗어 있는 이 대간길이 가을철의 퇴로이지만은 않았을 것이다. 그들 남부군의 활동로가 이 길이었을 것이고, 능선의 오솔길 부근 도처가 그들의 활동 거점이었을 것이다. 대간의 남쪽 끝 지리산에는 이제 도처에 그때의 흔적들을, 푯말을 세워 역사를 반추케 하고 있다.

"햇빛에 바래면 역사가 되고 달빛에 물들면 신화가 된다."는 이병주의 표현대로 이제 그것들은 한 줄 역사 기록으로 남았다. 7할이 산지인 국토 산하, 그 악조건 속에서 언제나 허덕이며 살아온 민초들이 우리도 한 번 잘 살아 보자며 허리띠 졸라매고 땀 흘린 30여 년에 국민 소득이 $80에서 $16,500로 올라 세계 10위의 경제 강국이 되었다. 山이라는 말 자체가 금기시되던 50여 년 전의 일들은 아직도 끝나지 않은 연장선상의 일임에도 아득한 옛 이야기가 되어 있다. 주 5일 근무의 태평성대를 살고 있는 현대인들은 고어텍스 등산복에 울긋불긋 고급 등산장비를 갖추고 주말이면 관광버스를 타고 옮겨 다니며 전국의 산들을 누비고 있다.

나도 연금받아 생활하며 주1회 평일 산행에다 별도로 대간도 타고 있다. 5천 년 역사에 민초로서 가장 복받은 세대라 여기고 있다. 중순 대간 산행 때의 1박지, 작은 차갓재에서 50분 거리의

'안생달' 마을, 해발 600m 세 가구가 사는 그 마을 민박집 주인이 말했다. 밤에는 하늘의 별, 아침에는 나뭇잎과 풀잎에 맺힌 이슬이 햇빛 받아 반짝여 아침별, 그래서 '안생달'은 별이 많은 마을이라고.

장마가 올라오고 있다 한다. 장마 중에라도 2~3일 개는 날 있을 때 다음 구간, 저수재에서 죽령까지 9시간여 거리의 대간길에 또 오르려 한다. 장마 중에 잠시 햇빛 받은 산하는 한결 깨끗하고 별도 많을 것이다.

(2006. 7)

운문산 정상에서

산을 오르는 이들은 높은 산 정상에 오르면 浩然之氣(호연지기)를 느낀다고들 말한다.

浩然之氣란 1) 온 세상에 가득 찬 넓고 큰 원기元氣 2) 공명정대하여 조금도 부끄러움이 없는 데서 나오는 용기 3) 사물에서 해방되어 자유스럽고 유쾌한 마음浩氣 이라고 사전에서는 풀이하고 있다.

내가 백두대간을 타고, 명산의 봉우리들을 찾아올라 浩然之氣를 느낀다면, 그것은 사전 풀이 3)의 뜻에서일 것이다. 그러나 그런 뜻에서의 浩然之氣라면 굳이 정상이나 높은 산의 능선에서 세상을 눈 아래로 내려다보아야만 느끼는 것은 아니다. 세상과 절연된 듯한 심산의 산행로를 걷노라면 마음속에 맴돌던 잡념들이 모두 사라져버린다. 그야말로 무념무상無念無想 무장무애無障無礙의 경지가 된다. 오르막길을 만나 숨이 가빠지거나 걷기 힘든 곳에서는 나 자신의 발걸음을 속으로 100까지 반복해서 헤아리며 걷곤 한다. 처음 100이 차면 엄지를, 두 번째 100에는 식지까지, 마치 전자기기에서의 깜박이는 숫자같이 첫 손가락 혹은 둘째 손가락까지 오므렸다 폈다 하면서 걸음을 헤아리면 1,000보까지는 틀리지 않는다. 가파른 오르막에서는 500걸음 오르고 잠깐 쉬는 식으로 보속步速을 조절한다. 그렇게 깊은 산 산길을 걸어가다 보면 어느새 나 자신도 산 속의 한 그루 나무인가 싶기도 하고, 산에서 뛰노는 한 마리 노루나 산짐승이 아닌가도 싶어지는 것이 내 산행에서의 느낌이고 의미이다. 그러자니 많은 사람이 어울려 걷는 단체 산행은 생리에 맞지 않는다.

조용한 둘셋 정도의 동행이면 족하다. 힘들여 오른 큰산의 정상이나 높은 고도의 능선에서일수록 나는 浩然之氣와 함께 역설적이게도 가슴 답답함을 함께 느낀다. 높은 곳에서일수록 시야가 트이고 조망의 범위가 넓어진다. 그 넓은 조망권에 잡히는 것은 山 山 그저 첩첩한 山뿐, 가까이 내려다보이는 그 깊은 골짜기에 인가人家 하나, 한 뼘 경작지도 없는 초록의 긴 긴 산골짜기를 보고 있노라면, 30년대 출생의 내가 겪은 고달픔과 함께, 토호들에게 시달린 고려조의 민초들과, 양반과 아전들의 등살에 부대꼈을 조선조 민초들의 고달팠던 생활상像이 연상되어서이다.

산이 산으로 이어지고, 그렇게 이어진 산들이 또 겹겹이어서 국토의 7할이 산지인 이 나라에 한강의 기적이라 불리는 산업화의 성공이 없었다면 지금 우리의 생활도 북한의 모습과 다르지 않을 것이다. 곡물 자급율이 29.3%인 이 나라가 곡물을 사들일 외화를 벌어들이지 못해도, 근자에 옥수수가가 35% 콩이 72%나 상승했다는 국제 곡물가가 석유 가격처럼 널뛰기를 시작해도, 오늘의 민초들은 고달파지지 않을 수 없을 것이다.

10월 하순으로 접어드는 청명한 늦가을의 평일, 산행 친구 한 명과 청도 운문산엘 올랐다. 청도와 밀양의 경계를 이루는 운문산은 건너편의 배내골 산들을 포함해 1,000m 높이 전후의 큰 산들이 군웅할거하듯 둘러서 있는 산악지대, 영남 알프스의 가운데 자리에 있다. 좌측 가까이에 가지산(1,240m)이 있고 범봉과 억산(944m)이 구만산으로 이어진다. 우측에는 백운봉(885m) 뒤로 낙동정맥이 드러났다가 건너 쪽의 능동산과 배내봉에 가려버린다. 그렇게 둘러선 산들 뒤로 간월산 신불산 영취산이 보이고, 동쪽 멀리로는 울산의 문수산과 남암산이 보인다. 서쪽 멀리에는 김해 땅의 신어산과, 그 훨씬 뒤쪽으로 무척산도 보인다. 어느 방향 없이 그 먼 산들 뒤에도 너무 멀어서 희미하게 보이는 산의 윤곽들이 하늘을 가리고 있다.

1,188m 운문산 정상에서 내려다보이는 바로 아래, 억산과 범봉, 백운봉과 낙동정맥의 산들. 능동산과 배내봉에 에워싸인 골짜기가 얼음골이라고 불리는 밀양시 산내면 남명리이다. 그러매 밀양 얼음골 역시 큰 산들에 에워싸인 여느 골짜기와 같이, 분지형 골짜기 가운데에는 냇물이 흐르고, 냇가 넓지 않은 평지는 물론 산 아랫자락의 완만한 경사지까지 사과밭으로 일궈져 있다.

밀양 얼음골 사과는 전국에서 알아주는 고급 품종이다. 과심果心 주위의 과육이 꿀 같아서 꿀사과라고도 한다. 늦가을까지 따지 않고 오래 두어 햇살을 많이 쬘수록 꿀이 많아진다는 이야기는 백두대간 종주길의 희양산 아래 은티마을 민박집에서, 자신도 고급 품종 사과 농사를 짓고 있다는 마을 이장에게서 들었다.

산길을 찾아 오르며, 산에서 내려오는 길에 본 사과밭에는 나무들이 일정한 간격으로 줄지어 서 있는데, 밑둥이나 가지들의 굵기로 보아 다 자라지 못한, 아직은 앳된 티가 있는데도 크고 탐스러운 사과들을 가지마다 주렁주렁 많이도 매달고 있었다. 그 많은 열매들로 하여 힘겨워 보이는 여린 가지들을, 또 일정 간격으로 세운 철골 지주支柱들을 연결한 받침 줄로 부축하고 있었다. 늦가을 따가운 햇살을 조금이라도 더 쬐게 하려고 나무들 아래에는 폭 넓고 깨끗한 알루미늄 호일들을 깔아 놓고 있었다.

곁에서 보는 늦가을 사과밭 풍경은 풍요롭고 넉넉했다. 그러나 1,200m 높은 산봉우리에서 내려다본 얼음골 사과밭은 넉넉하지가 못했다. 내 일흔에야 한 달 체류해 본 북미대륙 평원의 한 두락 경지 넓이에 불과해 보였다.

얼음골, 이 후미지고 척박한 골짜기 땅에 맨 먼저 사과나무를 심은 이는 누구였을까? 밀양이 본향인 퇴직 동료가 모임 친구들을 승용차에 태워 본향 땅 구경을 시켜주며 얼음골을 지날 때, 이 골 사람들 살림이 참 어려웠는데 사과농사를 지으면서 부촌이 되었다던 이야기가 생각났다.

국토의 7할이 산지인 나라에 골짜기도 수없이 많을 것이다. 골짜기들마다 그곳 풍토에 적합한 작물을 찾아내어 얼음골의 사과처럼 우량 작물로 출하해 자기 고장을 부촌으로 가꿔내는 이가 있으면 그 사람이야말로 참 성공한 사람이며 값진 삶을 산 사람일 것이다. 무념무상의 산행길에서 모처럼 가져 본 세속의 상념이었다.

(2007. 10)

백두대간 완주 소감

해방 직후, 열 살 무렵에 많이 불렀던 노래가 있었다.

백두산 뻗어 내려 반도 삼천리
무궁화 이 강산에 역사 반만 년
대대로 이어 사는 우리 삼천만
복되도다 그 이름 대한이로세

어린 마음에도 해방된 내 조국, 금수강산 삼천리 역사 반만 년은 우리의 자부였다. 그 시절 인사말은 어른에게는 '진지 잡수셨습니까?' 손아래에게나 같은 또래끼리는 '밥 먹었나?' 였다.

백두산에서 지리산까지 뻗어 내린 우리 국토의 등뼈가 1,400km 백두대간이다. 지금은 휴전선에 막혀, 지리산에서 강원도 고성 땅 진부령까지의 684km가 우리가 걸을 수 있는 남한 땅 백두대간의 거리이다. 지리산 천왕봉에 올라 내려서는 일 없이 진부령까지 계속해서 걸어, 두 달 가까이 걸려 대간을 완주하는 이도 간혹 없지는 않다. 그러자면 대간길에서 비박(bivouac)을 해야 하고, 짐이 많은 데다 중도 보급도 받아야 하는 등 번거로운 일들이 많아진다. 대개는 백두대간 종주 안내 책자에서 정해 놓은 29개 대구간 또는 55개 소구간으로 끊어가며 당일 혹은 1박 2일~2박 3일 등으로 비박이나 민박을 해가며 구간 종주들을 한다.

우리 팀 세 사람도 민박을 해가며 2박 3일씩 구간 종주를 했다. 민박집에서 대간 능선까지의 오르내림길의 거리를 더하면 완주하기까지의 총 거리는 1,000km는 걸었을 것이다. 내 일흔 나이의 6월 초에, 또래의 두 산행 친구와 시작해 이듬해인 올해 11월 1일 진부령 도착으로 종주를 마쳤다. 한여름 한겨울은 피했으니 1년 반이 채 못 걸렸다. 하루에 10시간 전후, 20~30km씩을 걷는 강행군을 했다. 부엽토 깔린 푹신한 숲 속 길도 있었고 어려운 곳, 위험한 구간도 더러 있었다. 하얀 눈길에 토끼와 노루 발자국을 따라 걸을 때는 동화 속 세계였다.

계절 따라 날씨 따라 변하는 산의 정취, 고도 높은 정상에서 바라보는 천하의 조망, 산과 하나되는 물아일체 물심일여의 경지를 느끼지 못하면 산행이란 돈 받고도 못할 고역이 된다. 세속을 멀리 벗어난 심산의 정상과 능선에서 무념무상 물심일여의 느낌으로 그저 걷고 걷고 걷다 보면 걷고 있다는 것이 희열이 된다. 그렇게 걷다 보니 진부령에 이르렀다. 햇볕에 그을리고 안개와 비에 젖고 눈보라도 맞았다. 그렇게 해서 다다른 진부령 커다란 표지 비석 앞에 섰을 때 완주의 성취감보다는 한 가닥 아쉬움이 일었다. 언필칭 '백두대간'인데 왜 진부령에서 그쳐야 하는가?

진부령 목전의 알프스 스키장 못 미친, 낮은 산 능선에 세워 놓은 하얀 바탕 표지 팻말의 여백에 사인펜으로 써 놓은 낙서가 있었다. "백두대간, 다시는 오지 않으리!" 누군가 몹시 힘들었던 모양이다. 우리 세 사람 가운데는 공수부대 고급 장교 출신이 있어 남한 땅 산들은 속속들이 아는 데다 독도법에 통달하고, 교통편 민박 등 사전 대비를 철저히 한 덕분에 그나마 편한 종주를 했던 셈이다.

백두대간은 반도의 등뼈답게 대체로 1,000m 안팎 높이의 산들로 이어져 있고 그것이 두 도道의 경계를 이루고 있다. 대간의 산행로는 그 봉우리와 능선들이어서 시야가 트여 먼 곳까지 조망할 수 있다. 그래서 높은 산에 오르는 이들은 호연지기를 느낀다고들 한다. 그러나 산이 산으로 이어지고 또 그 이어진 산들이 겹겹이어서 시선이 닿는 끝까지 겹겹의 산뿐인 국토 산하를 보고 있노라면 호연지기는커녕 가슴이 답답해져 온다고 할까, 착잡한 심정이 된다.

산이 우람하고 높으면 그 골도 깊고 멀리까지 뻗어 있다. 그 깊고 긴 골들이 초록의 잎새들과 풀들로만 뒤덮여 있다. 경작지가 있는 골들도 가운데에 개울이 있고, 개울가 양쪽 가느다란 평지와 낮은 산자락들이 경지로 개간돼 있다. 높은 봉우리에서 멀리 내려다보이는 그 경지래야 한 뼘인데 한곳에는 인가들이 옹기종기 모여 마을을 이루고 있다. 한 치 땅을 다투고, 내 논에부터 물길 트겠다고 싸우는 농촌 인심에 수긍이 되는 풍경이었다. 경작지도 없는 산등성이에 외딴집을 만날 때도 있다. 주인은 산이 먹여 살려 준다고 했다. 그런 마을이나 산등성이나 정착하겠다며 들어오는 외부인이 반가울 리 없을 것이다. 지금도 생존을 위해서이거나 퇴직 후의 전원생활을 기려서이거나 도회인이 시골 마을에 정착하기 어려운 우리 농촌 마을의 텃세 심리는 그런 연유에서 형성되었을 것이다.

민박을 하며 산행을 하다 보면 고장 따라 주인 따라 인심이 다르고, 그들이 살아가는 세상살이의 속내도 들여다보게 된다. 평지 마을의 민박집 주인들은 인심이 후한 편이다. 고도 600~700m를 넘는 고지대일수록 터 잡고 사는 살림집 민박이건 영업으로 운영하는 산장이건 인심이 각박하다. 쌀독에서 인심 나는 법인데, 심산 고처 외롭게 살면서 마음엔들 손엔들 여유가 없기 때문일 것이다.

국제 유가가 배럴 당 $100 가까이 치솟더니 곡물가도 덩달아 치솟고 있다. 10만 ㎢가 못 되는 넓이에 산지가 70%인 국토에 5,000만 인구가 살고 있다. 우리나라 곡물 자급율은 고작 29.3%인데, 소득 $20,000 시대의 일부 국민들은 비만이 걱정이고 영양 과다 섭취를 경고받고 있다. 반만 년 역사 이래 우리나라가 이렇게 번영을 구가하고 국력이 충만한 적이 없었다. 경제를 비롯해 여러 부문에서 세계 10위권에 진입했고, 국력이 세계로 뻗어가고 있다.

그러나 1년 365일이 항상 쾌청한 것은 아니다. 국제 정세라고 태풍 불고 폭우 쏟아지는 날 없을까? 무역 수지 악화로 곡물을 수입할 외화를 벌어들이지 못하면…? 18년 6개월 재임 기간 중 세계 경제에 막대한 영향력을 미쳤고, 97년 IMF 때에는 우리나라를 돕기도 했던 FRB 전 의장 그린스펀은 퇴임 후의 저서에서 일본의 앞날을 낙관적으로 전망했다. "고령화가 급속히 진행되고 있는 일본은 어떤 경우에도 부유하고, 기술과 금융에서 강력한 힘을 가지고 있는 국가로 남을 것으로 생각한다."

그렇게 앞서가는 일본과 바짝 뒤쫓아 오는 중국 사이에서 우리의 앞날은…? 금강산도 식후경이요, 수염이 석자라도 먹어야 샌님이다. 금수강산 삼천리도 배부를 때의 경관이다. 반만 년 역사는 한 뼘 경지조차 가지지 못했던 민초들에게는 허기질 수밖에 없었던 세월이었다. 17대 대선이 열흘 남았다. 지도자는 당연히, 그리고 국민 누구나 지혜롭게 살지 않으면, 우리는 또 언제 '진지 잡수셨습니까?'라는 인사말을 쓰게 될지 모른다.

나라 땅, 내 나라의 여건이 그러하더라는 생각이 2,500리 산길을 걸은 뒤의 소감으로 안겨 오는 것은 나이 탓에서인가? 다난했던 옛날의 기억 탓에서인가?

(2007. 11)

옛 자취를 찾아 둘러본 여행길

맑은 날엔 부산에서 가물가물 건너다보이는 일본 땅 대마對馬(쓰시마)를 다녀왔다. 지난 10월 말께 2박 3일의 짧은 일정으로 부산지역 금빛평생교육봉사단 동아리인 '금빛 아카데미' 회원들의 마음을 모은 역사 탐방 여행이었다.

109개의 크고 작은 섬으로 이뤄졌으며 총 면적이 709㎢에 인구는 4만 5천 명이다. 규슈(구주九州)에서는 132km, 한반도와는 49.5㎞ 떨어져 한국과 일본의 중간에 위치, 두 나라 무역의 요혜지要惠地였다.

그러나 깎아지른 산세山勢로 인해 경작지는 섬 면적의 3%에 불과해 항상 식량이 부족했다. 따라서 이 사람들은 고려와 조선에 조공을 바치고 미곡을 얻어 가는 것이 관례였으나 섬에 흉년이 들어 식량 사정이 극도로 악화되면 정상적인 무역을 포기하고 도둑으로 돌변하여 한반도의 해안지대를 습격, 식량과 재물을 약탈해 가곤 했다. 규슈 또한 자연환경이 쓰시마와 비슷한 데다 화산이 많아 연안 어업마저 성하지 못해 언제나 쓰시마와 한통속이 돼 이 섬을 한반도와의 무역이나 노략질의 전진기지로 삼았다. 이런 연유로 예부터 쓰시마는 일본 땅이 되어 버린 것이다.

2차대전 종전 전까지 이곳 주민들은 2시간이 소요되는 정기 운항선으로 부산에 가서 장보기와 병원 진료를 받았다는 지근至近거리의 섬이다. 그런 연유로 한반도와는 내왕도 많았고 좋은 일 궂은일의 흔적들도 도처에 흩어져 있다. 그 옛 자취들을 찾아 둘러본 여행길이었다.

남북 91km 동서 15km로 고구마꼴의 쓰시마 최북단에 세워 놓은 '한국 전망대'에서는 맑은 날 부산의 산들이 보인다는데, 그 아래 능선 평지 잔디밭에는 한국인 백여 명 희생자를 추모하는 '朝鮮國譯官吏殉亂之碑(조선국역관리 순란지비)'가 서 있었다. 그 다음 찾은 곳이 '朴堤上公殉國碑(박제상공 순국비)'. 시냇물이 좁은 바다로 흘러드는 어름의 물가 평지 한쪽 순사殉死한 자리에 바위로 서 있었다.

이튿날 오전에 찾아간 곳이 1274년 대소 선박 700척에 탄 3만 명의 여몽旅夢연합군이 변변히 공격도 못해보고 태풍으로 전멸한 고모타하마(소무전빈小茂田浜). 우리가 바라본 바다는 호수처럼 가을 햇살에 반짝이는 잔물결이었다. 이 날의 마지막 일정은 만세키바시万 關橋. 1900년 일본 해군이 고구마형 길쭉한 섬의 가장 잘록한 부분을 너비 50m로 뚫어 인공해협을 만들고 그 위에 놓은 다리이다. 러일 전쟁의 피날레를 장식한 1905년 대한해협에서의 해전. 러시아 발틱함대를 전멸시킨 그 결정적 승리의 거점이 이 인공해협이었다. 이 해전에서의 승리로 일본은 세계 열강의 반열에 당당히 올랐고 우리는 국권을 상실하는 비극을 맞는 계기가 됐다.

우리에게 그런 승리, 그런 환희의 날이 있었던가. 만세키바시를 걸어 건너며 월드컵 4강에 진입, 열광하던 2002년 6월의 함성이 떠올랐다.

사흘째 날 오전 반쇼임(만송원万松園)을 찾았다. 영주제도가 없어지면서 36대로 끝난 쓰시마對馬 도주島主 종씨가宗氏家의 묘역墓域. 화장한 유골을 탑을 세워 안치安置해 옴으로써 한 귀족가문의 수백 년에 걸친 묘지가 산등성이 하나와 골짜기 하나의 수풀 우거진 공원이었다. 묘역 입구 건물에는 도쿠가와 이에야쓰(덕천가강德川家康)의 초상화가 일본에서 유일하게 보관돼 있다 했으나 볼 수 없었고, 그의 참모들 위패만 두 벽에 진열되어 있었다. 조선 임금이 희사했다는 놋쇠로 만든 향로, 촛대, 화병이 있었다. 등신대의 학이 부리로 촛대를 물고 서 있는 형상의 촛대를 본, 동행했던 M형은 그 솜씨에 호흡이 멎은 듯 빼어나다며 감탄해 마지않았다. '장기 현립長埼縣立 쓰시마 민속자료관' 앞에는 '조선통신사의 비碑'가 있고 안에는 '조선 통신사朝鮮通信使 행렬도行列圖' '고려자기' 등 우리나라 자료들과 그곳 민속품이 진열돼 있다. 민속자료 안내라는 팸플릿도 우리 글로 인쇄하여 배포하고 있었다.

마지막으로 찾은 곳이 수선사修善寺에 있는 '최익현崔益鉉 선생 기념비'. 이즈하라 항港 바닷가 큰길에서 멀지 않은 언덕에 인가人家와 함께 있는 절인데도 찾느라 애를 먹었다. 거리나 골목에 물어볼 사람이 없었고 순찰 중인 순경도 그 위치를 몰랐다. 어쩌다 나이 든 사람을 만났는데 다행히 위치를 가르쳐 주어 천신만고(?) 끝에 찾았다. 쓰시마에 오는 외국인은 거의 한국인들이다. 그 많은 한국인들이 으레 찾아보는 곳인데도 현지인들은 왜 그 장소를 그렇게 모를까. 안내 간판 한 개 없는 골목길을 돌며 '침략국의 오만과 비정'을 느꼈다. 비석 앞에 둘러서서 묵념을 올리는 것으로 여정을 마쳤다.

사적史蹟은 옛 자취, 더 중요한 것은 오늘이며 내일이다. 작은 섬 대마對馬는 극자연極自然임을 자랑하고 있었다. 산은 삼림으로 울창했고 길은 좁아 오르내리는 차들이 후진으로 피해가며 교차하고 있었다. 길에는 휴지 한 조각 담배꽁초 한 개 떨어져 있지 않았고 바다로 흘러드는 냇물이나 그것을 받아들이는 바다는 물밑 바닥이 훤하게 들여다보이고 고기가 떼지어 놀고 있었다. 거리나 골목이 텅 빈 듯 보였고 차들은 조용히 천천히 조심스레 다녔다. 상점에서나 음식점에서나 한결같이 사람들이 친절했다. 새삼 민도民度라는 것을 생각해 보게 하는 대마 섬 여행길이었다.

(2003. 10)

6부

三 不可思議

모든 것은 그 풍토에서 생겨나고 자란다

큰나라 견문

내 일흔 나이로 백두대간 종주 중의 여름철에 북미대륙에 첫발을 들여 한 달을 체류했다.

망망 대해 같은 평원에 끝없이 이어진 농장들, 소년 적에 크리스마스 카드에서나 본 것 같은 아름다운 주택들, 그렇게 비옥하고 광활한 대륙을 그토록 오래 감춰뒀던 신은 악취미였다. 세계를 이끌어가는 대국의 풍물을 대하는 경이가 어찌 한두 가지랴만, 시간이 지날수록 가장 진하게 남아 있는 기억은 인간사, 귀로의 뉴욕 공항에서 목격한 사람들의 모습이다.

워싱턴-나이아가라-뉴욕을 둘러보는 4박 5일 동부 관광의 마지막 일정은 뉴욕 시내 관광이었다. 엠파이어스테이트 빌딩 전망대에 올라 세계의 으뜸 도시 뉴욕을 조망하고 내려와 배편으로 자유의 여신상을 둘러본 후 부두를 나설 때 빗방울이 듣기 시작했다. 맨하탄가의 한 한식당에서 점심을 먹을 때 폭우가 쏟아지더니 좀체 그치지 않았다. UN 본부와 센트럴 파크를 들르는 오후 일정은 악천후로 메트로폴리탄 박물관 관람과 컬럼비아대학 인근의 성공회 성당 방문으로 대체했다. 오후 3시 30분 8가구 23명 관광단 일행은 각각 제 갈 길을 향해 헤어졌다. 미국내에서 모인 사람들이어서였다.

오후 6시 출발 워싱턴 환승 시카고행 American Air line을 타기 위해 도착한 뉴욕 J.F.케네디 공항의 그 넓은 대합실은 다양한 피부색의 사람들로 붐볐고 각 항공사의 체크인 카운터 앞에는 몇 겹인지도 모를 대기자들의 줄이 늘어서 있었다. 폭우로 국내외 취항 항공기들의 이착륙에 차질이 생겨서였다. 내 차례가 되었다. 시간은 이미 7시를 지나고 있었다. 워싱턴행은 밤 10시 출발 예정, 워싱턴에서 시카고행은 내일 새벽 6시 출발 예정, 워싱턴의 공항 대합실에서 담요와 베개를 제공한다. 아니면 내일 새벽 출발 시카고 직행 표로도 바꿔줄 수 있다고 했다. 시카고에서 샴페인까지의 Bus편도 예약에 차질이 생겼으나 어차피 대합실에서의 밤샘이라면 한 발이라도 다가가 두자는 생각에서 워싱턴 공항에서 밤을 지냈다.

내 서툰 영어로 상담은 꽤 오랜 시간이 걸렸다. 기다리는 많은 사람들 모두가 촌각이 아쉬운 상황이었다. 그래도 하나같이 묵묵히 기다릴 뿐 누구 한 사람 채근하는 이가 없었다. 오히려 상담 중인 담당자가 기다리는 사람이 많다고 주의를 주곤 했다. 표를 받아 돌아서며 바라본 그 많은, 줄 선 사람들의 표정은 큰 덩치들에 혈색 좋은 얼굴들이어서인지 담담하고 무표정해 보였다.

그 나라 주민들의 선조는 자유와 살 길 찾아 이주해 온 이방인들이었다. 인생의 야영에서 그들에게 필요한 것은 힘이었다. 말이 아닌 주먹과 총이었을 것이다. 그것의 구사는 생명과 직결되어 있었다. 사회가 안정되고 조직화되면서 그것의 구사는 자제되어야 했고, 그 구사의 빌미가 될 말의 자제를 체화體化해 왔을 것이다.

짧았거나 길었거나 네 번째의 중국 여행길이었다. 이번 여행은 9박 7일, 중국의 서남단 운남성 관광, 3월 중순이었다. 운남성 면적은 남한의 4배, 인구는 비슷한 4,500만 명, 연중 최고기온 29℃ 최저기온 7℃ 상온지대였다. 산들이 띄엄띄엄 있어 북미대륙 같은 평원은 아니어도 우리나라에서 넓다는 김해나 만경평야 같은 벌판 농지에 단위 경지 면적들은 우리나라 경지처럼 작고 구획선도 직선이 아니었다. 잉여 인구로 기계화를 하지 않아 경운기나 소, 인력으로 농사를 짓기 때문일 것이다. 소수민족들이 경작하는 다랑이 논밭들도 많았다. 1년에 2모작, 부지런한 농부는 3모작도 한다고 했다.

버스가 달리는 산길 가의 흙들은 푸석거려 미끄러져 내리고 있어 토질의 산성화, 사막화의 진행이 눈에 보이는 듯했다. 산길에서 멀리 보이는 평야의 경작지들은 노란 유채꽃과 초록의 푸새들로 한 폭의 수채화였다.

수질이 좋지 않아 모든 음식을 기름에 튀기고 볶는 중국에서는 유채를 많이 경작하고 있었다. 농촌의 가옥들도 흙으로 빚어 굳힌 것일망정 벽돌에 기와지붕의 규모 큰 이층이었다. 운남성 관광은 성도省都 곤명昆明에서 대리大理 여강麗江을 거쳐 티벳의 풍물을 볼 수 있는, 운남성의 북단 중전(中甸 ; 바뀐 이름 ; 상그리라 ; 香客里拉)까지였으나, 때맞춘 듯 터진 티벳 사태로 상그리라에는 가지 못했고 여강에서 1박과 곤명에서의 1박으로 대체했다.

예정의 차질로 여강에서의 1박이 2박이 되었다. 그 2박에서 여강의 사방가 밤거리 풍경이 네 번의 중국여행에서 가장 깊은 인상으로 새겨져 있다.

"중국에서 여강麗江만큼 매력적인 도시는 없습니다, 영화 세트장인 듯, 과거로 돌아간 듯 명나라 시대의 모습이 고스란히 남아있는 여강의 매력에 흠뻑 빠져드는 하루입니다. 게다가 옥룡설산에 올라 만년설을 밟는 즐거움은 운남성 여행의 백미입니다." 여행사 제공 여강 소개 구절이다.

세계문화유산으로 등재된 여강고성 관광을, 그곳에 머문 이틀 동안 저녁 식후에 나가, 첫날은 산책만 했고 이튿날은 주점에도 들르고 산책도 했다. 세계문화유산 여강고성 표지標識가 있는 성벽에서 시작돼 냇물 따라 이어지는 사방가는 당나라 시대의 유곽거리였다.

옛날에는 성터였을 것이나 지금은 집들로 뒤덮인 동산 자락 평지에 3m 폭의 맑은 냇물이 흐르고 양쪽은 돌 축대를 2m 높이로 쌓았다. 동산 쪽은 냇가에 바짝 붙여 지은 주점들로 이어졌고 주점마다의 작은 다리를 건너 주객들이 드나들었다. 다리 이쪽은 2~3m 폭의 골목길, 가에는 또 주점과 기념품 가게들이 즐비했다. 주점마다 길이 50㎝, 지름 25㎝ 정도의 붉은색 초롱들을 한 집에도 몇 개씩 매달았고, 그 집들이 골목 따라 냇물 따라 이어졌으니 그야말로 홍등가임이 실감났다.

우리 관념에 유곽이나 홍등가는 화장 짙은 여인들이 술과 웃음을 파는 곳이나 여강의 사방가 주점들은 그런 곳이 아니었다. 평상복의 앳된 처녀들이 주객들의 자리에 앉는 일 없이 서서 주문을 받고 음식을 날랐다. 친절하고 싹싹하게 대하면서도 종업원의 업무수행에 충실한 자세일 뿐이었다. 주객들은 주객들끼리 고성을 내는 일도 없이 조용조용히 이야기를 나누며 잔을 기울였고 파안대소도 없었다. 술은 도수 높은 고량주였다.

냇물 따라 늘어선 주점골목 바깥 시가지 쪽은 10여m 폭의 대로, 바닥은 돌을 박아 고른 로마풍 포도였다. 길 양쪽에는 수양버들이 가로수로 늘어졌고 상점과 주점들이 연이어 있었다. 냇가 주점 골목에도, 보행자 전용의 그 대로에도 인파로 넘쳤으나 술 취해 비틀거리거나 큰소리로 떠드는 어느 한 사람도 없이, 그저 조용히 끼리끼리 대화들을 나누는 사람의 물결이 흐르고 있었다. 퍼뜩 '무질서 속의 질서'라는 생각이 들었다. 동행의 L형도 '보이지 않는 질서'라고 했다.

중국에서는 'Hotel'을 '대반점大飯店' 또는 '대주점大酒店'이라고 한다. 중국은 수질이 좋지 않아 과일류를 제외한 모든 음식을 익혀 먹는다. 기름에 볶거나 튀긴, 기름진 음식은 도수 높은 술을 곁들여야 제 맛이다. 중국술은 50° 전후의 고량주들. 예부터 인구가 많아 억으로 헤아리는 중국인들이 식후에 모두 주정을 하기로 들었으면 일찌기 나라가 거덜났을 것이다. 그래서였겠지만 중국인들은 술주정하는 사람을 사람대접하지 않는다고 한다. 취한다 싶으면 자야했다. 예부터 중국에서는 술을 파는 집에 잠자리도 마련되어 있었다고 한다.

우리 풍토에서 자란 것들

우리나라의 남자 평균수명 75세를 거의 채워가는 나이를 살고 있다. 소련 연방 기旗와 러시아 기旗가 크레믈린에 나란히 나부끼던 '91년 9월의 모스크바여행을 시작으로 해외 나들이도 웬만큼은 했다. 일흔 나이에 1년 반 걸려, 또래의 두 산행 친구와 684㎞ 백두대간 종주도 했다. 끝없이 이어진 높은 산 마루금을 걸으며 많은 생각, 많은 느낌이 들었다. 금수강산 삼천리도 식후경일 때의 이야기이다.

우리 국토라는 것이 다섯 손가락을 한껏 벌리고 바닥을 짚었을 때, 손등과 손가락은 산악이요 손가락들 사이에 드러나는 바닥면이 평지라는 생각이 들었다. 1,000m 전후 높이 백두대간 마루금들은 대개 도계道界를 이루고 거기에서 뻗어난 줄기들은 또 군계郡界나 시계市界, 면계面界를 이루고 있다.

높은 산에 올라 바라보는 내 나라의 산하는 그저 산이 산으로 이어지고, 그것도 겹겹이어서 온통 산뿐인 느낌이다. 멀리까지 바라다보이는 산과 산 사이들은 숲으로만 뒤덮인 곳도 있고, 두 산줄기 사이에 내가 흐르고. 그 냇가 좁은 평지와 산자락까지 농경지를 만들어 사는, 몇 채 인가가 모여 앉은 산골마을도 있다. 지금은 두메산골에도 전기가 들어가고, 터널 뚫고 교량 놓아 철도, 고속도로, 국도, 지방도 해서 노선버스도 내왕하지만 그것들이 얼마나 오래된 일인가? 그렇게 막힌 곳에서 대를 이어 살았고, 농사 외에 다른 생업이 없었으니 장날의 장길보다 먼 외지에 나갈 일도 없었고 오는 이도 없었다. 어쩌다 외지에 나가 사는 사람은 그래서 '고향 까마귀만 보아도 반가웠다.' 자연히 마을 전체가 혈연으로 얽히거나. 피는 섞이지 않아도 일족이나 다름없는 친분이 쌓였다. 우리 말 호칭이 아저씨, 아주머니 등 친족 호칭뿐인 것도 그래서였을 것이다. 외부와는 단절된 폐쇄된 공간에서 자고 깨면 보는 것이 그 사람에 그 생활이었고, 경쟁도 협조도 그 안에서의 일이었다. 그 생활의 켜들이 혈연 지연에 학연까지 보태져 내려오고 있다.

외부와의 접촉이 없었으니 영어의 Please나 일어의 도-조(どうぞ) 같은, 타인과의 접촉에서 예의를 차리는 어휘도 생겨나지 않았다. 좁은 땅이니 경지 또한 넉넉할 리 없어 민생은 궁핍했다. 중앙집권제에다 불편한 교통에 중앙의 감시 감독의 손길은 멀어 탐관오리는 가렴주구를 일삼았다. 작은 나라에서 유사 이래 998회의 외침을 당했으니 박경리가 ≪토지≫에 "이 땅에 태어나 한 평생 살자면 흉년 세 번 난리 두 번은 겪는다."고 썼듯이 환란은 자주 닥쳐도 기적은 일어나지 않는 땅이었다. 국토 확장이나 식민지를 가져본 적이 없었으니 자리가 늘어날 리 없었다. 한정된 자리를 두고 서로 누리려니 양반네들은 당쟁에 영일이 없었고 민초들은 생존을 위해 여념이 없었다. 거기에 반상의 신분, 관존민비, 남존여비, 빈부의 차이, 가내의 위계에 따라 저마다의 기득권을 누리려는 봉건사회에서 층층시하, 누릴 것 없는 아랫사람들 가슴에는 쌓이느니 한恨이었다.

그러한 바탕에서 터득한 지혜들이 속담이나 격언 류로 표현되었을 것이다. '수염이 석 자라도 먹어야 샌님인데 궁핍한 처지에서의 조반 석죽도 보릿고개에서는 거르는 일이 생겼다. '농지가 턱없이 부족한 산악 국가에서 쓸 만한 농지는 고관 대작이나 토호들의 소유였다. 거기에 조선시대 지방 현감 2~3년만 하면 평생 먹을 것을 확보할 수 있었다니 대부분의 지방관에게 민초들은 보살펴야 할 백성이 아니라 수탈의 대상이었다. 제 땅 가진 자작농이래야 다랑이 천수답으로 하늘이나 쳐다보고 살았다.

'내 코가 석 자'고 '한 다리가 천 리'인데 끼니 떨어진 사촌까지 걱정하랴? '주린 강아지 뻬꿈 탄다.'고, 배고픈 사촌의 '사촌이 논을 사면 배가 아파' 오는 것이다. 한평생 산골마을 가난 속에 살면서 흉년을 맞고 난리를 겪으면서도 먹어야 하고 살아남아야 했다. 사리 따지고 도리 챙기다가는 굶어야 했고, 살아남을 수가 없어 '모로 가도 서울만 가면 되고, '억지가 사촌보다 낫다.'는 비뚤어진 지혜를 터득했다. '길가에 논 한 마지기 사 보태지 말고' '입 하나 줄이라.'는 말은 그나마 가난을 이겨내는 지혜를 말한 것이고. '젊은 사람 도와주라.'는 말은 인물을 키워야 한다는 원려에서였을 것이다.

그 마을에서의 그 생활이 할아버지 적이 아버지 적이고 아버지 적이 내 시절인, 변화 없는 삶에서 외부 접촉 없고 견문 없으니 둘러 생각할 줄 모르는 옹고집들이 되었다. '서울 가보지 않은 사람이 이긴다.'는 옹고집들이 맞부딪히면 '무거운 절 나무라지 말고 가벼운 중 떠나라.'고 했다. 조선왕조 말에 떠날 곳 없는 이 땅의 백성들 모두가 식민지 백성이 되었었다. '미운 놈 떡 하나 더 주라.'는 도량은, 그런 덕을 갖춘 이의 예를 보지 못했다.

"풍파에 놀란 사공 배를 팔아 말을 사니, 구절양장이 물 도곤 어려워 이후란 배도 말도 말고 밭 갈기나 하리라."고 움츠려만 들며, 천수답 논에 비를 내려 줄 하늘이나 바라보던 심사가 호랑이에게 쫓기는 남매 이야기에, 애국가 가사에도 드러나 있다. '가난은 나라도 못 구하니' 하늘에나 빌었다.

생각이 행동을 낳고 행동이 습관을 낳고 습관이 성격을 낳고 성격이 운명을 낳는다고 한다. 북녘 땅에서는 여전히 그 가난 그 고달픔인데, 남한 땅에서는 한 사람의 생각이 나라의 운명과 겨레의 삶을 바꾸어 놓았다. 우리가 물려받은 자연의 풍토를 바꾸지 못할진댄 우리 마음밭의 풍토라도 바꾸어야 할 일이다. 이제는 우리에게 전해오는 속담과 격언 류에 역발상의 자세로 살아가야 하리라. 그래야 선진국 진입이 가능해지고, 선진국 반열에 들어서야 우리 후손들이 고달픈 역사를 되풀이해 사는 일이 없으리라는 것이, 내 일흔 나이로 지리산 천왕봉에서 강원도 고성 땅 진부령까지 684km 백두대간 마루금을 걸으며 가져 본 생각이다.

(2008. 5)

이팝나무꽃

물푸레나무과의 낙엽교목인 이팝나무는 30년생쯤은 되어야 그 꽃이 하얗게 무더기져 피어나는 제대로의 꽃모습을 볼 수 있다.

이팝나무꽃을 내가 처음 본 것은 15년 전 5월의 어느 하루 학생들과 함께 견학 차 찾아간 부산 강서구 소재 원예시험장에서였다. 넓은 시험장 한쪽에 시골마을의 정자나무같이 우람한 이팝나무 한 그루의 뻗어나간 가지들마다 푸른 잎새들 위에 하얀 꽃들이 무리져 피어 있는 모습은 밤새 내린 눈이 하얗게 쌓여 있는 듯이 보였다. 그래서 영어로는 '스노우 플라워'(snow flower), 일어로도 설화(雪花 : ゆきばな; 유끼바나)라고 하는데 유독 우리말 이름만 '이팝나무꽃'이다. 꽃잎은 희며 나비 3㎜ 정도이고 2가화이며 취산화서에 달려 피기에, 꽃이 무더기를 이루어 그런 모습으로 보이는 것이다.

산악이 7할인 국토, 천 리 되는 강이 없고 백 리 되는 들이 없어 큰 나라가 될 수 없었던 이 나라의 민초들은 아득한 왕조시대부터 허기 속에 살아왔다. 1920년대 강경애의 작품에, 허기져 기진맥

진해 시야가 가물거리는 산모의 눈앞에 돼지 새끼 한 마리가 꼬물거리고 있었다. 그것을 솥에 넣어 물을 붓고 아궁이에 불을 지폈다. 푹 고아 먹고 기력을 되찾아 정신을 차려보니 아이가 없더라는 줄거리의 작품이었다. 너무 오래 전에 읽은 작품이라 제목은 기억이 나지 않는다.

허기진 사람의 귀에 새 소린들 즐거운 노래로 들렸으랴? 아침에 우는 새는 배가 고파 울고 저녁에 우는 새는 임이 그리워 우는 소리로 들렸다. 눈에 보이는 것은 모두 밥으로만 보였기에 톱질에서 떨어지는 나무가루는 톱밥이었고 대패질에서 떨어지는 엷은 나무 조각도 대패 밥이었다. 단술을 고아 엿을 만들고 남는 것은 엿밥이었으나 밥 먹기도 어려웠던 시절에 마을마다 엿도가가 있는 것도 아니었다. 술을 거르고 남는 것은 술지게미라고 했다. 마을의 술도가나 이웃집 술독에서 얻어온 그것을 아침 끼니로 먹고 학교에 갔더니 얼굴이 붉어지고 술에 취하더라는 이야기는 궁핍 시대의 경험으로 아직도 입에 올려 이야기하는 이들이 있다.

옛말에 "감꽃 피는 계절에는 며느리 친정 보내지 말라."고 했다. 감꽃은 춘궁기 오뉴월에 핀다. 그래서 5월에 꽃이 피는 나무 이름에 조팝나무가 있고 이팝나무가 있다. 오죽 허기져 살았으면 나무에 피어나는 꽃이 조(5곡의 하나)로 보이고 하얀 이밥으로 보였으랴.

1961년 5·16 혁명 공약의 끝항은 "기아선상에서 허덕이는 민생고를 시급히 해결하고 우리는 우리들 본연의 임무로 돌아간다."였다. 그 시절 50년대, 춘궁기의 신문 사회면에는 "초근목피草根木皮" "입도선매立稻先賣" 등 허기진 민초들의 참상을 보도하는 기사의 제목을 커다란 활자로 뽑아내곤 했다. "아침 잡수셨습니까. 저녁 잡수셨습니까?"가 인사말이었던 그 시절의 상황이 우리 땅 절반의 북녘 땅에서는 아직도 계속되고 있다. 민족의 위대한 영도자 김일성 수령 동지가 백성들에게 약속했던 '이밥에 고깃국'은 꿈으로만 이어지고, 주린 백성들은 목숨을 걸고 해외로 탈출하고 있다. 그렇게 허기진 세월을 사는 사람들의 눈에는 춘궁기 5월 하늘에 힘 있게 뻗어나간 가지들마다 푸른 잎들 위의 새하얀 꽃무더기들이 영락없이 밥그릇에 고봉으로 담겨 김이 모락모락 피어오르는 하얀 이밥으로 보였을 것이다. 일본 중국 타이완에도 분포하는 이팝나무가 우리나라는 중부 이남에서만 자란다니, 주린 배에 이밥의 환상일랑 갖지도 말라는 신神의 배려였을까? '금수강산 삼천리'라고 하지만 '금강산도 식후경'인데 열악한 국토 조건에서 살아야 했던 궁핍한 민초들의 슬픈 생활사였다.

5·16 이후 산업화의 성공으로, 1인당 1일 생계비 1불이 못 되는 절대빈곤을 1973년에야 벗어난 이후, 한강의 기적을 이루어 지금은 2만 불 소득 시대를 살면서 사람들은 돈 들여 살을 빼느라 열심인 세상이 되었다. 국토 7할의 산들은 숲으로 우거지고, 잘 정비된 가로에는 수종樹種을 골라가며 가로수로 가꾸고, 도심의 하천들은 공원이 되고 산책로로 꾸며졌다. 학교마다 지향하는 바를 상징하는 교화校花를 정하여, 그 화목花木을 교내에 심어 가꾸고, 지자체들도 시화市花를 정해 그 나무들을 청사의 경내境內와 관내管內의 요소要所에 심어 가꾸고 있다.

내가 살고 있는 고장의 시화목이 이팝나무라고 시 홍보물에서 얼마 전에 보았다. 그러고 보니 가는 곳 도처에 아직은 어려 보이는 이팝나무에 꽃이 피어 있었다. 십여 년 전 신문에서 부산 거제동에 있는 거목의 이팝나무에 꽃이 피어 장관이라는 기사를 읽은 적이 있으나, 가까운 곳에 오래 살았으면서도 실물을 찾아가 본 일은 없었고, 거목의 이팝나무꽃을 본 것은 강서구의 원예시험장에서 뿐이었으니 흔한 나무는 아닌 셈이다. 올 들어 갑자기 눈에 많이 띄는 것이 시화 목으로 삼기 위해 어느 한 해에 씨앗을 심었거나 꺾꽂이를 해 기르기 시작한 동년생 나무들로 보였다. 교목喬木이라 위로는 자라도 둥치가 굵지 않고 가지도 가늘어서 꽃이 듬성하니 눈雪이 가지들 사이로 내리다 걸려 있는 모양으로 보인다. 이팝나무꽃의 제 모습이 아닌 것이다.

그 꽃들이 힘 있게 뻗어나간 가지들의 푸른 잎들 위에 소복이 쌓인 눈처럼, 혹은 커다란 밥그릇에 고봉으로 담긴 하얀 이밥으로 보이자면 20~30년 세월은 더 지나야 할 것이다. 앞으로 20~30년의 세월이 지난 후 지금의 저 어린 나무가 거목이 되고, 5월의 푸른 잎새들 위에 새하얀 꽃무더기로 소복이 피어나면, 그것을 바라보는 그때의 젊은이들 눈에는 나뭇잎 위에 내려 쌓인 눈雪으로 보일까, 하얀 이밥으로 보일까?

경지耕地 절대부족 국가로 곡물 자급율 20%밖에 되지 않는 나라, 고령화가 가장 빠르게 진행되고 있는 나라에서 계절의 여왕 5월의 저 푸른 잎들 위에 소복이 피어난 그 꽃무리가 하얀 이밥이 아니라 하얗게 내려 쌓인 눈雪으로 보이자면 3만 불, 4만 불 소득의 선진국으로 도약해 가야 한다. “진지 잡수셨습니까?”라는 인사말이 “반갑습니다.”로 바뀌는 데에 산업화 시작 이후 반 세기가 걸렸다. 2000년을 나라 잃고 방황하던 이스라엘 민족이 제 2차 세계대전 이후 제 나라를 세우고, 세계를 움직이는 일에 작용하고 있다. 우리 후손들도 우리나라를 선진국 반열에 올려놓을 것이다. 그것이 우리 겨레의 저력임을 나는 믿고 있다.

(2009. 5)

강남 귤이 강북 가면 탱자가 된다더니

2년 전 친구들과 北京 관광을 갔을 때, 하룻저녁 서커스 구경을 갔었다. 공연 중간의 휴식시간에 화장실엘 다녀오는데, 복도 옆 구내매점 상품대 뒤 공간에서 두 젊은이가 장기를 두고 있었다. 호기심에 들어가서 장기판을 본 순간 전기에 감전이라도 된 듯한 충격을 받았다. 장기판 위의 손때에 절어 반들거리는, 도낏자루감의 나뭇가지를 꺾어다 일정한 길이로 잘라 만들면 될 것 같은, 원통형 장기짝들의 크기가 모두 꼭 같았다. 궁宮도 楚·漢이 아닌 將·帥였다. "王候將相 寧有種乎(왕후장상이 어찌 씨가 따로 있겠는가)"를 그 장기짝들이 외치고 있는 것 같아서였다.

장기將棋는 4천여 년 전 인도에서 비롯되었다는 설과, 미얀마(버마)의 고대국 타이링의 왕비가 발명했다는 주장이 있기는 하나, 궁宮이 楚·漢인 것을 보면 초패왕 항우와 한왕 유방의 각축전을 모방한 것으로 생각해, 약 2천 년 전 삼국시대의 중국에서 발생한 것이 들어온 것으로 우리나라에서는 알고들 있다.

그러나 중국의 장기는 오히려 궁宮이 將 · 帥요 32개 장기짝들의 크기가 모두 꼭 같은데 왜 우리 장기의 궁은 楚 · 漢이며, 궁은 홀로 우뚝하게 크고, 車 包 馬 象은 그보다 작으며 궁 곁의 士와 최전선의 卒은 또 왜 그렇게 작은가? 장기가 이 나라에 들어오며 왜 그렇게 변형되었을까.

그것은 혹시 손바닥같이 좁은 이 땅에서 기득권을 누리는 소수 지배계층 사람들의 기득권 유지를 위한 음모요, 술수는 아니었을까? "바둑 둡니까?" 물어서 모른다고 하면 "장기는 두는가?"라고 묻는다지 않는가. '棋' '碁'는 둘 다 '바둑 기' '장기 기'로 읽히는 글자이고, 將 · 帥가 병졸과 병마, 병기를 동원하여 벌이는 승부놀이여서 장기將棋이다. 바둑은 장판에 들기름이나 콩기름을 잘 먹인 사랑방이나 대청(마루)에 앉아서 점잖게 조용히 둔다. 툇마루에 걸터앉거나 멍석이나 땅바닥에 퍼질러 앉아 "장군이야. 장 받어!" "멍군이야!" 장기짝을 소리나게 두들기듯 놓아가며 걸판지게 두는 것이 장기이다. 따라서 그것은 까다로운 격식을 따지지 않는 민초들의 것이었다. 그 놀이 기구를 민초들이 가지고 놀면서 무의식적으로 자기 신분을 인식하게 한, 의식화意識化의 교육용 기자재로 변질시킨 발상은 기막힌 것이었다.

전쟁은 인류 출현 이래 어느 시대 어느 곳에나 있었다. 인도 불교 승려들이 살생을 금하는 계율 때문에 파괴 본능을 달래고, 수도하는 시간 외에 잠시라도 세속으로 흐르기 쉬운 잡념을 떨쳐버리기 위해 전쟁을 모의模擬한 소재로 장기를 발명했다는 것이 인도 기원설이다. 왕을 지극히 사랑한 왕비가 전쟁만을 일삼고 늘 싸움터에만 나다니는 왕을 궁중에 머물게 하기 위해 궁리 끝에 만든 것이 바로 장기라는 것은 미얀마 사람들의 주장이다.

그래서 궁이 將이며 帥인 것을 중국에서도 그대로 받아들여 쓰고 있는데, 그 중국을 통해 들여온 알량한 우리의 지배계층 사람들은 대국을 받들어 모시는 갸륵한 마음을 거기에 담아 楚·漢으로 바꾸었을 것이다. 항우 유비 조조가 천하를 두고 겨루는 삼국지의 그 흥미진진한 이야기를 활용한 궁宮 명칭의 교묘한 교체, 거기에다 또 장기짝들의 크기를 조절함으로써, 그것을 일상에서 가지고 즐기는 민초들로 하여금 무의식 중에 스스로의 계층과 신분을 인식하게 하여 순치馴致시킨 그 절묘한 발상은, 그들이 얼마나 교활했던가를 잘 보여주고 있다.

장기판 위의 장기짝들, 크고 하나뿐인 궁宮은 제왕이다. 중간 크기의 車 包 馬 象은 양반계층, 궁 곁의 士는 환관이나 아전, 최전선의 卒은 민초 자신들임을 어찌 모르랴? 거만한 中華 사람들은 그렇듯 자기네를 알아모시고, 층층이 웃사람에 대하여 공손하고 예의바른 사람들의 나라, 해동海東을 "동방예의지국"이라고 추켜주었다. 조선 숙종조의 이중환은 "대륙의 주변 종족들이 번갈아 대륙을 정복하고 그곳에 자기네의 왕조를 세웠었으나 우리는 천 리 되는 강이 없고 백 리 되는 들이 없어 큰 인물이 나지 않아 그러지를 못했다."고 ≪택리지≫에 쓰고 있다. 모화慕華 사상에 절어 있던 당시의 지배계층 사람들, 그들의 집요하고도 교묘한 의식화 교육으로 자기 신분에 체념해 주눅든 민초들로 언감생심, 어찌 감히 대국을 넘볼 생각을 가지기나 할 수 있었으랴? 언필칭 동방예의지국 사람들은 안에서만의 어른 행세에 도취돼 만족해 있었는데.

크기가 서로 다른 장기짝들이 보여주는 그 위계질서의 엄격함, 복합구조의 층층시하, 신분제도, 관직의 유무와 고하, 남녀 구분, 연령의 상하 따라 알아서 제자리 찾아 처신해야 했던, 그 마음으로의 줄서기에 지쳐서인가? 선진국 사람들은 둘만 돼도 서는 줄을, 몸으로의 줄서기가 지구촌 시대 공화국의 민주 시민으로 살고 있는 오늘에도 잘 안 되는 것이 이 나라의 백성들이다.

"만물은 흐른다."고 아주 옛날에 말한 이가 있었다. 촛불 시위, 세대간의 갈등, 노사 갈등, 교직사회의 변화들은 오늘날 일고 있는 그 심각한 반작용들이다. 그러나 그것은 표면에 드러나는 집단 현상들일 뿐, 개개인의 내면에는 여전히 크기가 다른 한국의 장기짝들로 세상살이의 수 헤아림을 하고 있지는 않을까.

대쪽 이미지의 대법관 출신 대선후보도 두 아들의 병역문제로 낙마했다. 상대 후보가 대업을 이루는데 그것으로 기여한 대업은 명예훼손으로 대법원에서 유죄 확정판결을 받았다. 전 정권의 2인자로 알려졌던 K씨와, 모 재벌 그룹의 한 회사 사장이었던 L씨가 300억 원인가를 주고받았다는 모 호텔 로비. 검찰이 실시한 그 자리의 현장 검증에서 두 사람은 그 의자가 맞다느니, 기억에 없다느니 서로 엉뚱하게 말하고 있는, 어이없는 장면을 TV 뉴스 화면에서 본 적이 있다.

왜 이 나라의 역대 통치자들은 그 자리에서 물러난 이후 국민의 박수는커녕 큰집부터 다녀들 오는가. 그런 풍토에서 노블레스 오블리쥬의 품격을 어찌 바랄 것이며, 그것이 없는 지도층 인사에게 누가 존경하는 마음인들 가져질 것인가.

이 땅에서는 모로 가도 서울만 가면 되고, 억지가 사촌보다 낫다. 그래서 사촌이 논을 사면 배가 아픈 것일까. 왜 우리나라 장기짝들만 그렇게 크기가 다른가를 생각해보면 그 속담들의 속내를 이해하게 된다.

(2004. 7. 중순)

三 不可思議

왕조시대에 대국으로 받들었던 중국, 그 땅의 농수산물이 지구촌 시대 우리 서민들로부터 푸대접을 받고 있다. 케이블 TV 홈쇼핑 이민 상품 판매 2시간에 4천여 명이 몰려와 시간을 앞당겨 마감했다는, 그 선망의 땅들에서 들여온 수입 쇠고기보다 한우쇠고기 값이 훨씬 비싼 것을 보면 '身土不二'는 미상불 참眞인 모양이다.

시내나 변두리 산들을 오르내리며 봐도 골짜기 하나 건너 마주보고 앉은 신인데도 그 식생植生이 조금씩 다른 것을 보게 된다. 사람살이에서인들 풍토에 따라 그 생리나 문화에 어찌 다름이 생기지 않으랴.

생수를 마실 수 없는 유럽 대륙에서 프랑스인들은 포도주를 마시며 시적詩的 프랑스어와 예술을 다듬고 가꾸어냈으며, 독일인들은 맥주를 마시며 심오한 철학과 음악을 발전시켰고, 쌀을 주식으로 하는 동아시아에서 불교가 발생, 전파되었다고 오래 전에 한 서양 철학자가 말한 것을 읽었다.

육식하는 서양 사람은 사흘에 한 번 정도 변을 본다. 탄수화물이 주식인 우리는 매일 아침 화장실엘 가지 않으면 변비라 여기지만, 육식하는 서양사람 눈에 매일 아침 화장실에 앉아 있는 것은 설사다. 이는 주식의 다름에서 오는 생리작용의 차이이다.

대대로 한 마을에서 농사지으며 살았고 장자세습으로 가계家系를 이으며 사대四代 봉사奉祀해야 하는 이 땅에서 어린 사내아이의 고추는 아주 소중하고 귀여운 것이었다. 이 나라의 서민 풍속이 몸에 밴, 한 재미교포가 그곳 백인 사내아이의 고추를 귀엽다고 만졌다가 성추행으로 고소를 당했다는 일이나, 태국에 간 우리 관광객이 그 나라 사내아이의 머리를 귀엽다고 쓰다듬었다가 낭패를 본 일들은 관습의 다름에서 빚어진 오해들이다.

태산준령에 떨어지는 빗방울들은 한 뼘 거리를 두고 그 흘러내리는 방향이 정반대로 갈라지기도 하고, 옹달샘 하나에서 비롯된 물이 수천 리를 흐르는 동안 장강대하를 이루기도 한다.

일본이 고도성장으로 제2의 경제대국이 될 수 있었던 가장 중요한 이유로서 '헨리 로솝스키' 하버드대 교수는 일본인의 '저자세' 혹은 '겸허함'을 들었다. 그들은 봉건 영주와 그 충신들인 무사들의 칼날 아래 살았다. 그리고 세습인 영주와 주민 사이에는 부자관계처럼 서로를 보호하고 의지하는 신뢰가 있었기에 그들은 정직하고 겸허하고 친절했다.

반면에 우리나라는 중앙집권제였고 지방 수령은 순환 보직제였다. 강대국들과 접하고 있는 지정학적 위치로 하여 천 년 동안에 997회의 외침이 있었다는 통계가 있고, 소설 ≪토지≫에는 "이 땅에 태어나 한평생 살자면 난리 두 번, 흉년 세 번은 겪어야 하고, 양반들의 위세와 아전들의 등쌀에 죽지 못해 사는 우리 민초들에게 제왕의 자리야 어느 도둑놈이 차지한들 그게 우리와 무슨 상관이 있느냐?" 고 한숨 섞인 푸념들을 하고 있다. 전쟁터의 용장일수록 모함으로 거세되기 다반사였고, 세 치 혀로 군주를 보필하는 문신 치하의 출세길은 과거科擧였다. 거기에 혈연 · 지연 · 학연이 거미줄같이 얽혀 이루어내는 부정과 비리는 장마 뒤의 곰팡이처럼 번져갔었다.

일본은 섬나라라 외침의 위협이 없었던 데다 섬 안에서 영주들끼리는 칼로 겨루었다. 우리나라는 강대국들이 군림하고 있는 대륙의 끝자락에 매달려 있는 데다 중앙집권제를 하기에는 조금 크고, 봉건영지로 나누기에는 조금 작았다는 것이 이병주가 소설 〈관부 연락선〉에서 내린 진단이다.

칼날 아래 살아온 사람들의 말 일어日語와, 같은 섬나라 사람들의 말 영어英語에는 *どうぞ*와 please가 있으나 그에 꼭 맞는 우리말은 없다. 그 나라 사람들은 아이들에게 "남에게 폐 끼치지 말라."고 가르치는데 우리는 "기죽지 말라."며 기른다. 기 살려가며 자란 데다 백성이 주인인 시대이다. 집단 이기주의, 지역 이기주의로 원전 폐기물 처리장을 유치하려던 군수가 주민들에게 집단폭행을 당해 입원을 하고, 노사갈등 · 지역갈등 · 계층간갈등 · 남북갈등에, 남남갈등 · 세대 간 갈등까지 겹쳐 '갈등 공화국'이 되어 있다.

세상에는 인과의 논리로 풀리지 않는 일을 두고 불가사의不可思議라고 한다. 스승의 날이 꽤 지난 초여름 어느 날, 부산 근교의 우리 집엘, 30여 년 전에 가르친 제자 다섯 명이 찾아왔다. 마당에 놓인 화덕에 불을 피우고 돼지고기를 구워, 같이 늙어가는 옛날의 사제가 회포를 풀며 잔을 돌렸다. 세상 이야기, 살아가는 이야기들을 나누다가 한 친구가 물었다. "외국인이 한국에 와서 오래 살다 보면 느껴지는 세 가지 불가사의가 있다는데 선생님은 그게 무엇인지 아십니까?" 나누던 이야기가 그 해답의 범위에서 크게 벗어나 있던 것도 아니었는데 갑자기 나온 질문에 아무도 답을 맞히지 못했다.

첫째, 돈 없는 사람이 돈 많은 사람에게 돈을 갖다 바치는 것.

둘째, 살아 있는 사람이 죽은 사람을 겁내는 것.

셋째, 눈을 벌겋게 뜨고 있는 사람이 앞 못 보는 장님을 찾아가 자신의 앞날 일을 물어보는 것이 답이었다.

'軍, 뇌물 없이는 보직도 진급도 없다.' 우리나라의 한 유명 월간지 올해 어느 달의 기사 제목이다. 그것이 군軍에서만의 일이랴. 내가 3년 전까지 살았던 고장, 지금 3년째 살고 있는 고장의 지자체 장들이 모두 법무부 예산의 침식을 제공받고 있는 중이다. 그들이 재판정에 나오는 날의 그 시간대에는 그의 소속 기관 간부들의 자리가 많이 빈다고, 무가지로 발행·배포되는 한 지역 신문에서는 비아냥거리는 기사를 실었다. 시와 광역시가 그러한데 통틀어 나라는? 대통령이 집권 8개월에 재신임을 묻겠다고 선언을 하더니 두 당의 백억대 대선 비자금 건이 불거져 진흙탕 싸움을 벌이고 있다.

일본이 대동아 공영권을 외치던 시절, 본국 출장의 임무를 마친 귀대길의 한 젊은 관동군 장교가 서울 소공동의 조선호텔 스탠드 바에서 양주를 마시고는, 자신을 총애하던 옛 상관이자 조선주둔 군사령관 지불의 사인을 남기고 가더라는, 당시 바 지배인의 회고는 경성에서 있었던 일본인들 이야기이다.

시·공간적으로 빠짐없이 계속되는 부정과 비리로 법망에 걸려든 사람은 운이 나빴을 뿐이라고 생각하는 세상이니 점집이 붐빌 수밖에 없다. 아무쪼록 궂은일 없도록 음덕을 빌자니 선조의 묘를 왕릉같이 꾸민다. TV 뉴스의 고발성 보도에 오르는 호화분묘의 주인들은 한결같이 이 시대의 고관대작이었거나 그 자리에 있는 사람들이다.

반만 년 역사의 비바람 흙먼지가 켜로 앉아 더께진 이 땅 풍토에서 자란 산물로 신토불이의 경지에 이르러도 '어린 백성'들은 모르는 일이거늘, 하물며 이 땅에서 몇 년밖에 살지 않았을 이방인들에게 그것이 쉬이 이해되지는 않았을 것이다.

깃대 세우기

2년 전, 내 일흔 나이의 한여름 한 달 동안 처음으로 미국 땅 구경을 했고, 그해 늦가을 들며 진부령 도착으로 1년 반에 걸친 백두대간 종주를 마쳤다. 같은 해에 연달아 밟아 본, 우리 땅의 산악 오지와 광활한 미 대륙의 평원은 너무 대조적이었다.

미국의 중동부 일리노이 주 샴페인에 머물면서 워싱턴, 뉴욕, 나이아가라 등 동부여행도 했고, 생질甥姪이 살고 있는 캐나다의 토론토를 다녀오기도 했다. 같은 일리노이 주의 시카고 관광에는 뜻밖에 N고高에서 가르쳤던 졸업생이 관광회사를 운영하고 있어서 큰절 받아가며 분외의 호사를 누리기도 했다. 시카고와 접해 있는 미시간 호는 우리 남한 땅을 몽땅 빠뜨려도 여의도 넓이의 호수면이 남을 정도의 넓이라고 했다.

일리노이 주립대학 캠퍼스 경내에 샴페인공항과 골프장이 있고, 크리스마스 카드에서 본 것 같은 주택들의 마을도 있었다. 샴페인에서 시카고 경유 뉴욕행은 비행기로였고, 샴페인 – 시카고 환승 – 디트로이트 환승 – 국경 – 토론토행은 버스로였다. 비행기에서 내려다본 풍경이나 버스에서 바라다본 풍경이나 모두 완만한 경사의 구릉 지대들은 있어도 산은 보이지 않았다. 토론토에서 저녁 무렵 출발해 샴페인까지 18시간 귀로의 낮 시간에 "아버지, 지금 어디쯤 오고 계신데요?" 막내딸의 물음에 "응, 모르겠다. 옥수수 밭밖에 안 보인다."라고 한 말이 그날 종일 딸아이와 주고받은 통화였다. 곡창지대인 미국의 중동부 평원을 달리는 곡물 운반 기관차는 120량 화물칸을 달고 달렸다. 우리나라 기관차들은 고작 20량의 화물칸을 달고 달린다.

국내에서 기차나 버스로 먼 길을 가면서 무료를 달래느라 신문이나 책을 읽으려 들면, 차창에는 볕이다가 그늘이다가 희미한 전등불빛 비치는 터널 진입의 반복이어서 조도照度의 변화가 잦아 글 읽기가 불편하다. 22만㎢ 넓이의 반도半島에 1대간(백두대간) 1정간(장백정간) 13정맥의 15개 산맥이 종횡으로 뻗어 있어, 천 리되는 강이 없고 백 리 되는 들이 없는 국토이다. 그 절반, 10만㎢가 미처 못 되는 남한 땅에 1대간(백두대간의 절반) 9정맥이 있다. 낙동정맥의 23개를 비롯한 100개의 지맥들이 그 대간과 정맥에서 또 가지쳐 나와 나라 땅 곳곳으로 실핏줄처럼 뻗어 있다. 높은 봉우리래야 지리산 천왕봉이 1,915m이고 오르기 좋은 해발 500m 이상의 봉우리가 4,400개나 된다고 한다.

금강산도 식후경인데 배불리 먹고 사는 동안 이 땅은 등산 애호가들에게는 천국이다. 금수강산 삼천리, 내 나라의 높고 낮은 산들은 숲으로 우거지고 첩첩이 이어져 있다. 거기에 강과 내川가 감돌아 흐른다. 조국의 산하는 아름답고 퇴직 후의 내 생활에 시간 여유도 있어, 한둘 산행동료와 최소한 주 1회 정맥산행을 하고 있다.

가끔은 근교 산도 찾아 오른다. 그저께는 셋이서 밀양 표충사에서 출발해 영남 알프스의 문필봉(665m)으로 해서 사자봉(1,189m)엘 올랐다가 배내재로 내려오는 6시간 산행을 했다.

우리나라 어디서나 높은 산에 올라 사방을 둘러보면 산이 산으로 이어지고, 그것도 겹겹으로 둘려 있다. 그 봉우리에서 맥으로 이어지는 산길을 걷노라면 곁가지로 뻗어 내린 산줄기와 산줄기 사이에 한 뼘 경작지도 없는 골짜기가 더 많다. 골 따라 좁은 평지에 옹기종기 모여 앉은 인가가 많은 골짝에는 가난이 서려 있어 보인다. 해가 기울고 있는 저녁나절 버스를 기다리는 배내재에서 배내골이 내려다보였다. 좁은 골 따라 음식점과 팬션들의 울긋불긋한 지붕들이 즐비해 있었다. 천수답 다랑이 논이나 붙이던 골짜기가 산업화 이후 생활의 여유가 생기면서 유원지로 변한 것이다.

국토의 30%뿐인 평지, 그도 못 되는 좁은 경작지의 국토에 턱없이 많은 인구, 이 나라는 천만 단위의 국민을 배불리 먹일 국토의 여건이 못 된다. 그래서 왕조시대의 민초들은 끼니를 때우는 것이 무엇보다 중요한 일이었다. 지금도 산업화를 이루지 못한 북녘 땅에서는 백성들이 기아飢餓를 못 견뎌 해외로 탈출하고 있다.

박경리 작 ≪토지≫의 무대 평사리마을 주민 거의 모두가 만석꾼 최참판 댁의 소작인이었듯이, 이 나라의 국토 여건은 소작인 거느리고 여유 있게 살면서 금수강산의 아름다운 산천경개 유람이나 다니고 경승지에 정자 지어 시詩나 읊조리며 지내는 부자들의 별장지대로나 알맞은 땅이었다. 이 땅에서의 역대 왕조 사회상에 그런 측면도 없지 않았다. 모험과 도전의 대상도 없었고 기적도 없었던 시대, 기껏 도전이래야 일상에서 내 먹는 것 아끼고 모아 논밭 사들이는, 배고픔의 '참음'밖에 없었던 시대에 자신은 못해낸 것을 사촌은 독한 마음으로 해내어 허기를 면하게 되었다. 고픈 배는 참아도 아픈 배는 참기 어려워하는 버릇의 유래는 그래서 오래이다.

좋지 못한 버릇이 어디 그뿐이랴. 넓은 바깥세상을 모르고 첩첩 산으로 둘러싸인 골짜기, 그 닫힌 공간에서 대대로 살면서 본받을 모범도 없어서였을까? 사람들은 내 액厄을 해소시켜 없애려 하지 않고, 남에게 전가함으로써 내게서만 떨쳐내려 했다. 해방 전후, 우리 어릴 적만 해도 풍속이나 놀이들이 옛날부터 전해오는 것이 많았다. 정월 보름날 아침에 친구를 만나면 이름을 불러 '내 더위 네 다 가져가라.'고 했다. 볏짚으로 허수아비를 만들고 그 속에 요즈음 돈이라면 천원 권 지폐 한 장을 넣어서 사람 왕래가 잦은 골목이나 한길에 내다 두었다. 그 속의 지폐를 가지려고 허수아비를 헤집는 사람이 그것을 만들어 내놓은 집 사람들의 액을 가져간다는 생각에서였다. 평소에도 눈병(결막염)이 나면 사람들의 왕래가 잦은 골목이나 한길에, 납작한 돌 네댓 개를 집 모양으로 괴어 그 속에 소금 한 줌을 놓고, 아픈 눈의 눈썹을 뽑아 소금 위에 꽂아 놓았다. 그 돌집을 차서 무너뜨리는 사람에게 눈병이 옮아가고 내 눈병은 낫는다는 세간의 속설을 믿어서였다.

나와 우리 아닌 타인은 배려의 대상이 아니었을 뿐더러 배척의 대상이나 아니면 다행이었다. 쓰레기는 내 집 담장 바깥으로 버렸고, 집 바깥의 아름다운 화초는 꺾어 오거나 집 안으로 옮겨 심었다. 유난히 혈연 지연 학연에, 요즈음은 사회현상 인식의 성향 따라 모이고 배척하고 대립하고 갈등하는 패거리의식의 뿌리도 거기에 있을 것이다.

철없는 아이들이야 그런저런 의식 없이 또래끼리 어울려 놀며 싸우며 자랐다. 좁은 산골마을에 뛰고 내달릴 공간도 없었다. 겨울철 바람막이 양지에서 아이들은 연날리기, 제기차기, 못 치기, 팽이 돌리기, 동전 맞춰 따먹기, 딱지치기 구슬치기 등 한자리에서의 붙박이놀이들을 했다. 여름철 강이나 냇가에서의 놀이는 조금 별달랐다. 모래무더기를 쌓고 그 꼭대기에 꼬챙이를 꽂아 세운다. 참여자가 몇이든 가위 바위 보로 정한 차례대로 그 무더기의 모래를 가에서부터 긁어내린다. 꼬챙이를 넘어뜨리는 사람이 지는 게임이었다. 주위 사람 모두 어릴 때 해본 놀이이기는 하다면서도 그 이름을 아는 이는 없었다. 친분 있는 도서관장 한 분이 전거典據를 찾아 팩스를 보내왔다. '깃대 세우기'라는 이름의 '전래놀이'라고 2009년에 발간된 ≪겨레 전통도감≫에 실려 있었다.

모래 무더기에 꽂아 놓은 꼬챙이가 넘어지지 않을 만큼씩 모래를 긁어내며 노는 놀이의 명칭이 〈깃대 세우기〉라? 이율배반二律背反적 명칭이었다. 우리 모두 어려웠던 어린 시절, 할머니나 어머니가 물으시면 반어反語로 대답했다. "춥재?" "아니 예." "배 고프재?" "아니 예." 춥고 배고팠던 시절의 기억이다. 미국의 서브프라임 모기지 사태로 촉발된 글로벌 금융위기로 불경기와 청년실업 문제 등 경제가 불안하고, 북한의 미사일 발사와 핵실험 등으로 나라의 안위가 걱정인 터에, 이념이나 이해를 달리하는 두 진영 사람들이 저마다 나라와 겨레와 민주주의를 위해서라며 사사건건 대립하며 갈등을 겪고 있다.

등을 뒤로 젖혀 기대며 잠시 눈을 감았다. 열 살 남짓한 사내아이 서넛이, 푸른 산이 둘러선 냇가 모래밭에서 꼬챙이가 꽂혀 있는 모래무더기의 모래를 번갈아 조금씩 조심스럽게 긁어내며 놀고 있다. 꼬챙이가 꽂혀있는 모래무더기의 높이가 절반이나 낮아졌다. 2008년 초여름의 광화문과 태평로, 2009년 6월 초순의 서울 광장, 언제랄 것도 없이 가끔씩 벌어지는 국회의사당의 폭력과 폭거, 붉은 머리띠를 두른 노조원들이 일사불란한 동작과 함께 구호를 외치는 화면들이 차례로, 번갈아 모래를 긁어내는 아이들 위에 겹쳐 보였다.

우리 겨레는 서로 win-win 할 수 있는 타협의 유전자가 아예 없는 것일까? 아니면 타협해 가면서 상생相生할 수 있는 지혜를 터득할 만큼 성숙成熟하지 못해서일까? 하기야 타협을 말하기에는 너무 각박하게 살아온 역사였다.

(2009. 6)

'보내는 자' '받는 자'

퇴직 후의 느긋한 생활에서 아침에 잠을 깨면 누운 채 가벼운 운동을 하고, 일어나서는 평생 해 온 국민체조를 한다. 산행을 간다든가, 몸을 움직여 할 일이 없는 날은 줄넘기를 300 혹은 500회 한다. 그리고 신문을 펼쳐 그날의 일진부터 챙겨본다. 사설, 논단, 기타 읽을거리로 넘어가는 신문보기는 마치 학생 시절의 학교 수업같이 느껴진다.

첫 시간 수학, 둘째시간 국어식으로 문화면 정치면 경제면 사회면으로 넘어가는 신문 읽기는 세상과의 통로이다. 신문을 보지 못하는 날은 세수를 하지 않은 하루같이 영 개운치가 않다.

그 신문을 보지 않는 가구가 부산은 30%이다. 학교생활을 하면서 70년대부터, 기간제 교사로 나가본 2000년대 초까지 교실에서 확인해 본 변함없는 수치이다.

신문을 읽지 않는 가구에서 책을 읽으랴? '한 달 평균 독서량 1, 3권, 한 권도 안 읽었다 40%', 마케팅조사 전문기관인 리서치컴

이 전국 성인 500명을 대상으로 실시한 전화조사에서 밝혀진 수치라고 지난 7월 26일자 신문에 보도되었다.

반면에 마케팅조사 전문기관 AC 닐슨이 지난 5월 아태지역 13개국 성인 9,485명을 대상으로 실시한 소비자 심리조사에서 '살을 뺄(다이어트) 계획'이 있다고 응답한 비율은 한국 91%, 필리핀 83%, 태국 82%, 호주 74%, 뉴질랜드 71%, 중국 66%, 대만 46%, 일본 37%였다고 7월 19일자 신문에 보도되었다.

독서는 마음 가꾸기요, 다이어트는 외모 가꾸기이다. 그 두 가지의 반비례가 재미있다. G-7 선진국들은 국민 1인당 연간 독서량이 10권을 상회하는데 우리는 70년대부터 변함없는 한두 권이다. 우리 겨레의 공중의식公衆意識 결여, 거기에서 비롯되는 우리 사회의 거친 분위기, 논리 부재의 사고방식 등이 책을 읽지 않는 풍토여서이다.

퇴직 후에 맡겨진 부산도협(한국도서관협회 부산지구 협의회)에서, 알맹이 있는 일을 해보고자 '마음 밭 걸우기'란 리플릿을 매달 만들어 배포하고 있다. 처음 만든 5월에 '회보'와 함께 그것을 넣어 발송할 '공용 4호' 봉투 1천매를 조달청에서 구입했다. 봉투의 앞면 왼쪽 상단에 '보내는 자' 중앙에 '받는 자'라고 송수신인의 주소 성명 표기 위치가 청색으로 인쇄돼 있었다.

공용公用이니까 관官에서 쓰는 봉투이다. 보내는 이가 동회장이나 간이역 역장에서부터 대통령일 수 있고, 받는 이도 그럴 수 있다. 지금이야 아무려면 어떤가. 어차피 공직公職을 수행하는 사람이 보내거나 받아볼 봉투이다. '보내는 이' '받는 이' 아니면 '보내는 분' '받는 분'같이 좋은 우리말이 있고, 이왕 '자者'를 쓸 양이면 '送信者' '受信者'이면 된다. 양복에 갓 쓴 것도 아니고 왜 '받는 자' '보내는 자'인가.

詩 한 편 읽은 일이 없기에 어휘 감각이 그렇게 무디었을 것이다. 그런 식으로 처리한, 어느 일이 매끈했을까? 우리는 작은 일에 무심하다. 말은 작은 것이 아니다. 말로써 생각하고 말로써 표현하고, 그 말로써 인간관계가 이루어지고 사회가 움직인다.

프랑스에서는 신부수업 1호가 품위 있는 프랑스어 구사라고 들었다. 거기에서 프랑스의 문화와 예술이 꽃피었다.

(2005. 6)

새애기에게

진정 우리 가족이 될 새 사람을 맞는다니 괜히 가슴이 설레구나. 세상살이 우리 집이라고 별다른 것이 있겠느냐마는 몇 가지 당부해 두고 싶구나

일상생활에서 處身이나 일 처리에 있어서 常識에서 벗어나는 일이 없으면 좋겠다. 늘 自身과 가족의 건강에 유의하고, 가족은 물론, 타인 간에도 화목하게 지내도록 마음 쓰면 좋겠다.

검소하게 생활하고, 겸손한 자세로 세상을 살면서 마음으로나 물질로나 베풀 수 있는 여유를 가지면 더 좋겠다.

항상 미소를 잃지 않는 얼굴로 생활하면서, 아이들은 제 몫의 일은 스스로 해내는 사람으로 자랄 수 있도록 기르기 바란다.

배고픈 소크라테스도, 배부른 돼지도 본받을 대상들은 아니다만 언제나 책은 가까이 두고 지내는 생활이기를 바란다.

세상살이 모든 점에서 평범하다는 것은 소중한 것이니라. 살아가면서 네게 평범 이상의 좋은 일이 있거든 그 일을 하늘에 감사

하고, 겸손하게 받아들여야 할 것이니라.

새애기로 하여 우리 집안 다음 세대들이 더 밝고 건강하며, 뜻 있는 일 하며 사는 가족으로 이어지기를 바란다.

새애기야. 두 팔 벌려 환영한다.

시아버지 될 사람이 썼다.

(2006. 12. 7)

7부

마지막 소망

박형께

Ⅰ. 그동안 적조했습니다.

전화를 통해 들리는 형의 음성에 건강이 넘쳐 '여전하구나.'라고 생각했습니다. 이틀 안으로 빨리 한 편 써서 보내라는 형의 독촉을 받고 보니, 한여름 정신없던 때에 원고 제출 통지서를 받은 기억은 나더이다.

가옥대장에 1910년 1동, 1936년 2동, 1950년 2동으로 등재되어 있는 韓屋古家, 뒷비탈이 대밭인 집을 22년 전에 사 두었던 것을 뜯고 고치고 짓느라 정신이 없었습니다. S사의 2, 3차에 걸친 원고 청탁을 그래서 못 쓰겠다고 固辭했습니다.

Ⅱ. 동인지 동정란에 소개해 주셨듯이, 지난 해 8월에 퇴직을 했고 금년 7월에 물금으로 이사를 했습니다. 할 일이 없어진 작년 10월 하순부터 연산동 집을 비워 주기로 약속한 금년 4월 하순까지 매일 산에나 다녔습니다. 그 추웠던 동짓날, 소한, 대한에도

근교 산을 헤매었습니다. 천장이 높은, 2층으로 된 단독주택의 썰렁한 내부나 바깥의 소음도 그러려니와, 왠지 들어앉아 있을 기분이 아니었고, 괜히 산이 좋더이다. 어울려 가면 情과 농담이 짙어서 좋고, 혼자 가면 산의 숨소리를 느끼고, 계절 따라 날씨 따라 산의 다른 표정을 읽을 수 있어 좋더이다.

남들은 산을 찾는 이유도 여러 가지더이다.

'眷眷不忘自然'

'그리움, 보고 싶은 마음, 정맥을 따라 가면서 그대와 가고 싶은 산'

'인생과 사랑과 정을 나누는 울산 나누리 산악회'

'자연을 닮은 넉넉함으로'

'신선한 공기, 깨끗한 자연'

'학소대, 갈비의 명가'

'자연 사랑 인간 사랑 부산 사랑'

'정맥 따라 자연 따라 구름 따라 바람 따라'

'새로운 삶'

'등산 안내 서적 영남알프스 근교 산 100선. 저자 ○○○판매중 전화….'

'두메산골에서 살고파~ 매주 목요일'

'가족 산행'

'산불조심'

'환경을 보존하자.'

'미운 손이 버린 양심, 고운 손이 다시 줍자.'

'山이건 江이건 그대로 두어라.'

'쓰레기는 배낭 속에, 추억은 가슴속에'

'낙동 정맥 종주다.'

94년 백두대간 1차

95년 낙남정맥

96년 낙동정맥

97년 백두대간 2차

98년 호남정맥을(2000년 백두대간 3차 예정) 각각 종주한 산악회로서 산행 동참자도 환영합니다.'

'問余何登靑山 笑而不答心自閑'

부산 근교산 가는 곳마다에서 본, 부산의 연인들인 듯한 사람의 것을, 눈 속의 지리산, 덕유산 종주길에서 보았을 때는 반가운 정까지 일더이다.

Ⅲ. 5월 1일에 연산동의 살던 집을 비워 주고 짐을 싸서 東家食西家宿의 두 달 동안 5채 중 1채만 지붕과 기둥만 남기고 벽과 내부를 헐어 증축하고, 나머지는 헐어 빈터를 만든 채 이사를 했습니다. 그리고 아래채를 헌 자리에 조그만 통나무집을 하나 지었는데 11월 들어서야 끝났습니다. 그렇게 정신없는 예닐곱 달을 보냈으니 무슨 경황에 글을 썼겠습니까? 이제야 땀을 씻고 앉아 보니 한낮의 주위가 너무 고요하고, 날씨 따라 낙동강의 물안개가 아름다운 줄도 알겠고, 겨울밤의 초승달도 미소짓는다는 것을 마당에 피워 놓은 모닥불 곁에서야 알겠더이다.

2~3일 전에 옛 친구 서너 명이 멀리서 가까이에서 몰려와 하룻밤을 묵고 갔습니다. 동래부사 송공비가 있는 옛 나루터를 둘러 오봉산의 첫 봉우리만 돌아 내려왔습니다. 깎아지른 듯한 암벽의 臨鏡臺에는 孤雲先生의 詩가 음각되어 있었습니다.

煙巒簇簇水溶溶
鏡裡人家對碧峰
何處孤帆飽風去
瞥然飛鳥杳無蹤

자욱한 물안개 속에 낮은 산들은 줄지어 서 있는데, 강물은 쉼 없이 흘러 흘러가누나.

그림 같은 人家들은 푸른 산봉우리와 마주보며 앉았고, 넓은 강 어드매엔가 외로운 배 한 척,

돛 가득 바람 받아 쏜살같이 가는데, 언뜻 보니 날새들 어둠(물안개?) 속으로 사라져 자취조차 없구나.

메모해 내려와 옥편 뒤져가며 풀어본 어설픈 번역에다, 지금은 人家보다 덩치 큰 공장들이 들어서 있는 강 건너 마을이요, 시커먼 강물 위에 오가는 돛단배는 없어도 그곳에서 바라보는 풍광은 그때나 지금이나 변함없이 아름답더이다. 10여 년 전까지 그곳에 절이 있었다는데, 철광산의 채굴로 식수가 달려 보상받아 이웃 가촌으로 옮겨갔고, 지금은 假屋을 얽어 무속의 신을 섬기는 中老의 女人이 우리를 반갑게 맞으며, 청하지도 않은 커피와 도토리묵, 삶은 고구마를 대접하며 그곳 신장들의 영검을 얘기하더이다. 귀가하니 짧은 해는 기울어 저물기 시작하고 두 시간 40분이 소요되었더이다.

Ⅳ. 마당에 모닥불을 피우고 삼겹살을 구워 막걸리부터 마셨습니다. 박형, 이곳 막걸리가 기막히게 맛있답니다. 한여름 일할 때 물 대신 안주도 필요 없이 하루에 서너 병씩 마셨답니다. 지난 토

요일 밤에는 술 잘 먹는 처남 넷과 25병을 마셨답니다. 박형도 한 번 오시지요. 막걸리와 삼겹살과 모닥불은 언제나 준비되어 있는 상태입니다.

밤하늘에는 달이 있고 별이 있고, 아침에는 새소리와 물안개가 있습니다. 한낮에는 고요와 햇살이 있고 지나가는 경부선의 열차 소리가 가끔씩 들립니다. 자전거를 타고 몇 시간을 달릴 수 있는 넓은 들판의 포장된 農路가 있고, 강 언덕을 거닐다가 茶를 마실 수 있는 강변 카페 '詩人과 나'도 있습니다. 강가에서 오르기 시작해 양산 교동으로 내려서는 하루 거리 오봉산도 있고, 자신 있으면 원동 土谷山으로 건너가도 된답니다. 바람 불면 대바람 소리 듣고, 궂은 날에는 마루나 창가에 앉아 강 건너 神魚山이 구름 머플러를 끊임없이 고쳐 매며 멋 부리는 모습을 보는 것도 비 내리는 날 우리 집의 낭만이랍니다. 그 속에서 나는 책상에 앉아 글 쓴다고 궁싯거리기보다는 KBS FM의 음악을 들으며 일하다가 막걸리나 마시는 나날이 더 좋으니, 좋은 글쓰기는 틀린 것 같습니다.

대를 베어 울을 쳐야 하고, 움이 돋지 않은 마늘밭에 비닐도 덮어 줘야 합니다. 김장배추도 뽑아 내자를 도와야 하고, 마당에는 거두어 교체하는 보도블록을 구해 통로를 만들고, 나머지 흙마당에는 잔디를 심어야 합니다. 봄이 되면 잡초들은 얼마나 왕성하게 돋아날까 전쟁을 치러야겠지요.

박형, 쓰라는 원고는 못 쓰고 푸념만 늘어놓았습니다. 탓하지 마시고 짬 있을 때 한 번 들르십시오. 푸근한 겨울 날씨의 밤이면 더욱 좋답니다. 모닥불을 피워 놓겠습니다.

(2000. 12.)

參禪의 話頭처럼

한 주일 치 밀린 신문을 큰 글자의 제목이나 훑어보다가 한곳에 눈이 멎었다. "번뇌를 쉬게 하라. …참다운 깨달음이 온다." 평생을 참선 수행으로 보내온 무여無如 스님은 간화선(看話禪 : 화두를 들고 하는 참선수행)이 최고의 수행법임을 강조하는, 수행 자세에 대한 법문집 ≪쉬고, 쉬고 또 쉬고≫ (새로운 사람들)를 발간했다는 기사였다. 왕복 두 시간이 넘게 걸리는 서면으로 한걸음에 달려가 책을 사왔다. 면벽 참선 3년이니 10년이니 하는 그 어려운 참선 수행도 화두話頭를 들고 하는 것이 최고의 수행법이요, 화두는 믿고 의지할 만한 스승에게서 받아야 한다는데 눈이 번쩍 띄어서였다.

신문에 칼럼을 처음 쓴 지가 31년, 부산문협에 이름 올린 지 20년이 지났다. 시속 73㎞의 세월을 근교 시골집에 살면서, 집안의 끝이 없는 잔일들도 하고 산에도 다니자니 논단면論壇面만 읽고 넘기는 신문 보기도 거르는 날이 있다. 초록 잎새 부드럽던

5월에 동인지에 한 편 글을 보내고, 두 곳은 완곡히 못 보내노라 양해를 구했는데도 두 곳이 남아 있다. 하얗게 세어 버린 머리칼처럼 바랜 듯한 머릿속에서 나올 것이 있을 리 없어 원고지는 펼쳐둔 채, 밀린 신문이나 뒤적이다가 눈에 띈 기사였다.

무릇 한 분야의 전문가를 프로(professional)라고 한다. 프로팀의 운동선수들, 전문직 종사자들, 예술분야에서 '-가家'의 호칭으로 불리는 이들이다. 프로라면 어떤 경우에도 자기 분야에서의 제 몫은 잘 해내는 이어야 한다. 그러나 프로들도 인간이어서 항상 잘 해내는 것은 아니다. 박찬호도 마이너(Minor)로 내려간 일이 있고 확률 높은 홈런타자 이승엽도 슬럼프에 빠지곤 한다. 환자의 생명을 다루는 집도의의 긴장이 어떠하랴. 그럼에도 그들은 부딪히는 상황이 있고 그 상황 속에서 제 몫을 성공적으로 해내면 된다.

그러나 작가作家라는 사람들, 시詩를 쓰는 이는 어감상 시인詩人이라 일컫지만, 소설가 극작가(희곡작가), 수필가 등의 작품활동이라는 것은 그들이 부딪치는 현실의 어느 상황에서가 아니라 구름 잡듯이, 생각 속에서 무엇인가를 붙잡아 그것을 형상화해야 하는 작업이다. 그러자니 무엇인가를 붙잡아야 시작이라도 할 수가 있다. 그래서 붙잡은 그 무엇을 통해, 무엇을 말할 것인가?의 경우, 앞의 '무엇'은 소재이고 뒤의 무엇은 주제이나, 그 두 무엇의 순서가 뒤바뀌어 잡히기도 한다.

이 두 가지의 무엇을 붙잡아도 그것을 어떻게 표현할 것인가가 되면 그 '어떻게'는 장르 따라 달라진다. 수필의 경우에는 그 '어떻게'를 두고 '무형식의 형식'이니 '붓 가는 대로'라고 말하고 있으나. 현실 세계에서 자유와 자율을 전제로 하는 민주주의가 민도가 낮은 후진국에서일수록 꽃피기 어려운 것과 마찬가지로 수필의 표현 방법에서 역시 그와 같지 않을까 싶다.

"가치는 오직 표현에 있다."는 말은 예술작품을 두고 하는 말이다. "구슬이 서 말이라도 꿰어야 보배"고 "보기 좋은 떡이 먹기도 좋다."는 우리 말 속담도 그와 무관치 않으리라 생각된다. 그 중요한 표현의 능력은 차치하고도 "무엇을 무엇으로"의 '무엇'조차 잡히지 않은 상태로 시간만 보내고 있다. 좁지 않은 집 울안의 할 일들은 쌓여가고 밖에 나가고 산에 갈 날들도 달력에는 띄엄띄엄 적혀 있다. 돈빛은 없는데 글빚에 쪼들려 마음 편치 않았는데 그 기사를 읽자 떠오르는 것이 있었다.

15~16년 전 근무교의 교지 편집을 맡은, 국어과의 젊은 여교사가 〈만남〉이라는 제목을 주며 교지에 싣겠다고 글 한 편을 써 달라고 했다. 교지에 실었던 그 글을 몇 해 후에 손질해 어느 수필지에 실었었고, 그 수필지 출판사에서 여러 필자들로부터 각기 자신들의 대표작들을 받아 ≪나의 대표작≫이라는 특집을 엮을 때에도 그 작품을 게재했었다. 최근에도 흔치 않은 제목을 주며 5~6매 분량으로 써달라는 청에 응한 바 있었다. 주어지는 제목에는 '무엇'과 '무엇'을 찾느라 애쓰지 않아 좋았다.

젊은 날에는, 지금이나 마찬가지로 표현력은 모자랐으나 쓰고 싶은 것은 많았다. 이제 희고 윤기 잃은 머리칼 닮아 감성도 메마르고 시력도 약해져서인지 그 '무엇'부터가 먼 허공에서 희미하게 가물거릴 뿐 뚜렷한 모습으로 드러나지도 않는다. 약해진 시력에도 드러나 보이는 것은 멀고 가까운 주위 현실의 부조리들이지만, 그것을 글로 쓴대야 주책없는 늙은이의 푸념이나 될 것이다. 피비린내 풍기는 격렬한 살육전의 참상이 매일 신문 지면을 메우던

6·25전쟁 와중에 황순원은 순진한 소년 소녀의 사랑이야기 〈소나기〉를 써서 전쟁 중 광주에서 발간되고 있던 ≪신문학≫(1953. 5)에 발표했었다. 문학을 향한 그의 구도자적 자세를 엿보게 하는 대목이다.

내 어설픈, 한 편 글쓰기를 참선에 비유해 좋을 일인지 모르겠다. 참선은 구도자가 자신의 마음을 닦는 수행법의 하나이다. 글을 쓴다는 것은 그 글을 읽는 이에게 보내는, 글쓴 이의 마음의 메시지이다. 참선을 통해 닦아지는 마음 이상으로 읽는 이에게 그 글이 감동을 주고 마음을 닦게 하는 구실을 한다면 괜찮을 일이나 그러지 못한다면 무엄한 일이라 생각된다. 내가 쓰는 이 한 편 글이 그런 무례를 저지르지 않으면 좋으련만. 그것도 내가 판단할 몫은 아닐 것 같다.

(2009. 6)

산딸기를 땄더니

-나의 문학수업 시절

보리를 심거나 채전으로 가꾸던 비탈 텃밭들에 이제는 산딸기를 심은 곳이 많다. 내가 퇴직 후 옮겨와 1년 남짓 살고 있는 이 고장은 지금이 한창 산딸기 수확기이다.

산딸기나무는 찔레나무와 비슷하나 온몸에 가시가 나고 4~5월에 흰꽃이 핀다. 열매는 6~7월에 검붉은 빛으로 익는데 약으로 쓴다. 산과 들에 절로 자란다. 여느 식물과 마찬가지로 거름을 주면 열매가 크고 단맛이 더하나 다른 손질은 하지 않으니 열매 따는 일이 그 농사의 모두이다.

어느 하루, 이웃 분의 산딸기 수확에 동참했다. 멋모르고 집에서의 일상복 그대로 반소매셔츠에 장갑도 끼지 않고 들바구니 하나 들고 따라 나섰다. 촘촘한 가지에 가득 나 있는 작은 가시에 손등과 팔뚝을 긁혀가며 한 바구니를 따왔다. 그날 저녁부터 손등과 팔뚝 가득 땀띠 나듯 솟은 피부가 가려워 한 주일 넘게 혼이 나고 있다. 정신없이 긁어대며 때마침 시외통화로 청탁받아, 써야 할 원고 내용의 꼬투리를 잡았다.

'나의 문학수업 시절' 편집자가 기대하는 刻苦의 문학수업 시절이 있었다면 '프로'라는 말인데 내게는 그런 기간이 없었다. 근래 10년 간격을 두고 두 권 책을 엮어냈으나 읽는 이의 가슴에 남을 만한 글 한 편이 없었고, 지금도 글 한 편을 쓰기 위해 시작해서 끝내기까지 숱한 시간과 원고지를 소모하고 있다.

돌이켜보매 이 제목으로 글을 쓰기까지의 과정이 온통 逆順이었다. 1991년 6월에 20년 동안 써온 글 60여 편을 모아 책 한 권을 냈었다. 그 글들은 공립학교 5년 만기 순환근무제에 따라 옮겨다니며, 당시 재직교의 교지에 실었던 글, 1978년 12월과 1987년 11월 한 달씩 지방지 P일보 문화면에 실었던 칼럼, 1989년 3월부터 CBS 부산국의 5분칼럼 '나의 5분간' 매주 1회씩 3개월분, 부산교련 파견근무 시절 내가 편집했던 회보에 발표한 글들과 1987년부터 입회한 동인지에 실었던 글들을 모아 엮은 것이었다. 그러한 글쓰기의 과정에 보람과 아쉬움이 없지도 않았다.

1978년 11월 P일보에 칼럼을 쓰던 때였다. 그때 중앙의 D이던가 J일보에 김열규 교수의 우리말 어원과 관련된 내용의 칼럼이 연재되고 있었는데 그와 유사한 칼럼을 만들면 맡겠느냐는 문화부 A기자의 제의를 수락하지 못한 일, CBS 부산국의 '나의 5분간'은 9월까지 6개월 해달라는 요청이었으나 3개월을 자진 반납했던 일은 아쉬움으로 남아 있다. 1987년 11월 21일 P일보 칼럼 '입시를 앞둔 딸에게'가 다음날 밤 부산 MBC 라디오 '별이 빛나는 밤에' 낭송된 것을 고3 딸아이나, 여고 3학년 수업에 들어가던 내가 이튿날 교실에서야 알았던 일, 부산교련 파견교사로서 투고해 1990년 9월 10일 조선일보 '나의 주장'란에 게재된 글을 두고, 당일 오전 부산시교육청에서는 긴급 간부회의가 열리고 서울에서는 교육담당 안기부 요원이 한국교총 회장을 방문했던 일은, 문예문은 아니나 나의 주장에 반향이 컸다는 점에서 글쓴 이로서는 흐뭇한 일이었다.

글쓰기와 관련해 내 교직 생활 중의 가장 큰 아쉬움으로 남는 것은 '한국교육신문' 논설위원으로의 파견 근무가 좌절된 일이다. 3년간의 부산교련 파견 근무를 마치고 학교에 돌아와 근무하며 부산교련 부회장으로도 활동하던 때였다. 부산시교육감 W씨는 교총 회장의 요청으로 신문사 파견 근무 서류를 교육부로 발송했다고, 가거든 좋은 글 많이 쓰라며, 불러서 격려도 해 주었었다. 공교롭게도 한국교총이 교육부의 전문직 정원 감축에 반대하여 교사들의 서명운동을 주도하던 때여서 가정학과 교수이자 교육부의 수장이던 K장관이 한국교총의 현직교사 파견근무제도 자체를 없애버려 그 기회는 무산되고 말았다. 악재만 겹치지 않았더라면 그 2, 3년이야말로 뒤늦게나마 책 읽고 글만 쓰는, 알뜰한 나의 문학수업 시절이 될 수 있었을 것이다.

문단이라면 1988년 5월에 부산문협에 가입했고, 1989년 9월호 중앙의 수필지 초회 추천으로 지내던 중 먼 곳에서 발행하는 수필지의 원고 청탁을 받아 보낸 자품으로 천료를 삼은 것이 1995년 여름이었다. 耳順 턱밑에서의 등단이라 쑥스러우면서도 새삼스레 글쓰기가 조심스러워졌다.

핑계 없는 무덤이 없다지만 한국에 1937년생 소띠의 명망 있는 문인이 누구누구인가. 아니 어느 분야에서건 우뚝 선 이가 몇이나 되는가. 1937년 그해에 중일 전쟁이 시작되고, 일제의 압박과 착취는 가혹해지기 시작했다. 초등학교 입학해서 1년 반 만에 해방을 맞았고, 중학교 입학한 달에 6·25가 터지고, 고1 때 휴전이 되었다. 한 해도 거르지 않은 이는 대학 4학년 때 4·19가 났다. 그들의 청소년기에 우리말 읽을거리나 있었는가. 중학교 교과서는 전시독본이었고 길가 돌멩이에 앉아 수업을 했다. 미술, 음악은 아예 시간조차 없었다. 도회지인들 전기나 제대로 들어왔으며 양초나 쓸 수 있는 세월이었던가.

그것도 핑계다. 크누트 함순, 찰스 디킨즈, 林文子(히야시 후미꼬), 강경애, 최서해, 손창섭 등 역경을 딛고 문학으로 立身한 이들도 많다. 그러나 해방과 6·25와 4·19로 이어지는 그 총체적 혼란과 역경 속에서 꿈은 있어도 수련의 기회는 없었다.

古都의 사범부속초등학교와 사범병설중학을 다니면서 작은 가슴에 싹텄던 교직과 문사에의 꿈은 상고를 나와서도 버릴 수 없어 국어교사가 되었다. 내가 접한 문장은 교과서의 글들이었고 문학전집 속의 작품들이었다. 못 오를 나무는 쳐다보지도 말라는 속담이 있다. 명문들을 읽고 가르치면서 감히 글을 쓰겠다는 엄두를 내지 못했다. 고작 쓰기 시작한 것이 재직교 문예부 학생들의 청탁을 거절하지 못해 교지에 실을 글과 학교 행사 때의 신입생 환영사나 송사, 답사 정도였다. 세월이 지나면서 지방지 문화면의 칼럼도 쓰게 되고 방송국의 육성녹음용 원고도 쓰다 보니 글을 좋아하는 이들과 어울려 동인지도 내면서 여기까지 왔다.

흔히 의욕이나 욕구를 갈증에 비유를 하나 모두에 가려움 이야기를 했다. 그로 비유하자면 나는 모기에 물린 자리를 잠깐 긁어 가려움을 해소시키는 식의 글쓰기로 시작한 셈이다. 진즉 야산에, 한 귀 손바닥만한 산딸기밭을 일구거나 절로 자란 산딸기나무라도 헤매어 찾아, 제철에 산딸기를 딴 일이 있었던들 내 알레르기

성 피부 때문에 한 주일 넘게 자면서도 손등과 팔뚝을 긁어대듯이, 치열한 글쓰기의 수업 시절이 있었을 것이다.

내 이름으로 발표된 글 한 편은 그것이 곧 전희준이기 때문에, 이 글 또한 원고지에만 세 번째 옮겨 쓰고 있다.

(2001. 7)

종심소욕從心所欲

일흔 나이를 고희古稀라기도 하고 종심從心이라기도 한다. 고희는 두보의 詩 〈곡강曲江〉에서 유래했고, 종심은 논어(위정편)가 출전이다. 둘 다 일흔 나이를 일컫는 말이기는 하나, 두 말이 쓰이기 시작한 시대 상황이 다르고 두 사람의 생애가 다른 만큼 두 명칭에서 느껴지는 뉘앙스가 다르다.

천수를 누리며 반듯하게 살아 만인의 스승이었고 성인의 반열에 오른 공자는 "나는 십오 세에 학문에 뜻을 두었고(志學), 삼십 세가 되어서 기초를 세우고(而立), 사십 세가 되어서 사물의 이치에 대하여 의문나는 점이 없었고(不惑), 오십 세가 되어서 천명을 알았고(知命), 육십 세가 되자 남의 말을 순순히 받아들일 수가 있었고(耳順), 칠십 세에 가서는 뜻대로 행하여도 도에 어긋나지 않았다(從心)."고 말씀하셨다. 규범에서 벗어나지 않는 모범적 생애를 살았을 때 일컬을 수 있는 연령대별 명칭들인 것을 알 수 있다.

두보는 44세에 안록산의 난을 만나 포로가 되었다가 1년 후에 탈출하여 새로 즉위한 숙종의 행재소에 달려가, 그 공에 의하여 좌습유의 벼슬에 오르고, 관군이 장안을 회복하자 장안에 돌아와 조정에 출사하였으나 48세에 관직을 버리고 가족과 함께 생계를 위해 각지를 전전하다가 59세의 나이로 동정호에서 생애를 마쳤다. 〈曲江(곡강)〉은 그가 장안에서 관리를 하던 47세에 지은 詩들 중의 칠언율시 〈곡강이수〉로 그 둘째 수에 古稀(고희)가 나온다. 일흔의 나이를 살며 주위의 지인知人들이 가버린 외로움에서 빚어져 나온 말이 아니고 당시 항간에 전해내려오는 말을 그대로 두보가 詩에 옮긴 것이라고도 한다.

朝回日日典春衣　每日江頭盡醉歸
酒債尋常行處有　人生七十古來稀
穿花蛺蝶深深見　點水蜻蜓款款飛
傳語風光共流轉　暫時相賞莫相違

조정 일이 끝나면 날마다 봄옷을 전당잡혀 / 곡강 가에서 술 마시고는 취해서 돌아가세 / 술값 외상은 어디에나 으레 있게 마련 아닌가 / 인생 칠십 살기 어려우니 술이나 마시세 / 꽃 사이에서 꿀을 빠는 나비는 자욱이 날아들고 / 물을 스치는 잠자리 떼는 한가로이 날고 있네 / 이내 심사 풍광에 실어 함께 흘러가니 / 잠시라도 즐겨 어긋나지 말자꾸나 /

인생무상이 지나쳐 퇴폐적이기까지 한 느낌의 詩다. 성당盛唐시대가 기우느라 안록산의 난이 터진 시대 상황이라 절정기를 지나

기우는 왕조의 분위기였다..

나는 전 정축생前丁丑生이니 일흔 나이가 되었다. 식민치하, 광복, 6 · 25, 4 · 19, 5 · 16 등 숱한 역사의 고비도 있었고 격랑도 겪었다. 겨울 산행에서의 귀로, 고속도로 경주 휴게소 수도꼭지에서 더운 물이 나왔다. 그 물로 손을 씻으며 곁에 선 제주도 출신의 같은 연배 동행에게 물었다. 어릴 적 고향집 뒷간 아래 칸에 그것 받아먹고 자라는 돼지(똥돼지)가 있었느냐고. 세상이 그렇게 변했다.

기아선상에서 허덕이던 백성들이 이제 다이어트를 하느라 야단이고, 비만이어서 걱정들을 하고 있다. 배고팠던 청 · 소년기, 숨 가빴던 중 · 장년기, 그 고비를 넘기고 연금으로 늦잠 자는 노후를 보내고 있다. 복받은 세대라고 고맙게 생각하며 생활하고 있다.

부산 시계市界를 갓 벗어난 근교, 뒷비탈을 낀 230평 시골집엔 약초도 잡초도 부지런히 자라고, 일은 해도 해도 밀리기만 한다. 책상 앞에 앉으면 펜을 잡게 되고 밭에 있으면 호미를 잡게 된다. 주 1회 평일 원거리 산행을 하고, 이런저런 모임으로 부산 출입도 해야 한다. 어줍잖은 글이라도 쓴답시고 마감이 가깝다며 원고 독촉이 심하다.

해방 직후 혼란기에 초등학교를 다녔고 6 · 25 와중에 중학교를 마쳤다. 휴전 직후 고등학교 시절이라고 어엿한 우리 책이 출판되지 않을 때 학창생활을 했다. 퇴직을 하고 여유 시간 나면 못 읽은 고전들 섭렵하리라는 작정은 약해진 시력에 마음 다짐으로 끝났다. 신문 한 면을 읽으려도 돋보기 안경에 또 손에 드는 돋보기를 덧대고야 읽을 수 있는 처지니 책을 읽는 일이 멀어지고 있다. 세상 돌아가는 생생한 뉴스가 펄쩍펄쩍 뛰고 있는, 제 날짜 신문도 못 보는 날이 있다.

문인협회에 이름이 올라 있으니 책을 내는 이들이 한 권씩 보내 온다. 고마운 일이나 몇 편 못 읽고 쌓이기만 한다. 원고 독촉을 받으면 그 일들이 떠오른다. 다른 분들이 보내오는 책을 내가 다 읽지 못하는데, 내 글이라고 누가 다 읽어 줄 것인가? 글 한 편 쓰느라 밤잠을 설치고, 밀린 일을 제쳐가며 끙끙대고 써 본들 몇 사람이나 읽고 공감할 것이랴? 쓰지 않고는 못 배길 절실함에서라면 또 모르리라. 그러니 일흔 나이에 그런 집념도 정열도 사라진 듯하다. 그러다보니 원고지를 펼쳐놓고 앉았다가도 일어나 잡초를 뽑고 푸새를 가꾸고 찬거리를 뜯는다. 새들의 지저귐과 라디오 FM의 음악을 들으며 햇살 아래 그렇게 일하는 것이 즐겁고 행복하다.

내 일흔에는 세 번째 작품집을 내리라 마음먹어 왔다. 정작 일흔 나이의 생일 달에 여태 각자 다녔던 해외여행을 그 돈으로 부부동반 9박 7일 터키 여행을 다녀왔다.

얼마 전에 세상을 떠난 경제학자 죠지프 슘페터가 죽기 닷새 전에 말했다고 한다. “진정으로 사람의 삶을 변화시킬 수 없는 책이나 이론은 아무 소용도 없다는 것을 깨달았다.”고. 언감생심 그런 거창한 명분에서가 아니다. 70대의 나이에 왕성한 연구활동을 하고 저술이나 작품을 남긴 분들도 많다. 퇴직 후 문예지를 발행하여 신인을 등단시키는 문단 동료도 있다. 그들의 열정과 능력과 추진력이 부럽기도 하다.

나는 자신의 분수를 아는 데서 오는 철듦일까? 의기소침일까? 아직도 하루 10시간 넘게 산길을 걸을 수 있는 체력은 있다. 5월 중순에도 1박 2일의 백두대간 두 소구간을 걸었다. 가뿐한 몸 상태, 그 건강을 유지하고 싶은 것이다. 신록 우거진 5월의 깊은 산골길을 걸으면 무념무상의 무아지경에 든다.

누군가가 인생은 실패할 때 끝나는 것이 아니라 포기할 때 끝나는 것이라고 했다. 그 '인생'을 '글쓰기'로 바꿔 표현해 두고 싶다. 생각들을 좀더 숙성시켜 절실하게 쓰고 싶을 때 쓰고 싶은 것을 쓰는 것이 옳은 글일 것이다. 그런 글로 내 희수喜壽에는 책 한 권 내고 싶다. 그게 從心所欲 不踰矩(종심소욕 불유구)의 나이 값이 될 것 같다.

내 일흔의 삶과 꿈

2004년 총선을 앞두고 당시 여당의 당의장 J씨는 "어르신들은 투표하지 않아도 좋으니 집에서 편히 쉬십시오."라고 했다. 오늘 신문에는 "예순 살, 특급 호텔에서 울다. '무궁화 5개' 피트니스 클럽 7곳 … 물 흐린다. 나이 제한" 이라는 제목의 기사가 실렸다. 호텔 측은 심장 마비 등 건강상의 위험을 말하나, 속내는 젊은 층의 눈치가 보이고 돈도 안 되기 때문이라고 기사에는 밝히고 있다.

이런 노인 푸대접의 나라에 2006년 8월 21일자 신문에, 20세 이상은 일반단원으로, 40세 이상은 시니어단원으로 지원할 수 있는, '한국국제협력단(KOICA)'의 '2006년도 제 4차 한국 해외 봉사 단원 모집' 광고가 실려 있었다.

29일이 마감이어서 27일 밤에 온라인으로 직접 '한국어 교육'에 지원서를 제출했다. 그리고 9월 5일, 온라인으로 서류 심사에는 통과되었음을 알았다. 9월 10일 서울에서 면접을 치르고 15일 역시 온라인으로 낙방한 것을 알았다.

한국어 교육 지원 서류 심사 통과자는 일반 단원 18명, 시니어 단원 5명이었으나 면접 합격자는 일반 단원 5명뿐이었다. 그것도 제출 서류 확인, 신체 검사, 신원 및 신용 조회 결과를 종합해 9월 29일에 발표한 최종 합격자는 단 1명이었다. 온라인상의 모집 공고 내용에 한국어 교육 지원 대상국과 인원은 5개국 10명이었다.

광고를 보고 지원서를 제출하면서부터 왠지 꼭 가게 될 것이라는 믿음 같은 것이 생겼다. 9월 모집이 제 4차였는데, 3차에도 일반 단원은 최종 합격자가 18명이었는데 시니어는 한 명도 없었던 터다. 나는 젊은 날 부산 MBC 라디오 방송국 성우 모집 시험에 합격한 음성과 발음으로 33년간 고등학교 국어교사를 했고, 건강도 월 2회 백두대간을 하루 20여 킬로미터 10시간이 넘게 이삼 일을 걸어내는 체력이라 무엇이 부족하랴 싶었다. 그런저런 믿음에서 면접관에게 차분하고 겸손하지 못한 인상을 주었는지 모르겠다는 생각은 든다.

세 사람이 앉아 있는 일반 면접에서 지원 이유를 물었다. 잠깐 마주앉아 묻고 답하는 몇 마디의 대답보다 평소의 내 생각을 밝히는 것이 효과적이리라 생각하고 두어 가지 재료를 가지고 갔었다. 내가 1991년 처음 낸 수필집 2쇄에는 현직에서 파견(부산교련)나가 근무하던 한국교총의 당시 H회장께서 주신 서신을 책 끝쪽에 실었었다.

전희준 선생께

선생의 수상집 ≪호박잎과 카레≫를 받고도 차일피일하다가 감사의 말씀을 드리지 못한 채 오늘에 이르렀습니다. 또한 출판

기념회에 참석지 못하고 화초 한 그루로 대신하여 대단히 죄송합니다.

선생님의 수상집은 제목부터가 구수하고 토속적인 냄새를 풍겨 읽어 보고자 하는 구미를 당기고 있습니다. 부담 없이 책장을 들여다볼 수 있음을 다행스럽게 생각합니다. 이 '관'이 있을 때 사람은 보람 있는 삶을 즐길 수 있지 않겠습니까!

계속해서 틈틈이 뼈대가 담긴 글을 써 주시기 바랍니다. 거듭 인사가 늦은 것을 나무라 주시기 바랍니다. 안녕히 계십시오.

1991년 6월 21일 현승종

1999년 8월, 당겨진 정년을 맞아 퇴직하면서 발간해 동료 후배 지인들에게 드린 두 번째 책의 앞장 갈피에는 인쇄한 쪽지 한 장을 끼워 돌렸었다.

未覺池塘春草夢미각지당춘초몽인데 階前梧葉已秋聲계전오엽이추성이라더니, 당겨졌다고는 하지만 어느 새 정년을 맞았습니다.

세상살이 어느 분인들 혼자 힘이겠습니까만, 그동안의 고마움에 이 한 권으로 부족할 줄은 알면서도, 보잘 것 없는 글 모아 엮은 책 한 권 드리는 바입니다.

앞으로도 건강이 허락하는 한 주위와 세상에 진 빚 갚는 자세로 열심히 살겠습니다.

내내 건강하시기를 두 손 모아 빕니다.

1999년 7월 삼가 전희준 드림

세 분 중, 한 분의 물음에 "외람됩니다만, 이것을 드려도 되겠습니까?"고 물으며 책 두 권을 펼쳐, 한 권은 H회장님의 글이 나오게, 또 한 권은 갈피 속에 끼운 쪽지가 보이게 놓았다.

두 번째 물음은 "이집트를 지망하셨는데, 다른 나라는 안 되겠습니까?" 였다. 한국어 교육으로 KOICA에서 파견하는 전체 대상국과 인원은 아주지역 12 미주지역 4 구주CIS지역 2 중동지역 1 아프리카지역 3개국 등 총 인원 93명으로 개발도상국들인데 2006년도 제 4차 모집의 파견 대상국과 인원은 몽골 1명, 캄보디아 1명, 이집트 1명, 동티모르 2명, 베트남 5명이었다. 지원서에 자취 경험 유무를 묻는 항목도 들어 있어 고생길이기는 하나, 한국어 교육 봉사 외에도 이국異國 동경憧憬이라는 낭만浪漫도 작용했다. 이왕이면 유구한 역사를 지닌 인류 문명 발상지이자 지중해 연안국 이집트가 있었다. 1지망은 이집트, 2지망은 베트남으로 했고, 모집 광고 내용에 최종 파견국은 변경될 수 있다는 항목도 있었다. 그런 저런 사연들은 접어둔 채 "카이로 주재 J일보 S특파원이 조카사위입니다."고 답했다. 만리타국에 그런 연고 있다는 것이 도움될 줄 알았다. "더 하실 말씀은 없습니까?"라는 물음에는 "고령자 시범 케이스로라도 보내주시면 열심히 해서 보람으로 삼겠습니다."고 했다.

퇴직한 지 이제 7년. 그동안에도 열심히 살았다. 처음 2년은 집을 옮겨 자리잡느라 바빴고, 그 후로도 230평 시골집은 일이 끊이지 않는다. 그 가운데에서도 금빛봉사단 활동에, 도서관협회 업무와 관련된 독서진흥운동의 일환으로 '마음밭 걸우기' 팸플릿을 월 5,000매씩 제작 배포하기를 2년, 평일 주 1회 산행에, 월 2회 백두대간 종주를 계속하고 있다. 그런 내 생활의 자세가 통하리라 믿었다.

그리고, 내 청소년기인 50 · 60년대의 가난과 산업화시대의 분주했던 장년기를 보내고, 이제 세계 10위권의 경제 강국에서 연금 받아 노후를 즐기면서, 대견해진 내 나라의 고마움에 보답할 기회라고 생각했다. 현존 문자 중 가장 우수한 문자라고 세계의 석학들이 극찬해 마지않는 한글로 우리말을 후진국 사람들에게 가르치는 뿌듯함도 맛보고 싶었다

원조를 받던 나라에서 원조하는 나라로 바뀐 유일한 나라 대한민국! 그 모든 시대를 살아온 사람으로서, 멀리 떨어진 자리에서 내 나라를 바라보고 싶은 심정에서이기도 했다.

연령의 상한선을 넘지 않는 한, 다시 지원서를 제출할 것이다. 그때의 면접에서는 아주 겸손하고 분명한 말로써 물음에 답할 것이다.

마지막 소망

'77년 7월 7일 7교시 7반 수업에 들어 온 행운幸運의 사나이" K여고 재직 시의 그 시간 수업에 들어갔을 때 교탁 위에 놓여 있던 쪽지의 내용이다. 장마철의 젖어 지낸 습기 속에 밝은 소식이라고 여겼는지 6월 하순부터 매스컴에서 자주도 들먹이던 그 吉日에 7교시 7반 수업까지 겹쳐 곱빼기 행운을 안았던 셈이다. 내 나이 마흔이었고, 뒤늦게 들어선 교직생활은 10년 세월이 흐르고 있던 해였다.

杞나라의 할 일 없는 한 사내가 그랬던 것처럼 사람의 어쭙잖은 생각 가운데의 어느 것은 마음 한 귀퉁이에 남아서 영 떠나질 않고 가끔 되새김질까지 하게 하는 것이 있다. 별 볼일 없던 그 행운 이후 내게도 떠나지 않는 생각 하나가 가끔 되새김질을 하게 했다. 하나의 숫자로만 겹쳐 이어지는, 앞으로 맞이할 해와 달의 그날, 나는 어떤 모습으로 어떤 삶을 살고 있을까?라는 생각.

"마흔이 넘으면 자기 얼굴에 책임을 져야 한다."고 말한 이가 있었다. 마흔이면 대개 삶의 방향이 결정되고, 앉은 자리에는 그 사람의 체취가 배기 시작한다. 거기에 이르기까지의 과정과 마음 자세, 체취가 고스란히 시각의 대상으로 드러나는 곳이 얼굴이다. 마흔 이후에는 무엇이 얼마나 달라지랴. 벌여 놓은 사업이 번창하거나 직장에서 승진이라도 하는 이는 행운이 따르고 성공하는 삶이다. 마흔 너머라고 이런저런 꿈조차 없으랴만, 쉬 이루어지는 것이 그게 어디 꿈인가?

살다보니 88년 8월 8일에는 다행히 방학 중의 보충수업에서도 벗어나 운전교습을 받았고 면허증을 땄다. 99년 9월 9일에는 65세 정년이 62세로 당겨져, 만 3년 손해보고 나온 정년퇴직자의 신세가 되어 있었다. 2001년 1월 1일에는 연례행사였던 해맞이도 거르고 이사온 지 여섯 달째의 시골집 둘레에 대나무 울타리를 쳤다. 65세 정년이었으면 며칠 전에야 퇴임했을 것이다. 당겨 나온 그 3년 동안에, 20여 년 버려두었던 시골집을 사람 사는 집으로 손보느라 많은 땀을 흘렸다.

2011년이면 내 나이 고희古稀와 희수喜壽의 중간이 된다. 올해 이른 봄에, 대를 쳐낸 뒤란 비탈밭에 茶나무 씨앗 한 말을 심었다. 한여름을 지내며 그것들이 싹을 틔워 자라고 있다. 2011년 11월 11일 오전 11시에는 늙은 아내와 거실에 마주앉아, 그 잎을 손수 빚어 우린 차를 앞에 놓고, 늦가을 햇살에 짙게 물들어가는 나뭇잎들을 바라보며 바흐의 음악을 들을 생각이다.

우리나라도 고령사회로의 진입과정에 있다. OECD 회원국이라고는 하나 고아 해외 입양 제1위의 나라에서 노인복지를 기대해도 좋을까? 다행히 내게는 평생 연금이 보장되어 있고, 우리 가족 식탁에 올릴 만큼의 푸성귀는 가꿀 텃밭이 있는, 부산 근교의 시골집에서 살고 있다.

2022년 2월 22일은 2시 22분이 아니어도 좋다. 그날이 나의 "아름다운 이 세상 소풍 끝나는 날" 되는 것이 내 마지막 소원이다. 오복五福 가운데 부富는 언제나 먼 곳에 있었고 유호덕攸好德은 내 그릇 탓이겠으나 수壽와 강녕康寧은 그 중에서도 가까운 것이라 생각하고 있다. 고종명考終命이야 앞으로의 일이다.

뒤돌아 옛일을 더듬어 보면 유년기의 나는 노란 병아리 무늬가 포켓으로 달린 에이프런을 입고 아침마다 배달되는 따뜻한 유리병 우유를 마시고 세발자전거를 타며 놀았다. 하얀 상투모자를 쓰고 두 누나 사이에 서서 찍은 그때의 빛 바랜 사진이 부모님의 낡은 앨범에 남아 있다. 광복을 맞으면서 이 땅에 일기 시작한 바람이 회오리로 불어 지나간 후 우리 집은 철 없는 소년이 세대주가 되었다. 그때부터 어머니가 가계家計를 지탱하셨고 소년은 방과 후엔 집에서 어린 동생들과 함께 있어야 했다.

2월의 정년퇴직을 앞둔 S대의 K교수에게 전화를 걸었다. 암을 이겨내고 연구활동이 여전하다는 기사를 읽고 전화를 낸 후 오랜만의 통화였다. 그도 이제 퇴직 후가 생각되는지, 방과후 축구놀이에서 자신이 골키퍼였던 초등학교 시절을 되새기면서, 이제는 인터넷에 그때의 기억들을 모아보자고 했다. 내 기억의 소년기 영역에는 운동장이 없었다.

밀린 잠은 찾아 잘 수 있어도 거른 끼니는 찾아 먹지 못한다. 공백의 소년기를 노후의 세월로 보상할 수 있을까? 물가 상승에 견주어 보면 해마다 줄어드는 셈이긴 해도 매월 어김없이 입금되는 연금으로 생활은 꾸려갈 수 있을 것이다. 뒤란의 비탈밭 茶나무는 몇 해 안 가 그 잎으로 차를 빚을 수 있을 것이며, 꽃들은 해마다 피었다 지고 새들도 날아와 지저귈 것이다. FM라디오의 음악은 여전히 감미롭고, 멀리 바라보는 서녘하늘의 노을도 변함없이 장엄하고 숙연한 빛깔일 것이다. 그 속에서 2022년까지는 텃밭을 가꾸고 가끔씩 먼 산에도 오를 수 있는 체력으로 살고 싶다.

2022년 2월 22일은 大吉日이라고 동양권에서는 야단들일 것이다. 벌써 2002년 2월 22일에, '2'자로만 이어지는 날은 한 쌍을 뜻하는 2자가 겹쳐 있어 결혼하기에는 안성맞춤의 吉日이라고, 대륙의 중화권 본토와 홍콩 싱가포르에서까지 평소의 4배가 넘는 젊은이들이 결혼식을 올렸다는 보도가 있었다. 같은 해 3월 27일은 음력 2월 22일이어서 탤런트 채시라가 서울 소공동 롯데호텔에서 1,500명 하객이 붐비는 가운데, 2시 22분에 맞춰 결혼식을 올렸다는 기사도 있었다.

一切唯心造, 반 잔의 술을 어떻게 보느냐도 마음에서 비롯된다. 둘이 만나 하나됨은 하나가 하나에서의 떠남이다. 이승에서의 떠남도 홀로의 여정旅程이다. 홀로 먼 길 나서는 날이 吉日이면 더 좋을 일이다. 개똥밭에 굴러도 이승이 좋다고들 하지만 지나침은 못 미침만 못하다고도 한다.

이제 우리나라도 고령사회의 도래를 염려해야 할 만큼 평균수명이 길어져가는 데다, 내 조부님은 건강하게 지내시다가 미수米壽에 졸卒하셨다. 2022년 2월 22일이면 내 나이 만 85세에서 24일이 모자라는 세월이다. 그날은 아침 산책나서듯 조용히 눈감았으면 좋겠다. 되도록 안방보다는 먼 산 산행山行 중의 어느 햇살 따사로운 산록山麓이면 더 좋으련만….

(2002. 9)

8부

선진국으로 가는 길

독서의 생활화 1

“많이 먹는 민족과 많이 읽는 민족은 무서운 민족”이라고 했다. 체력이 국력이요, 문화로 국력이 가름되는 시대여서 더욱 그러하다.

많이 먹는다는 것은 주식의 충분한 섭취에 더하여 기호식품의 간식 섭취를 포함해서이다. 마찬가지로 많이 읽는다는 것은 국민 모두가 일과처럼 하루도 거르지 않고, 취향 따라 다양한 내용의 서적을 읽어 독서가 생활의 일부가 되는 것을 말한다.

우리나라에는 지도층 인사 가운데도 ‘독서’가 ‘취미’라고 말하는 이가 가끔 있다. 독서가 취미라 함은 끼니를 간식으로나 먹는 기호식품으로, 그것도 가끔씩 먹는다는 것과 같은 뜻이다. 사람이 만물의 영장靈長인 것은 생각하는 존재이기 때문이다. 그렇다고 모든 사람이 항상 생각하며 살고 있는 것은 아니다. 대체로 어떤 이가 어느 한 가지 일에 대하여 골똘히 생각하거나 연구하고 혹은 체험해서 깨닫거나 얻은 바를 기록한 글(책)을 읽음으로써 그 내용에 대해 생각해보게 되고, 또는 그 쓴 이와 마음으로 대화를 나누게 되는 것이다. 그러한 과정을 거듭함으로써 마음눈이 뜨이고 마음밭이 걸어져, 사물을 보는 안목이 생기고 정서가 순화되며 교양 있는 사람으로 가꾸어지는 것이다.

'수준水準'이란 말이, 모든 물은 수평을 이룸에서 나왔듯이 개인에게 있어서 정서 내지는 교양과 인격이, 한 나라에 있어서는 정신문화와 경제력이 동떨어지게 차이 나는 일은 없다. 개인도 마음의 수양 없이 물질만 풍요할 때, 부는 오히려 그 가진 자를 타락게 하는 일이 많다. 국가도 높은 수준의 문화적 바탕 없이는 경제발전도 불가능하거니와 발전한다 해도 그것은 잠깐일 뿐 끝내 그 사회는 더욱 혼란스러워져 정체될 것이다. 국민이 책 읽지 않는 선진국 없음이 그것을 증명한다.

요즈음 우리 사회에서 평생교육이 강조되고 있거니와 독서 이상으로 평생교육의 더 좋은 방법은 없다. 우리는 하루 세 끼 끼니를 챙겨 먹음으로써 건강을 유지하듯이 하루도 거르는 일 없이 책을 읽어 마음밭을 걸우어야 한다.

"一日不讀書 口中生荊棘(하루라도 책을 읽지 않으면 입안에 가시가 돋는다.)"은 안중근 의사가 옥중에서 남긴 휘호의 내용이다. 매일 책을 읽는 것도 습관이다. 독서가 습관이 되고 생활이 되어, 독서에서 기쁨을 얻고, 많은 책을 읽어 사물의 이치를 깨달을 때, 안 의사가 겨레에게 남긴 그 말이 얼마나 간절한 당부였던가도 알게 될 것이다.

(부산도협회보 권두언 2004. 10)

독서의 생활화 2

UNESCO가 한 해에 문맹 퇴치율이 가장 높은 나라에 수여하는 '세종상'이 있습니다. 세종대왕께서 창제하신 한글이 가장 과학적이고 익히기 쉬운 문자여서 붙여진 이름입니다.

우리나라가 세계에서 문맹율이 가장 낮은 나라인 것도 그렇게 우수한 한글을 가졌기 때문이며, IT강국으로 우뚝 서게 된 것이 그러한 한글 덕분이기도 합니다. 그러나 정작 그렇게 우수한 한글로 쓴 책은 읽지 않아서 2005년에 발표된 국민의 실질 문맹율 지표를 보여주는 OECD 문서 해독능력 비교에서 조사 대상 22개국 중 한국이 꼴지를 기록했습니다. 또한 국가별 독서 시간 조사 결과에서도 30개국 중 꼴찌를 했습니다. 3년 전이긴 하지만, 2003년 4월에 리서치 앤 리서치가 전국 성인 800명을 대상으로 실시한 전화 조사(국민독서량 조사) 결과에 의하면 지난 한 달간 읽은 책이 1~2권 : 29%, 3~4권 : 9%, 5권 이상 : 6%, 전혀 책을 읽지 않음 : 56%였습니다.

국가별 비교에서도 교양서 기준, 우리의 1인당 연간 독서량은 2.7권인데 일본 12.6권, 미국 10.8권으로 나타나고 있습니다.

"불황이 깊어지면 미국에서는 영화관이 들끓고, 일본에서는 서점이 북적댄다. 한국에서는 소주 · 삼겹살 집이 시끄러웠습니다."는 말이 우스갯소리만은 아님을 증명하는 수치들입니다.

책을 읽는다는 것은 스스로의 충전充電 작업입니다. 이 충전작업 없이 소모만 해대니 기기器機의 성능이 좋을 리 없고 작동이 잘 될 리 없습니다. 지금 우리 사회의 모습이 그러합니다. 끊임없이 반복되는 거리의 함성과 산업 현장의 파업, 정치권의 소란 등이 모두 충전되지 않은 전자 기기의 오작동 소음들일 것입니다.

많이 먹는 민족과 많이 읽는 민족은 무서운 민족이라고 합니다. 이 말은 높은 국민소득으로 높은 수준의 문화를 향유하는 선진국 국민을 일컫는 것입니다. 우리는 반세기 만에 세계 최빈국에서 10위권의 국민소득과, 수출 3,000억 불의 경제 대국을 이룩한 국민입니다. 세계 최초의 금속활자본과 가장 우수한 문자인 한글을 가졌으며 외형상 세계 11위의 출판 대국이기도 합니다.

그런 한편으로는 우리나라의 공공도서관은 인구 16만 5천 명 당 1개관으로, 미국 2만 7천 명 당, 일본 8만 1천 명 당, 말레이시아 7만 명 당 1개관 수준에 비하면 2~6배나 낮은 수준입니다.

정책 당국의 우리 사회 독서 분위기 조성이나 도서관 정책에 대한 관심과 배려가 부족한 탓도 있으나 이제는 달라져야 합니다. 당국은 정책으로, NGO는 독서하는 사회 분위기 조성을 위한 행동으로, 국민 개개인은 실천으로 책 읽는 사회 분위기를 조성하고 독서를 생활화해야 합니다.

그리하여 우리 모두 조금씩 차분하고 겸손하고 생각하는 국민으로 바뀌어 가야 할 때입니다. 가랑비에 옷 젖듯이, 바위에서 떨어져나온 모난 돌들이 찰삭이는 물결에 조약돌이 되듯이 일상의 생활 속에서 이루어지는 조금씩의 독서가 알지 못하는 사이에 우리를 선진국 국민으로 만들어 줄 것입니다..

안중근 의사의 옥중 휘호 "一日不讀書 口中生荊棘(하루라도 글을 읽지 않으면 입안에 가시가 돋는다.)"도 국민에 대한 그러한 간절한 바람에서 써 남기셨을 것입니다.

(부산도협회보 권두언, 2006. 12)

독서의 달에 붙임

가을이다. 가을은 등화가친燈火可親이라 예부터 일러오듯 독서의 계절이다. 도서관 및 독서진흥법에는 9월을 '독서의 달'로 정하여 책읽기 좋은 계절이 돌아왔음을 일깨워주고 있다.

사람이 만물의 영장인 이유는 생각〈思考〉한다는 데 있다. 세상의 모든 현상은 사람의 생각에서 비롯되고 그것이 밖으로 나타난 결과물들이다. 정치 경제 종교 예술의 각 분야들이 그러하며 개개인의 행동 또한 그 사람 생각의 표출이다.

책은 그 지은이의 생각과 느낌과 경험을 글로 표현해 놓은 것이다. 그러므로 책을 읽는다는 것은 지은이의 생각과 느낌, 경험을 나도 함께 생각하고 느끼고 경험(간접경험)해 보는 일이다. 물론 그 생각과 느낌에 동의하고 공감할 수도 있고 의문을 가지거나 혹은 반발할 수도 있을 것이다. 그것이 비판적인 독서이다. 책을 통해 우리는 동서고금을 초월해 많은 훌륭한 이들을 만날 수 있고, 많은 일들을 겪을 수 있다.

"좁은 교제 범위 안에서 몇 사람의 친구들과 이야기할 뿐 보는 것 듣는 것이 거의 신변의 이야기뿐이다. 그러나 그런 사람이라도 손에 책을 들기만 하면, 그 사람은 생각조차 어려운 별세계에 있는 자신을 발견하게 될 것이다. 그리고 그것이 양서라면 그는 세계에서 제일 훌륭한 사람들을 만날 수도 있는 것이라 할 것이다. 그리하여 그가 일찍이 알지 못한 인생의 여러 가지 면을 말해 주리라."고 임어당은 말했다.

따라서 책을 읽으며 사는 사람과 책을 읽지 않는 사람은 다를 수밖에 없고, 그 두 부류의 사람들이 각기 이루어 사는 사회 분위기 또한 다를 수밖에 없는 것이다. 상점의 책상 위에 논어가 놓여 있다는 일본의 상인들은 정직하고 친절하기로 유명하다. 세계 경제가 EU, 북미지역, 일본으로 나뉘는 경제대국 일본은 거짓과 사술邪術로 이루어진 것이 아니다. 이런 가깝고도 먼 이웃을 가진 우리는 어떠한가?

우리의 수출이 늘수록 대일무역수지는 거꾸로 가는 역설, 그 원인이 다름 아닌 국민 일반의 독서하고 안 하고에서 비롯되었다면 웃을 것인가?

일본의 후꾸자와 유기찌福澤諭吉는 명치유신 때인 1869년에 서양사정西陽事情을 써서 수십만 부를 팔았음에 비하여 그 30년 후인 1894년 유길준이 쓴 서유견문西遊見聞은 고작 1천 부를 찍어 당시 지식층인 양반들에 기증본으로 돌렸을 뿐이다. 서양을 부지런히 배워 일찍이 눈을 뜬 일본은 잠에서 깨지 않은 대한제국을 집어삼켰다. 그 연장선에서 우리는 동족상잔의 비극을 겪었고 분단된 조국에 살고 있는 것이다.

영국의 펭귄, 독일의 레크람, 일본의 이와나마岩波는 세계적으로 유명한 문고본들인데, 주머니에 넣고 다니며 언제 어디서나 읽을 수 있는 작고 저렴한 책이다. 우리나라에도 이름 있는 출판사들이 문고본을 출판하고 있으나 대표적인 한국의 문고본으로 내세울 만한 것이 없다. 지금의 일본이 오늘날의 강국이 되도록 떠받친 3대 지주는 동경대학, 조일신문, 암파문고라고 쓴 글을 읽은 일이 있다.

가을은 독서의 계절이다. 그래서 9월을 '독서의 달'로 정했는데 우리나라 서점들은 가을보다는 여름에 책이 더 많이 팔린다고 한다. 휴가철이어서 그럴 것이고, 얼마나 아름다운 강산인데 책보다는 그 절경, 그 계절을 즐기기에 바빠서일 것이다.

세 명만 둘러 앉으면 고스톱이고, 관광버스를 탔다 하면 손뼉치고 노래 부르기에 여념이 없는 풍토를 조용히 책 읽는 분위기로 바꿀 수 있다면 우리는 세계의 중심 국가로 발돋움할 수 있을 것이다.

('부전도서관 소식' 권두언, 2000. 9)

도서관 주간에 붙임

丹齋 申采浩 선생의 문집 속에 '書籍出版人 諸氏에게 告함'이라는 글이 있습니다.

"책은 그 나라 인심 풍속 정치 문화 무력을 산출하는 생식기(관)이다. 또한 역대 성현 영웅 고인高人 지사 충신 의협義俠을 모전模傳한 사진첩이니 大哉라.

영국의 富 , 덕국의 强, 그 富强을 마련했던 도구가 여럿이 있겠으나, 그 도구를 만들어내는 근본은 모두가 책이 아니겠는가. -中略

서적이여, 서적이 無하면 其國도 無할지로다. 오호라. 금전 광산 창 포 등이 富强의 具가 아님은 아니나 此 富强의 具를 造하는 者는 又 書籍이 아닌가."고 역설했습니다.

그 서적들을 한곳에 모아 두고 언제든 필요한 이가 이용할 수 있게 마련한 곳이 도서관입니다.

"地球가 파괴되어도 New York City Public Library만 남아 있으

면 地球를 복원할 수 있다."고 뉴욕 공공도서관 앞의 돌에 새겨 놓은 구절도 같은 맥락에서입니다.

카네기는 근대사회에서 개인들에게 기회균등을 보장하는 가장 좋은 제도가 도서관임을 생각하고, 자신의 재산을 쾌척하여 미국 전역에 3,873개의 도서관을 설립, 기증하여 '도서관의 아버지'라 불리며, 미국의 민주주의 확립과 세계 최강국의 지위를 확보하는데 크게 기여하였습니다.

이렇듯 도서관은 인류 문화의 핵심이요, 상징이자 문화 발전의 동력원이라 할 것입니다. 이웃나라 일본도 주부들이 시장을 오가며 도서관에 들러 책을 빌리고, 음악회 전람회 신간 안내 등의 문화정보를 접한다 합니다. '시장바구니의 책 한 권!' 그것이 오늘 일본의 모습이며 그들이 지닌 저력의 원천이 되고 있다 합니다.

인구 4백만의 부산광역시에는 교육청 산하 13개 공공도서관과 자치구 소관 10개의 도서관이 있으나 한결같이 변두리나 고지대에 자리하고 있어 시민들의 이용이 용이하지 않습니다. 그러나 어린 자녀들의 손을 잡고 찾아오는 젊은 어머니들이 많아져가는 현상은 여간 흐뭇한 일이 아닙니다. 부뚜막의 소금도 집어넣어야 짜듯이 우리 모두 도서관을 열심히 이용하여 우리의 정서를 순화하고 지혜와 지식을 쌓아 우리 스스로를 가꾸어 갈 때, 우리 주변 우리 생활, 우리의 마음밭은 한결 비옥하고 풍요로워질 것입니다.

(부산도협회보 권두언, 2004. 4)

Wellbeing을 위하여

언제부터인가 우리 사회에 Wellbeing이란 말이 유행하고 있습니다. 국립국어원에서 사이버 여론 조사와 투표를 통해 '참살이'란 우리말로 바꿔보았지만, 여전히 Wellbeing으로 쓰고들 있습니다.

오히려 차순위였던 '잘살이'로 바꿨더라면 자주 그 말로 쓰였을지 모를 일입니다.

'잘살이'이더라도, '잘 산다'는 것은 사람이 정신적, 신체적으로 건강하고 행복하게 사는 것을 뜻합니다. 사람은 각 개인이 저마다의 건강과 행복도 중요하지만, 또한 서로 어울려 살아야 하는 사회적 존재여서 그 사회의 건강도 개인의 건강 못지않게 Wellbeing의 중요한 조건입니다.

우리 사회는 Wellbeing에 충분하리 만큼 건강할까요? 며칠 전 중앙의 한 일간지 기자가 사흘 동안 서울에서 지하철을 타고 취재하며 찍은 몇 컷의 사진과 함께 쓴 전면全面 르포기사는 다음과 같이 끝맺고 있었습니다.

〈서울 지하철공사는 10대 에티켓(그래픽 참조)〉을 선정하고 홍보활동을 펴고 있다. 그러나 기자가 겪은 지하철은 '쇠귀에 경 읽기'였다. 휴대전화는 떨리지 않고 울어댔고, 통화 소리는 우렁찼으며 옆 사람의 음악소리는 이어폰 너머로 찌렁찌렁 들려왔다. 지하철 안은 장마철 개구리 울듯 요란했다. 내리기도 전에 들이밀고 타는 사람은 어디서나 흔히 볼 수 있었다. 지하철 사당역 공익근무 요원 김희현(22) 씨는 "이전엔 애완동물을 데리고 타는 사람들이 꽤 있었는데 그나마 '개똥녀' 파문 이후에 애완동물을 데리고 타는 사람은 거의 없다."고 말했습니다.

◇지하철 10대 에티켓◇

① 휴대전화는 진동으로, 통화는 작은 목소리로

② 노약자석은 비워 두거나 양보, 일반인은 엘리베이터 사용 자제

③ 카세트 청취는 타인에게 들리지 않도록

④ 신문은 반 접어서……, 다리 꼬고 앉지 않기

⑤ 애완동물 데리고 타지 않기

⑥ 옆 칸으로 이동 땐 문 닫고

⑦ 음료수 컵 들고 타거나 음식 먹지 않기

⑧ 내린 다음 승차하기

⑨ 네 줄 서기

⑩ 어린이가 뛰지 않도록 주의하기

위 기사에 나타난 지하철 안 풍경은 필자가 몇 번 타본 KTX 고속전철 안에서도 마찬가지 풍경이었습니다.

자기 집 바깥의, 우리 사회 어디에서나 쾌적하고 마음 편할 수 있어야 참 Wellbeing이랄 수 있습니다. 그런 나라가 선진국입니

다. G-7, 선진 7개국 국민들은 부지런히들 책을 읽습니다. 그래서 많이 먹는 민족과 많이 읽는 민족은 무서운 민족입니다.

억지가 사촌보다 낫고, 목소리 큰 사람이 이기는 사회, 상식이 통하지 않는 나라는 선진국이 될 수 없습니다. 제 나라를 선진국으로 만들지 못하는 국민이 저마다의 Wellbeing은 가능할까요. 잘 먹고 잘 입고 제 마음대로 즐기는 것이 Wellbeing은 아닙니다. 상식이 통하는 사회에서 구성원들이 교양을 갖추고 예의를 지키며 품위 있는 사회 분위기를 만들 때, 구성원 저마다의 Wellbeing도 가능할 것입니다.

그런 사회에서의 참 Wellbeing을 위해서는 구성원들이 부지런히 책 읽는 분위기부터 만들어가야 합니다. 그것이 멀면서도 가장 가까운 길이기도 합니다.

'책읽기'는 '생각하기'이며, 생각하는 백성이라야 선진국을 만들 수 있기 때문입니다.

분위기 만들기는 계절의 변화처럼, 나무의 성장처럼 조용한 가운데 은근히 이루어가야 합니다. 이제 주5일제로 연휴도 본격화됩니다. 우리 고장의 각 지역 도서관들이 그 분위기 조성을 위해 최선을 다할 것이며, 그 일의 더 많은 성취를 위해 각 지역 도서관들이 손잡고 함께 일할 수 있도록 하는 작업도 시작하였습니다. 관계자 여러분의 분발과 시민 여러분의 협조를 바라는 바입니다.

(부산도협회보 권두언, 2005. 9)

선진국으로 가는 길

1

〈마음밭 걸우기〉는 한국도서관협회 부산광역시 지구협의회가 만들어 지하철 승객 여러분께 드리고 있습니다.

지하철을 타고 가시는 짧은 동안이나마 무료한 시간에 읽을거리가 되고, 그래서 여러분 마음에 작으나마 위안이 되고 보탬이 된다면 만들어서 드리는 저희들의 큰 보람이겠습니다.

앞으로도 종종 만들어서 배부할 예정이오니 많이 읽어 주시고, 읽으신 다음에는 아무 곳에나 버리지 마시고, 다음 분이 읽을 수 있는 곳에 놓아두시면 고맙겠습니다.

국민들이 책을 읽지 않는 선진국은 없습니다. 우리 마음의 작은 기쁨을 위해, 우리나라를 선진국으로 가꾸어 가기 위해 매일 몇 줄의 글이라도 읽는 습관을 들여, 저마다의 마음밭을 걸우어가며 살지 않으시렵니까.

('마음밭 걸우기' 발행의 변, 2004. 5)

2

〈마음밭 걸우기〉는 한국도서관협회 부산지구협의회가 만들어 시민 여러분께 드리고 있습니다.

지하철을 타고 가시는 짧고 무료한 시간, 혹은 노변路邊의 벤치에 앉아 잠깐 쉬시는 동안에 읽을거리가 되고, 그래서 읽는 이의 마음에 작으나마 위안과 보탬이 된다면 만들어서 드리는 저희들의 큰 기쁨과 보람이 되겠습니다.

읽으신 다음에는 아무 곳에나 버리지 말고, 다음 분이 읽을 수 있는 곳에 놓아두시면 고맙겠습니다.

독서가 취미인 사람은 선진국 만들기에 큰 도움이 되지 못합니다. 독서는 일상日常에서 반복되는 생활이어야 합니다. 글(책)은 생각의 소산所産이며, 그래서 글을 읽는 것은 곧 생각하는 일인 것입니다.

사람이 만물의 영장靈長인 것은 생각하는 존재이기 때문입니다. 꿈도 창의력도 마음밭에서 싹트고 자랍니다.

〈마음밭 걸우기〉를 만들어 나누어 드리는 까닭입니다.

('마음밭 걸우기' 발행의 변, 2004. 7)

3

"한국은 그동안 상당한 발전을 했으나 앞으로는 그 발전 속도가 더디어질 가능성 높다. 한국의 장래에는 큰 희망이 없다고 극언한 사람도 있었다. 일단 대학을 나오면 책을 안 읽는 것이 한국인의 약점이다."

20년 전, 한 일간지의 '일본경제기행' 기사 중 한 부분입니다. 그러나 2년 전, 서울에서 개최된 '국가장래비전 국제포럼'의 기조

연설자 죤 나이스빗은 "한국은 희망이 있다. 자신의 단점을 스스로 고쳐가는 능력이 강하기 때문이다."라고 했습니다.

우리 겨레의 최대 약점이 책을 읽지 않는 것입니다. 생각하는 존재여서 사람은 만물의 영장靈長입니다. 매일 몇 쪽의 글이라도 읽어 자신을 새롭게 가꾸어 갈(日新又日新) 때 우리나라도 성큼 선진국 대열로 들어설 것입니다.

('마음밭 걸우기' 발행의 변, 2004. 8)

4

경제대국 일본, 그 일본이 이룩한 부강의 원천은 明治 이후의 의식혁명이며, 특히 독서하고 사색하는 국민상을 부각시키는 데 재빨리 성공한 데에 있다고 합니다..

일본은 1869년 福澤諭吉이 '西洋事情'을 써서 수십만 부가 팔렸으나, 그 26년 후인 1895년 유길준이 (최초의) 국한문 혼용체로 ≪서유견문≫을 써서 1,000부를 발행했으나, 그것도 당시의 양반 지식층에 기증본으로 돌렸을 뿐이었다고 합니다.

지금도 두 나라 국민의 독서량 차이는 크게 변하지 않고 있습니다. 그 독서량의 차이가 두 나라 국민의 의식수준, 문화수준, 국력의 차이와 무관하지 않다고 생각합니다

9월은 독서의 달입니다.

지하철을 타고 가시는 동안, 혹은 路邊의 쉼터에서 읽을거리가 되고, 그래서 즐겨 책을 읽는 계기가 되기를 바라는 마음에서 이 작은 읽을거리를 만들어 시민 여러분께 나누어 드리고 있습니다.

('마음밭 걸우기' 발행의 변, 2004. 9)

5

올 7월 하순에 수안보 상록호텔에서 3박 4일 동안 퇴직공무원 자원봉사희망자 연수를 받았습니다.

연금 수령자들이니 110명 전원이 20년 이상 공직생활을 한 분들이었고, 아침 저녁 온천욕을 즐기는 호사를 누렸습니다.

하루는 늦잠으로 조금 늦게 욕탕엘 갔더니 모두들 다녀간 뒤였습니다. 휑하니 비어 있는 넓은 욕장 여기저기에 사용한 타월을 담는 바구니가 놓여 있었으나 정작 바구니에는 몇 장의 목욕수건만 담겨 있고, 모두 벽면 거울 앞 비누나 칫솔, 면도기 따위를 얹어 두는 곳에, 두세 장씩 쌓이듯 길게 이어져 놓여 있었습니다. 그것을 보는 순간, 우리 부산 해운대와 송정 해수욕장에 여름철 하루 쓰레기가 25ton씩 나온다는 당국의 발표가 떠올랐습니다.

우리는 생각 없이 너무 자연스럽게 쓰레기를 버리고 있습니다. 그래서 등산객이 버린 지리산, 설악산의 쓰레기를 헬리콥터로 치우고, 낚시터의 납덩이와 낚싯줄은 잠수부들이 치우고 있습니다. 지하철 전동차 안에서 남을 의식하지 않는 휴대전화 통화, 큰소리로 떠들듯 이야기하기, 다리 꼬아 앉기 등 우리 공중도덕은 생각해야 할 점이 많습니다.

글을 읽는다는 것은 내 속을 채워가는 일이며 생각하는 일입니다. 함석헌 선생은 늘 "생각하는 백성이라야 산다."고 말했습니다.

우리 모두 좀더 성숙한 겨레가 되고, 선진국 국민이 되자고 이 작은 '읽을거리'를 매월 만들어 시민 여러분께 나누어 드리고 있습니다.

('마음발 걸우기' 발행의 변, 2004. 10)

6

영국의 펭귄 북, 미국의 모던 라이브러리, 프랑스의 끄세즈, 독일의 레크람, 일본의 이와나미岩波 문고는 각기 그 나라의 대표적인 문고본들입니다. 책이 작고 얇아 포켓이나 핸드백에 항상 넣어 다니면서 차를 타고 여행할 때, 줄을 서서 기다릴 때, 사람을 기다릴 때 등, 자투리 시간에 그들은 으레 꺼내 읽는 책입니다.

한낮에 지하철을 타고 둘러보면 한 칸 몇십 명 승객 중 신문이나 책을 읽고 있는 사람은 4~5명을 넘지 않는 것이 부산 풍경입니다.

을유문고, 정음문고, 범우문고, 동서문고, 삼중당문고 등등 많은 출판사에서 문고본을 내었으나 한국의 대표적인 문고본으로 남은 것이 없습니다. 우리 국민들이 책을 읽지 않기 때문입니다. 국민이 책을 읽지 않는 선진국은 없습니다.

그들의 연간 국민 1인당 독서량은 10권을 넘는데 우리는 국민 1인당 소득 1만 불과 함께 독서량은 2.5권 전후에서 나아지지 않고 있습니다. 그것이 결코 서로 무관한 일이 아닐 것입니다.

생각하는 백성이라야 삽니다(함석헌). 책을 읽는 것은 생각하는 일이며 자신과 우리를 성숙시켜가는 작업니다.

('마음밭 걸우기' 발행의 변, 2004. 11)

7

法이라는 글자는 水와 去가 합쳐진 會意字입니다. 물은 높은 곳에서 낮은 곳으로 흐릅니다. 그것은 자연의 理致입니다. 그와 마찬가지로 세상일에는 事理가 있고 사람살이에는 道理가 있습니다. 그 事理나 道理 따라 정한 것이 法입니다. 그래서 우리는 事理나 道理라는 말을 法이라는 말로 바꿔 말하기도 합니다. 사람은 바르게 살아야 하는 法이라느니, 학생은 공부를 해야 하는 法이라고 말입니다.

세상에는 그런 事理, 그런 法이 있어서 그에 따라 모든 일이 이루어지고 있습니다. 선진국도 그 나라 국민들이 만들었고 후진국도 그 나라 국민들이 만들어 그렇게 살고 있습니다.

우리도 정치하는 사람만 탓할 것이 아니라 바로 우리 탓으로 지금을 살고 있습니다. 줄 하나 서는 것, 전화 한 통화 하는 것, 전철이나 버스에서의 앉음새 하나에도 우리 문화가 나타나고 있습니다. 생각하는 백성이라야 선진국을 만듭니다

글(책)을 읽는 일은 생각하는 일입니다. 그래서 작은 읽을거리나마 만들어 나누고 있습니다. 많이 읽고, 생각하는 생활로 가꾸시기 바랍니다.

('마음밭 걸우기' 발행의 변, 2004. 12)

8

근래 들어 '웰빙(Well being)' 바람이 불고 있습니다. 웰빙이란 잘 먹고 잘 살고 여유를 가지고 격조 있게 살아 행복하자는 것입니다. 한마디로 '잘 살기'가 직역이자 의역意譯입니다.

잘 산다는 것은 건강한 몸으로 물질적 풍요를 누리며 사는 것과 함께 사람의 도리를 다해가면서 정신적으로도 품위 있게 즐기며 사는 것을 포함해서입니다.

행복이란 몸으로의 누림보다 마음으로의 느낌이 아닐까요. 그러므로 마음 닦음, 마음밭 걸우기가 행복으로의 지름길이리라 생

각합니다.

생각이 행동을 낳고 행동이 습관을 낳고 습관이 성격을 낳고 성격이 운명을 낳습니다.

글 읽는 습관 그것이 우리를, 우리 사회를 한층 품위 있게 만들어 줄 것입니다.

('마음밭 걸우기' 발행의 변, 2005. 1 · 2)

9

≪탈무드≫는 7백 년에 이르는 유대인 삶의 지혜와 법, 구전 등이 집대성된 책으로, 4세기경에 지금의 형태로 완성되었다 합니다. 영문 번역본이 73권에 이를 정도로 방대한 분량의 이 책 완독을 장려하기 위해 1923년 폴란드의 랍비(유대 율법 학자)가 '거북이 독회'를 시작해 '매일 1쪽씩' 읽는 방식으로 2,711쪽을 읽는 데 7년 5개월이 걸리고, 올해 11회째 완독을 기록했다 합니다. 세계 어디서나 진도가 같아 유대인은 어느 곳에서든 독회를 이어갈 수 있고 참가자도 매년 늘어 올해 북미 지역에서만 10만 명 이상이 참가한 것으로 집계되었다 합니다.

민족 정체성 수호를 위한, 이러한 남다른 노력이 2천 년에 걸친 유랑과 시련을 겪고도 조국 이스라엘을 건설할 수 있었고, 세계를 움직이는 인재들을 배출한 겨레로 우뚝 설 수 있게 했을 것입니다.

그들만큼 우수한 우리 겨레입니다. 다만 책 읽는 습관이 배지 않는 이가 많은 한 가지 결점이 우리의 선진국 진입을 더디게 만들고 있습니다.

('마음밭 걸우기' 발행의 변, 2005. 3)

10

서면까지 40분이 소요되는 종점에서 자주 전철을 타고 내왕합니다.

앉아 가는 인원만도 50명인 객차 한 칸에 신문이나 책을 읽는 이는 대체로 4~5명밖에 되지 않습니다. 그리고 일행이 많은 아주머니들일수록 왁자하게 떠드는 이들이 많고, 남녀노소 구분 없이 안방에서처럼 전화 통화를 하는 이들도 있고, 다리를 꼬고 앉아 있는 이들도 있습니다.

많은 사람들이 함께 타고 가는 전철 안 풍경이 그럴 때 다른 곳, 다른 일에서라고 공중도덕을 생각하고 남을 배려하며 처신하고 행동하는 일이 우리 몸에 얼마나 배어 있을까요.

한 민족의 총체적 생활양식이 곧 그 민족의 문화입니다. 물은 수평을 이루기에 '어느 정도'를 나타낼 때 '수준水準'이란 말로 표현합니다.

우리 주변의 생활 환경, 우리의 공중도덕, 우리 마음으로부터의 남에 대한 배려는 어느 정도의 수준일까요?

사람은 남들과 어울려 살아야 하는 사회적 존재이기에 우리의 문화 수준을 높여가는 일이 곧 '웰빙(Well Being)에로의 지름길입니다.

세상 만사는 마음에서 비롯됩니다. 독서는 마음밭을 걸우는 일입니다. 좋은 생각이 좋은 행동을 낳고 좋은 행동이 좋은 습관을 만들고 좋은 습관이 좋은 성격을 만들어 줍니다. 성격이 운명을 만듭니다. 나 자신의 운명, 우리 겨레의 운명을 말입니다.

('마음밭 걸우기' 발행의 변, 2005. 4)

11

여리고 맑고 반짝이는 잎새들의 계절, 오월입니다. 어린이날, 어버이날, 스승의 날, 성년의 날이 들어 있는 5월은 가정의 달이기도 합니다.

가정은 한 가족을 단위로 하여 이루어진 생활 공동체요, 가족은 혈연과 혼인으로 맺어진 생활 공동체입니다. 넓은 의미로는 가족 제도에 있어서 한 집안의 친족을 이르기도 하나, 산업화 도시화에 부모 · 자녀 2세대로만 이루어진 핵가족 시대가 되었습니다.

어린이날에서 성년의 날을 맞기까지 자녀는 가정에서 어버이의 보살핌으로 자랍니다. 자란다는 것은 몸과 마음 모두를 두고 하는 말입니다. "얼굴 좋음이 몸 좋음만 못하고 몸 좋음이 마음 좋음만 못하다."고 백범 선생은 말했습니다.

마음은 저마다의 말과 말씨, 행동으로 그리고 우리 사회의 분위기와 외양들로 나타나고 있습니다. 우리 스스로를 위해 그리고 자녀들에게 미칠 영향을 생각해 우리의 '마음밭'들을 걸우어 가자고, 이 작은 읽을거리를 만들었습니다.

('마음밭 걸우기' 발행의 변, 2005. 5)

12

5월의 신록이 왕성한 생명력으로 짙푸르게 우거진 녹음의 계절 6월입니다.

6월은 호국 보훈의 달이기도 합니다. 6월의 녹음 같은 젊음으로 삶을 구가謳歌할 꽃다운 나이에 조국과 겨레 위해 목숨 바친 호국 영령들의 충정과 희생을 기리는 달, 6월입니다.

그분들의 희생 위에 우리 조국은 발전하고 번영해, 교역 규모가 세계 11위의 대단한 국력으로 성장했고, 5천 년 역사 이래 대다수 국민이 가장 풍요로운 생활을 누리고 있습니다. 그러나 우리의 생활 문화 수준도 세계 11위가 될는지는 의문입니다.

우리는 주위에서 공중도덕심의 부족 현상을 너무 많이 보고 겪으며 지냅니다. 전철이나 버스, 그 외에도 사람이 많이 모인 곳에서 큰소리로 말하고 떠들기, 휴대전화 통화하기. "미안합니다.", "감사합니다."란 말의 인색함 등이 일상생활에서 늘 우리를 피곤하고 짜증나게 합니다.

일상생활에서의 타인에 대한 배려는, 서로 어울려 살아가는 우리 사회를 한 단계 높은 수준으로 끌어올려 줄 것입니다. 그것도 저마다의 작은 호국護國이 될 것입니다.

('마음밭 걸우기' 발행의 변, 2005. 6)

13

7월 1일 장마 중에 부산의 해수욕장들이 개장했습니다. 이 장마 지나가면 한여름 복 중 더위가 기승을 부릴 것입니다. 그리고 해수욕장들에는 여름휴가를 얻거나, 이달부터 본격화되는 주 5일 근무의 연휴로 전국에서 피서객들이 몰려와 붐빌 것입니다.

파아란 하늘에 떠 있는 하얀 뭉게구름, 끊임없이 밀려와 부서지는 파도들, 먼 수평선을 바라보며 그들은 해변에서 햇살을 쬐거나 물에서 헤엄치며 한여름 바다의 낭만을 즐길 것입니다.

그런데 작년 여름 성수기에 해운대와 송정해수욕장에서 치운 쓰레기가 하루에 25ton씩이었던 데다, 곳곳에 깨진 병들이 모래로 덮여 있었답니다. 해수욕장이란 밤에는 밤대로 맨발로 모래톱을 걷는 맛이 있는 곳인데 말입니다.

OECD 회원국이 된 지도 10년, 이제 주 5일 근무에 연휴를 즐기는 나라의 국민이 되었는데, 언제쯤 모였다 헤어진 뒷자리, 즐기다 간 뒷자리가 깨끗한, 성숙한 시민이 될까요?

여름 피서여행 Bag 속에 '문고본' 한 권을 넣고 피서여행의 열차나 버스에서, 해수욕장 모래사장의 차양 밑에서 그 책 몇 쪽이라도 읽으면, 붐비던 피서객들이 떠난 뒷자리도 깨끗해지기 시작할 것입니다.

70년대 초 일본 동경, 극장식 레스토랑에서 불이 켜진 잠깐 사이에 고개를 돌려 둘러본 그곳 풍경, "이런 곳에서까지 책을 읽어야 되나?"라고 물은 내 知人에게 그를 초대한 日人 친구가 "그게 일본 사람이야."라고 대답하더란 이야기를 들었습니다.

많이 먹는 민족과 많이 읽는 민족은 무서운 민족입니다. 일본은 세계 제2위의 경제대국입니다.

('마음밭 갈우기' 발행의 변, 2005. 7)

14

얼마 전 발표된 국민의 실질 문맹률 지표를 보여주는 OECD 문서해독 능력 비교에서 조사 대상 22개국 중 한국이 꼴찌였고, 국가별 독서 시간 조사 결과에서도 30개국 중 꼴찌였습니다.

우리는 세계의 석학들이 가장 우수한 문자로 인정하는 한글을 가진 민족입니다. 문자 해독률은 가장 높으면서 문장해독 능력이 부끄러울 정도인 것은 독서를 하지 않기 때문이며, 그것은 오래전부터의 일이었습니다.

일본은 명치유신 때인 1869년 福澤諭吉이 ≪西洋事情≫을 써 수십만 부가 팔렸으나, 그 26년 후인 1895년 兪吉濬이 ≪西遊見聞≫을 써 1,000부를 찍어 당시의 양반-지식층에 기증본으로 돌렸을 뿐이었습니다.

20년 전인 1986년 2월에 한 중앙 일간지 〈일본경제기행〉의 취재기자는 이렇게 썼습니다. "한국은 그동안 상당한 발전을 했으나 앞으로는 그 발전 속도가 더디어질 가능성이 높다. 한국의 장래에는 큰 희망이 없다고 극언한 사람도 있었다. 일단 대학을 나오면 책을 안 읽는 것이 한국인의 약점이다."

뼈아프게 들어야 할 충고이자 예언이었습니다. 한 마리 매미도 17년 동안 숙성시킨 침묵의 향기를 저 쨍쨍한 울음소리로 토해내고 있는 여름날입니다. 우리도 당당한 선진국 국민으로 도약하기 위해 이 여름날 피서여행 배낭 속에 문고본 한 권을 넣고 다니며 독서로 스스로를 숙성시켜 가지 않으시렵니까?

('마음밭 걸우기' 발행의 변, 2005. 8)

15

태풍 '나비'가 지나가고 맑게 갠 하늘이 눈시리게 푸릅니다.

한낮의 따가운 햇살이 아직은 초록빛 잎새들 위에서, 익어가는 과일들의 겉껍질 위에서 반짝이고 있습니다. 매미들은 떠나려는 계절의 송가頌歌인지 만가晩歌인지를 목청껏 외쳐대고 있습니다. 떠나려는 계절과 다가오는 계절이 엇물린 시간대時間帶, 9월 한낮의 풍경입니다.

가을은 사색의 계절이라고들 합니다. 9월을 '독서의 달'로 정한 것도 그런 연유에서일 것입니다.

독서는 곧 생각하는 일이며, 사람은 생각하는 존재여서 만물의 영장靈長인 것입니다.

한낱 축생畜生에 불과한 미물微物을 인간으로 만들어 주는 것도 문학을 비롯한 예술이며, 고전古典의 섭렵은 그 독자를 균형잡힌 인격자로 가꾸는 지름길이 됩니다.

올해 '독서의 달' 표어 모집 최우수작은 "국민의 독서지수, 국가의 희망지수"였습니다.

책은 내일을 향한 창窓이며, 독서는 그 창을 열어가는 성실한 작업입니다. 9월은 독서의 달입니다.

('마음밭 걸우기' 발행의 변, 2005. 9)

16

11월 늦가을입니다.

나뭇잎이 울긋불긋 곱게 물들었다가 바람결에 흩날리며 지고 있습니다. 나무들이 한 해의 제 몫들을 다하고 겨울 채비에 분주한 모습들입니다. 사람들의 가슴에도 충만감과 허허로움이 교차하는 계절입니다.

가을은 등화가친燈火可親의 계절이라고 예부터 일러 왔습니다. 봄날의 들뜸과 여름날의 열정을 지나 이제 차분히 등불 앞에 앉아 생각에 잠기고, 책을 읽기 좋은 계절이라는 뜻입니다.

세상 만사는 사람의 생각에서 비롯됩니다. 생각은 경험과 지식을 바탕으로 하여 이루어지는 정신 작용입니다. 독서는 곧 간접 경험이며 지식 획득의 지름길입니다.

독서를 세대 따라, 살아온 삶의 되새김질이요, 오늘의 삶을 위한 활력 보충 작업이며 내일의 나를 큰사람으로 가꾸기 위한 오늘의 충실한 작업으로 보는 것은 개개인의 경우이나, 국민 전체의 경우는 우리나라를 선진국으로 도약시키는 아주 크고 장한 일이 될 것입니다.

한 나라 국민의 독서 수준이 곧 그 나라 문화 수준과 비례하며, 문화가 국력이요, 나라와 겨레의 격格을 자리매김하기 때문입니다. 가을은 燈火可親, 독서의 계절입니다.

('마음밭 걸우기' 발행의 변, 2005. 11)

17

"국가의 가치는 필경 그 국가를 조직하고 있는 국민의 가치다. 국가이 가치는 긴 안목으로 보면 결국 국민을 구성하고 있는 개인의 가치에 의해서 결정된다. 왜소한 인물을 가지고서는 위대한 사업은 결코 성취될 수 없다."고 죤 스튜어트 밀은 ≪자유론≫에서 말하고 있습니다.

함영준은 ≪나의 심장은 코리아로 벅차 오른다≫는 책을, "자신들이 이룩한 것이 얼마나 위대한지를 모르는 유일한 민족인 한국인에게 2% 부족한 부분인 자부심을 채워주기 위해" 펴낸다고 하였습니다.

"부귀해도 음탕하지 않고, 가난해도 기죽지 않는 그런 경지에 도달한 남아라야 영웅이고 호걸"이라고 합니다.

우리 민족은 오랜 동안의 가난에 기죽어 지냈으나 '한강의 기적'으로 세계 11위의 경제력과 민주화를 이룩하였습니다. 그러나 거기에 걸맞는 품위까지 갖추었다고는 생각되지 않습니다.

한 나라의 이미지나 한 사회의 가치를 결정하는 것은 그 시대의 구호나 정책이 아니라, 그 시대를 살았던 사람들의 생각과 행동에 있습니다.

새가 그물의 한 눈에 걸려들지만, 한 눈뿐인 그물로는 새를 잡지 못하듯이 경제 성장에 걸맞은 우리의 정신면 - 시민 의식의 수준은 어느 눈금에 가 있을까요?

생각하는 백성이라야 선진국을 이룰 수 있습니다.

독서는 생각하는 마음밭을 걸우는 일입니다.

('마음밭 걸우기' 발행인의 변, 2007. 7)

■ 작품해설

한 수필가의 귀거래사歸去來辭

— 전희준의 수필을 읽고

유 병 근/수필가

작중화자 또한 인물이다.

수필은 그 수필가의 정신세계이며 시대상항의 한 표출이다. 작가가 직접 혹은 간접 화자인 수필은 작가의 표현양식인 문장 뒤에 인물이 등장한다. 따로 인물을 등장시키지 않아도 작가인 화자가 이런 저런 인물 구실을 한다. 그것이 수필의 한 특징이다.

가령 극화劇化라는 언술을 내세운다면 화자인 수필가는 대본을 끌어나가는 주인공이며 그 배후 인물이다. 일인 이역이며 삼역이다. 이를 마다고 한다면 수필에 꼭 다른 인물을 설정해야 한다. 하지만 굳이 그럴 필요는 없다.

> 서울에서 달려온 오랜 친구가 하는 말이 "자네 글에는 사람이 없어."였다.
>
> — 〈인물화〉 부분

소설이나 드라마에서는 주인공을 비롯한 여러 인물을 내세운다. 그 인물이 이야기를 꾸려나가게 한다. 그러나 독백형식인 수필은 주인공 혼자 무대 뒤에 숨어 미주알고주알 대사를 읊조린다. 이때의 대사란 물론 수필가의 생각과 느낌으로 집약될 수 있다.

멀리서 찾아 오른 명산의 정상이나 해외 여행지의 명소에서 찍은 풍경만의 사진은 돈 주고 산 한 장의 그림엽서와 같을 것이다. 그 풍경 속에 어느 나이의 내가, 혹은 가족이나 지인 중의 한 사람이 어떤 옷차림으로 누구와 어울려 찍혀 있어 비로소 그것이 내게 의미 있는 추억의 사진 한 장이 되는 것과 같은 이치인 것이다.

— 상동

이 구절 또한 인물 설정의 필요성과 중요성을 두고 있다. 이야기 중심의 서술형식에서는 등장인물 중심으로 수필은 직조된다. 인물의 이동이 수필형식의 이동이 된다. 인물끼리 주고받는 이야기의 내용이 수필의 주류를 형성한다. 그런 점 인물이 밖으로 나타나서 수필 구성에 영향을 끼친다. 독자는 인물들이 연출하는 재미에 끌려 수필을 읽는다. 이 때 수필은 인물을 중심축으로 삼는 서사주의가 된다. 그러나 등장인물은 수필 줄거리를 위한 소재일 따름이다.

사람을 두고 인간사를 두고 쓰는 글이 대상에 대한 칭송으로 기울면 아부가 되기 쉽고, 평評의 냄새를 풍기면 독선이 될 것이고 폄하일 땐 그 돌팔매가 자신에게로 돌아올 것이다. 자신이나 자신의 가족 이야기 또한 제 자랑이거나 제 밑 들어 남 보이는 모양이 되기 십상일 것이다. 사람을, 인간사를 글로 쓰는 일이 어찌 조심스럽고 어렵지 않으랴.

— 상동

수필에 관한 나름대로의 이론을 수필가 전희준이 표출하고 있는 부분이다. '사람을 두고 인간사를 두고 쓰는 글'의 어려움을 이 한마디로 압축시키고 있다. 그런 점 작가는 왜 인물을 굳이 내세우지 않느냐에 대한 반응일 수도 있다. 세상을 따뜻하고 너그럽게 보고자 하는 작가의 심정은 다음 구절에서 더욱 절실하게 다가온다.

비워버린 가슴에 온기를 담아 따뜻해진 시선으로 사람과 세상을 바라보며, 얽혀 살아온 나 자신과 사람들, 그리고 세상일들을 담담하게 그려내면 되지 않으랴 싶다.

— 상동

뿐만 아니다. 수필가의 섬세한 마음쓰임은 "햇볕 쨍쨍 내려쬐는 초여름 날의 긴 골목, 고양이 한 마리 얼씬거리지 않는 골목길에 할머니 한 분이 절뚝거리며 지나가는 그 적막이 두려웠던 것이"라며 울면서 혼자 집에 들어간 손자의 마음을 '그 적막'으로 맛나게 표출하는 점에 특히 눈이 끌린다. 굳이 내세울 일은 아니지만 이런 점에서 시적표현의 맛을 새삼 갖게 된다. 남다른 수필의 간을 엿볼 수 있는 일 또한 간과할 수 없다. 낱말 하나가 갖는 의미는 특히 수필에서 음미할 몫이다. 별것도 아닌 요리에서 양념 하나를 적절하게 치는 것이 그 요리의 비법이라고 볼 때 수필에서도 낱말

하나의 자리가 수필 전체를 맛깔스럽게 드러낼 경우를 생각할 수 있다. 전체를 따돌리고 부분만 본다고 탓하면 할 말은 없다. 그러나 손톱 끝의 아픔이 몸 전체를 아프게 하지 않는가.

산과의 만남

전희준 수필가의 경우 인물이 나오지 않는다고 하는 언급에 대해서는 또 다른 작품에서 그 까닭을 엿볼 수 있다. 그것은 산과의 만남이 수필가로 하여금 인간사에 눈을 돌리지 않는 계기가 되었다고 보면 어떨까 싶다.

산은 묵언이라고 했다. 산은 적막이라고 했다. 그 묵언과 적막을 몸에 익힌 수필가는 산의 묵언과 대화하고 산의 적막에서 인간의 참모습을 찾으려 한다. 인자요산仁者樂山이라고 했다. 산은 수필가에게 수필의 길을 터득하게 했다. 산은 수필가에게 삶의 지혜를 배우게 했다.

> 6월이 오면 나는 유난히 산의 유혹을 많이 느낀다. 나라 땅 7할의 산지가 윤기로 반짝이는 초록빛 잎새들로 뒤덮인 유월의 산하는 그대로 녹색의 장원이다.
>
> — 〈6월의 산길을 걸으며〉부분

유월 예찬으로 이 작품은 시작된다. 수필가는 '녹색의 장원'을 찾아 산을 탄다. 그 녹색에는 사람을 취하게 하는 힘이 있다. 푸른 바다, 푸른 하늘과 함께 산 또한 푸른 빛깔로 사람을 끌어당긴다. "사계절을 두고 주 1회 평일 먼 산 산행을 다니기는 하나, 온 산하가 푸른 숨을 쉬고 있는 듯한 이 지음에는 큰 맥을 따라 우람하게 높이 솟은 산을 타"는 수필가는 백두대간의 산행길에 오른다.

6월 들어 초순과 중순에 1박을 해가며 이틀씩 나흘을 걸었다. 초순 길은 이화령에서 조령산(1026m) 마패봉(927m) 부봉(916m)을 지나 하늘재까지였고, 중순 산행은 하늘재에서 포암산(961.8m) 대미산(1115m)을 지나 저수재까지의 백두대간 길이었다. 그 길, 능선 산행로 모두가 충북과 경북의 도계이고 해발 1,000m 전후의 고도이다. 지리산에서 진부령까지 684km 남한 땅 백두대간의 중간 지점인 차갓재도 그 안에 드는, 능선 길에서 바라보는 시야에는 산이 산으로 이어져 있을 뿐, 평지라고는 한 뼘의 논·밭이나 마을도 보이지 않았다.

— 상동

산을 탈 때는 산과의 대화가 모두이다. 오직 산만 생각하고 산과 친근한 일심동체가 된다. 그러지 않으면 끝없이 이어지는 지루한 능선을 타기 쉽지 않다. 산을 사랑하는 마음이라야 산을 탄다. 이는 산을 타는 마음가짐이다. 자연보호니 뭐니 떠드는 사람도 말보다는 산을 타는 마음일 때 참다운 자연보호란 말에 동참할 수 있다. 입으로는 자연보호, 뒷구멍으로는 산을 깎아 이윤추구를 꾀하는 무리들이 얼마나 주변을 혼란스럽게 만드는가. 힘들게 산을 타는 길에도 즐거움이 따른다. 그것을 수필가는 위트 있게 묘사한다.

〈백두대간 종주-비실이 부부〉. 백두대간 종주 길에서 번번이 만난 노란 천 리본이다. 백두대간은 백두산에서 지리산까지 뻗어 내린 우리 땅의 중심 산맥이다.

— 〈'비실이 부부'와 '순악질'〉부분

그러면서 젊음이 가고 황혼녘이 되면 애틋한 정으로 서로를 감싸 가며 살다 가는 것이 부부의 정이 아닐까 싶다. 백두대간 종주 길이 천왕봉에 올랐으면 진부령까지 지쳐도, 주저앉고 싶어도 함께 걷기나 하면 그것도 성공한 부부생활이 아닐까 싶은 요즈음의 세태이기는 하지만.

— 상동

수필가는 청에 따라 이따금 주례 일을 본다. '백두대간 종주 길이 천왕봉에 올랐으면 진부령까지 지쳐도, 주저앉고 싶어도 함께 걷'는 것이 '성공한 부부생활이 아닐까'. 그런데 세태는 쉽게 결합하고 쉽게 헤어진다. 그래서 '요즘의 세태'를 돌아보는 것이다. 수필가는 새 신랑·신부에게 타이른다. "건강 관리, 인간관계 관리, 돈 관리, 두 사람 사이의 정 관리'를 특별히 내세워 당부한다.

'순악질'로 자신의 손전화기에 입력해 놓은 아내의 호칭은, 한 치 옆길도 허락하지 않는 엄처의 감시망에서 벗어나지 못하는, 불혹 후반 혹은 지천명 초반 남편의 안달과 원망에서 그렇게 지었을 것이다. 그러면서도 한편으로는 사업장과 가정을 잘 지키고 꾸려주는 야무진 아내, 그 엄처시하에서 모든 것이 잘 돌아가고 있어 안정되고 행복한 중년 남편이 아내에의 정에 겨워 지은 역설적 애칭일 것이다.

— 상동

미세한 표현의 아름다움

거친 산행 다음에는 대상에의 미세한 마음쓰임이 나타난다. 산

타기가 남성적이라면 미세한 사물표현은 여성적인 감수성이라고 할까. 수필가 전희준은 이런 양면의 멋을 갖는다.

눈은 개밥그릇 위에 개똥 위에도 내려 모두 하얗게 덮어버렸다. 하얗게 쌓인 눈 외는 아무것도 보이지 않는, 한 자[尺]가 넘게 쌓인 눈, 눈[眼]시리게 하얀 백설의 세계인데 하늘에서는 계속해서 함박눈이 내리고 있었다.

마루에 나가보면 우리 집이 그대로 동화나라 같았다. 방안에 들어와 불을 끄고 잠자리에 들어도 앞뒤 창들이 달빛이 비쳐든 듯 환히 밝았다. 잠 못 이뤄 마루에 나서 보니 노랗게 멀리 보이던 골목의 보안등 불빛들이 눈빛에 반사되어 창들에 달빛인 양 비친 것이었다. 북구의 백야가 이런 것이겠거니 짐작되었다.

집 뒤에는 차나무가 자라고 봄 햇살에 민들레 제비꽃이 다투어 피는 남향 언덕바지, 그 뒷비탈도 대문 밖에도 나가볼 필요가 없었다. 마루에서 보는 풍경만으로도 탄성이 절로 나오는 절경, 5년째 살고 있는 우리 집이 이렇게도 아름다운 풍경일 수 있다는 경이驚異가 새삼스러웠다.

— 〈하룻밤 풋사랑〉부분

그러나 눈이 녹는 골목길은 지저분하다. 꽃이 필 때와 질 때, 아기는 기저귀에 똥을 싸도 예쁘지만 늙은이는 밥을 많이 먹어도 미련해 보인다. 그런 장면을 다음과 같이 표출한다.

그 질퍽거리는 골목길을 걷는 며칠 동안, 그리고 우리 집 앞뜰의 그늘에 남은 눈이 녹아 없어지기까지, 5세 연하이면서도 신랑보다 더 나이 들어 보이던 미혼모 신부의 얼굴이 잔설 위에 겹쳐지던 것은 왜였을까?

— 상동

수필은 암시다. 모든 것을 하나하나 말하지 않는다. 말하지 않는 것을 찾아내는 것이 수필읽기이다. 그 때 비로소 쾌감을 얻는다. 고기를 잡아 요리를 하여 입에 넣어주기보다는 고기 잡는 법을 암시로 알려주는 것이 수필쓰기이며 수필읽기이다. 그런 수필읽기는 〈쥐@러브〉 그리고 기타 작품에서도 음미할 수 있다. 특히 산길을 소재로 하는 수필에서 전희준의 수필세계를 나름대로 다시 음미하는 계기가 될 것이다. 반가운 일이다.

전희준 수필집

퇴직 후 10년

인　쇄　2009년 12월 10일
발　행　2009년 12월 12일

저　자　전 희 준
발행인　서 정 환
발행처　수필과비평사

출판등록　1984년 8월 17일 28호
주　소　서울시 종로구 익선동 30-6
운현신화디워 빌딩 2층 208호
전　화　(02) 3675-5633 (063) 275-4000
팩　스　(063) 274-3131
메　일　essay321@hanmail.net

값 10,000원

ISBN 978-89-5925-637-2　03810